新版

弁護士・事務職員のための
破産管財の税務と手続

税理士
横田　寬［著］
Kan Yokota

日本加除出版株式会社

新版にあたり

　平成25年に出版しました初版はおかげさまで好評を賜り，改訂新版の運びとなりました。ありがたく厚く御礼申し上げます。

　初版出版後，破産管財人の経験を有する弁護士の先生方からお声を掛けていただき，各種勉強会や講演の機会，更には破産法人の税務申告を行うことが（これまで以上に）増え，新たな経験を重ねることができました。

　このような中，破産法人の税務申告における大命題である（と私が認識している）「税務申告の円滑化」「破産財団の増殖」について，役立つと思われる視点も増えましたので，初版出版後の税制改正事項も織り込みながら，より使いやすいものとなることを図りました。

　また，破産申立代理人の視点での記述があれば助かるとの意見もいただきましたので，各項目内において特に注意する点がある場合，コラムとして記すようにしました。

　更に，破産管財における税務の隣接事項として，社会保険業務関係についても論点をプラスしました。社会保険労務士と協働作業を行った点や，破産管財人から質問を受けた点について，複数の社会保険労務士に改めてインタビューを行いましたので，実務的に参考になるであろう点を記しました。

　Q&Aにおける新テーマの追加や，既存の記述についても更に充実したものになったと自負しておりますので，改めてご活用いただければ幸いです。

　2017年6月

税理士　横　田　　寛

は じ め に

「破産法人の税務申告なんて，する必要があるのだろうか？」

「最終的にはどうせ消滅するのだから，そんなことをする必要はないのではないだろうか？」

　これは，筆者が初めて破産法人の税務申告業務に関わることになった際に思った正直な印象です。初めて破産法人の税務申告に関与する人は，おそらく同じように考えることが多いのではないでしょうか。

　破産管財人は，裁判所から「破産法人の税務申告を忘れないように」と指示されていますから，嫌々ながらも取り組まざるを得ないという面もあろうかと思います。余計な手間をかけたくないという思いも出てくるでしょう。

　しかしながら，「破産法人の税務申告をうまく行うことにより，財団が増殖されることもあるし，財団の減少を防止できることもある。そうすれば最終的には管財人報酬が増えることが期待される」となれば，これは管財人にとってメリットが存在することになります。

　本書の執筆にあたりましては，適正な税務申告を行うということを重視しつつも，破産財団の増殖のために税務申告をどのように活用していくか，できるだけ手間をかけずに税務申告を行っていくにはどうすればいいか，ということを念頭に置いています。

　そのうえで，これまでの筆者の管財税務業務遂行上の経験や，管財人である弁護士の先生との会話，事務職員の方からの問い合わせ，などを基に，管財人が気になる論点を説明するようにしました。

　また，実際の業務に関しては事務職員の方が事務処理を担うことも多いことを考慮し，事務職員の方の理解に資することができるように，できるだけ具体的な内容を記すように心がけました。

はじめに

　破産管財における税務申告そのものについて考えますと，「本書を読了すれば，管財人単独で破産法人の税務申告書を一から作成できるようになるか？」と問われれば，正直なところそれは難しいと言わざるを得ません。

　しかしながら，管財人や事務職員の方が「管財税務においてどういうところに注目すれば，その後の税務署との折衝や，税理士等への依頼が進めやすくなるか」という点での理解を深めていただくことができれば，それは有益なことであることは間違いありません。読了後そういう感想をお持ちいただけますと，筆者としてこれほど嬉しいことはありません。

　また，本書は管財人および事務職員の方を想定したものとなっておりますが，内容的には，破産申立代理人となる弁護士の先生にとっても参考になる点があるのではないかと考えていますので，その点でもご活用いただければと思います。

　なお，参照のため根拠条文も盛り込みましたが，条文上，管財人業務の遂行の上ではほとんど問題にはならないであろうという部分については適宜割愛しております。その点は悪しからずご了承ください。

　また，文中における筆者の意見につきましては私見であることを申し添えておきます。

　本書が皆様のスムーズな管財業務遂行のお役に立つことができれば幸いです。

2013年4月

税理士　横　田　　寛

目　　次

第1章　破産管財の税務の基本

第1　基本的な考え方 —————————————— *2*

1　破産管財税務に関するイメージ　*2*

2　税務申告の必要性　*2*

3　判断基準　*3*

4　申告は税理士に依頼するべきか？　*4*

5　税務当局側の考え方　*5*

6　注意するべきケース　*6*

7　税理士にアドバイスを求める　*7*

8　税務署に相談したら親切に教えてくれるか？　*7*

9　税理士に税務申告を依頼すべきケース　*8*

10　結　論　*9*

第2　破産手続開始から終結まで（申告全般の流れ）————— *10*

1　破産手続開始決定があった時点　*12*

　⑴　公租公課庁への通知　*12*

　　①　税務署への届出　*12*

　　②　都道府県や市町村など自治体への届出　*13*　　③　送付処理　*13*

　⑵　法人税の申告　*15*

　　①　申告の規定　*15*　　②　申告書に添付する書類　*17*

　　③　最低限の提出書類とは？　*19*　　④　申告のタイミング　*20*

　⑶　消費税の申告　*20*

　　①　申告の規定　*20*

　　②　申告書は法人税申告書用紙に同封されている　*21*

　⑷　期限内に申告が行えそうにないときは？　*22*

　⑸　更正の請求の適用　*23*

　⑹　税額の検討　*23*

　⑺　欠損が生じているときの視点　*24*

v

目　次

　　(8)　住民税・事業税の申告　*24*
　　　　①　住民税の申告　*24*　　②　事業税の申告　*25*
　　　　③　申告書用紙と提出先　*26*
　　(9)　住民税・事業税の税額　*26*
　　　　①　住民税　*26*　　②　事業税　*28*
　　(10)　申告書用紙の手配　*28*

2　破産手続開始決定後，従前の決算月を迎える直前　*29*

　　(1)　提出を検討する届出書　*29*
　　　　①　課税事業者選択届出書　*30*　　②　簡易課税選択不適用届出書　*30*
　　　　③　注意点　*30*
　　(2)　届出書の提出履歴が不明である場合　*31*
　　　　①　提出書類の控え綴を確認する　*31*
　　　　②　従前の顧問税理士に確認する　*31*　　③　税務署に聞く　*31*

3　従前の決算月を迎えた時点　*33*

　　(1)　申告のタイミングと期限　*33*
　　(2)　法人税の申告　*34*
　　　　①　法人税額　*34*　　②　利子および配当に対する源泉所得税　*34*
　　(3)　消費税の申告　*35*
　　(4)　住民税・事業税の申告　*35*

4　残余財産が確定した時点（清算結了）　*35*

　　(1)　残余財産確定のタイミング　*35*
　　(2)　申告期限　*36*
　　(3)　法人税の計算　*36*
　　(4)　消費税の申告　*37*
　　　　①　納税義務の判定　*37*　　②　事前の準備　*38*
　　　　③　管財人報酬　*38*　　④　その他の着眼点　*39*
　　(5)　異動届出書の作成・提出　*39*
　　(6)　源泉所得税の取扱　*40*

第2章　法人破産における税務の事例

第1　破産手続開始決定 ——————————————— *42*

1　平成×4年6月15日：連絡アリ　*42*

　　(1)　依頼の電話　*42*

vi

目　次

 (2)　とりあえずの確認事項　*43*
  ①　破産法人の基礎データ　*43*　 ②　最初の申告期限　*44*
  ③　破産前の申告状況　*44*

 (3)　破産経緯の確認　*46*

 (4)　過年度の申告内容　*46*
  ①　法人税　*46*　 ②　消費税　*47*

 (5)　破産開始日までの取引の状況　*47*

 (6)　最初の打合せ　*48*
  ①　税理士依頼の趣旨の確認　*48*　 ②　税額見込　*48*
  ③　粉飾の可能性　*49*

2　平成×4年6月18日：決算作業進行中　*49*

3　平成×4年7月1日：不明箇所の確認　*50*

4　平成×4年7月8日：不明箇所の判明　*51*

5　平成×4年7月12日：申告書完成　*51*

 (1)　状況の説明　*51*

 (2)　還付の際の確認　*52*

 (3)　申告書捺印・提出　*53*

第2　破産手続中 ——————————————————— *54*

1　平成×4年8月1日：次の申告に備えて　*54*

 (1)　進行期の換価状況の確認　*54*

 (2)　消費税の計算方法の確認　*56*

 (3)　今後の課税期間の計算方法　*59*

 (4)　粉飾チェック　*60*

 (5)　債権の回収可能性チェック　*62*

2　平成×4年8月20日：粉飾対応　*62*

 (1)　粉飾の詳細　*62*

 (2)　更正の請求　*63*

3　平成×4年9月10日：税務署との折衝　*64*

 (1)　税務署から連絡アリ　*64*

 (2)　管財人と再度相談　*66*

4　平成×4年9月20日：還付了解　*67*

5　平成×4年10月20日：還付税額着金　*67*

6　平成×5年2月26日：破産中事業年度の申告準備　*68*

vii

目　次

- (1) 申告期限と必要書類の準備　*68*
- (2) 売掛金の換価状況　*69*
  - ① 売掛金回収の扱い　*69*　　② 振込手数料が差し引かれた場合　*70*
  - ③ 未払金との相殺の場合　*71*　　④ 評価額の計算が誤っていた場合　*71*
- (3) 工具器具の換価状況　*71*
- (4) 管財人口座の預金利息　*72*

7　平成×5年3月20日：消費税の届出　*73*
- (1) 届出書の提出を検討　*73*
- (2) 一般課税と簡易課税の税負担を比較　*74*

8　平成×5年3月25日：届出書提出　*76*

9　平成×5年4月20日：第21期の申告完了　*76*

第3 換価完了 ———————————————————— *78*

1　平成×5年7月20日：換価状況確認（継続中）　*78*
- (1) 換価終了の判断　*78*
- (2) 還付申告書提出前の注意点　*79*
- (3) 残余財産確定日の決定　*81*

2　平成×5年7月24日：最後の申告書の作成　*81*
- (1) 申告期限と税負担見込　*81*
- (2) 管財人報酬の扱い　*82*

3　平成×5年7月25日：税務署へ提出　*83*

4　平成×5年7月30日：税務署から質問　*84*

5　平成×5年8月26日：還付金の振込　*85*

6　平成×5年9月15日：源泉所得税の処理　*85*
- (1) 源泉所得税額の確認　*85*
- (2) 源泉所得税の納付　*86*
- (3) 支払調書の作成と提出　*86*

第3章　破産管財の税務にまつわるQ&A

Q1 破産管財人による税務申告の必要性 ——————————— *90*

1　破産法人の税務申告　*90*

2　申告するか否かの判断基準　*91*

viii

目　次

3　判例としては　*93*

Q2　破産申立以前の税務申告がない・内容が分からない場合 —— *95*

1　税務申告をしていない場合　*95*

(1)　過年度の申告についての重要性　*95*

(2)　未申告期間があるときの税務署の対応　*96*

(3)　資料散逸の場合の例外規定　*96*

2　過年度の税務申告書の閲覧　*97*

(1)　税務署で閲覧することはできる　*97*

(2)　所轄税務署のみでの対応となる　*98*

(3)　閲覧時の必要書類　*98*

(4)　閲覧内容をメモするための用紙が必要　*99*

3　申告期限を過ぎたあとの対応　*99*

Q3　無申告の際の罰則規定・税務調査の可能性 —————— *101*

1　罰則規定　*101*

2　税務調査の可能性　*103*

Q4　青色申告の取消 ————————————————— *104*

1　そもそも青色申告とは？　*104*

2　青色申告の承認の取消　*105*

3　デメリットをどう捉えるか？　*106*

(1)　欠損金の繰戻還付を請求するなら何としても取消を避ける　*106*

(2)　破産中の事業年度単位で所得（利益）が生ずる可能性は？　*106*

(3)　基本的にはあまり気にしなくてよいが……　*106*

Q5　申告対象期間の区切り方 ———————————————— *108*

Q6　事業年度・課税期間の規定 ——————————————— *112*

1　法人税　*112*

2　消費税　*114*

(1)　法人破産の際の課税期間　*114*

(2)　消費税だけの例外　*115*

ix

目　次

Q7　粉飾決算のときの税還付の可能性 ——————————— 116

1　貸倒損失の検討　*116*

2　更正の請求　*117*

3　粉飾の検討方法　*117*

(1)　代表者や経理担当者に聞く　*117*

(2)　引継の経理関係書類から判断する　*118*

①　数値変動の有無から判定　*118*

②　財産目録と著しく乖離している数値から判定　*119*

4　検討の際の必要書類　*119*

(1)　税務申告書　*120*

(2)　経理書類　*120*

(3)　必要期間　*120*

Q8　繰越欠損金の損金算入 ——————————————— 121

1　欠損金とは　*121*

2　破産法人における適用の考え方　*121*

3　青色欠損金　*122*

4　災害損失欠損金　*124*

5　繰越欠損金の額の確認方法　*125*

Q9　期限切れ欠損金の損金算入 ————————————— 128

1　期限切れ欠損金　*128*

2　使用が想定される場合　*128*

(1)　事業年度単位で大幅な所得が生ずる場合　*128*

(2)　資料が散逸している場合　*129*

3　制度の内容　*130*

(1)　期限切れ欠損金額とは　*130*

(2)　損金算入時期　*131*

(3)　損金算入される金額　*131*

(4)　前事業年度以前の事業年度から繰り越された欠損金額　*132*

4　過去データが不明の場合　*134*

(1)　申告はしているが申告書紛失で内容不明の場合　*134*

(2)　そもそも無申告の場合　*134*

①　考え方　*134*

x

② 具体的な期限切れ欠損金額の計算方法　*135*

5　具体的な計算　*136*

Q10　欠損金の繰戻還付 —————————————— *137*

1　概　要　*137*

2　規定内容　*138*

3　破産時の要件　*141*

4　還付を受けることができる金額　*143*

5　着眼点　*144*

Q11　更正の請求（国税通則法・仮装経理）——————— *147*

1　一般の更正の請求　*147*

2　仮装経理による更正の請求　*151*

　(1)　規定内容　*151*

　(2)　破産法人の特例　*152*

　(3)　仮装経理とは？　*154*

　(4)　作成する申告書・書類　*155*

3　税務調査の準備は必須　*155*

Q12　中間納付額・予定納付額の還付 ——————— *157*

1　内　容　*157*

　(1)　前　提　*158*

　(2)　条　件　*158*

　(3)　還付額　*158*

2　注意点　*159*

　(1)　確定申告書の提出　*159*

　(2)　中間・予定納付額の有無　*159*

Q13　利子・配当の源泉所得税の還付 ——————— *161*

1　概　要　*161*

2　源泉所得税額の例　*162*

　(1)　内国法人からの配当に関する源泉所得税　*162*

　(2)　預金利息や公社債利息に関する源泉所得税　*163*

　(3)　具体的な源泉額の計算方法　*164*

xi

目　次

　　　① まずは支払通知書を確認する　*164*
　　　② 逆算による計算　*164*
3　規定内容　*166*
　⑴　税額控除　*166*
　⑵　控除不足額の還付　*166*
4　着眼点　*168*
　⑴　預金利子　*168*
　⑵　公社債の利子　*168*
　⑶　配　当　*168*
　　　① 信用組合や信用金庫の口座があるときはチェック　*168*
　　　② 元本保有期間の確認　*169*
5　具体的手続　*169*

Q14　外国税額控除 ——————————————— *172*

1　概　要　*172*
2　手続・規定　*173*
3　着眼点　*173*

Q15　中間申告・予定申告の必要性 ——————— *175*

1　法人税では，破産法人に中間申告義務なし　*175*
2　中間申告の納付書が管財人に届くケース　*176*
3　届いた納付書の額は払わなければならないか？　*176*
　⑴　無視した場合　*177*
　⑵　仮決算による申告　*177*
　⑶　割り切った対応　*178*
4　消費税は，破産中でも中間申告が必要　*179*
5　道府県民税・事業税・市町村民税の予定申告　*180*

Q16　消費税のみの申告の可否 ———————————— *181*

Q17　消費税の課税売上 ——————————————— *182*

1　課税売上になるもの　*182*
　⑴　建物，車両，機械装置，工具器具備品，棚卸資産等の換価　*183*
　⑵　ゴルフ会員権（ゴルフ場が国内のもの）の換価（売却）　*183*
　⑶　土地の貸付対価で，条件を満たすもの　*183*

xii

目　次

　　(4)　建物売却時の未経過固定資産税の精算額　*183*
　2　**課税売上にならないもの**　*184*
　　(1)　土地の換価　*184*
　　　①　建物と土地を一括で換価した場合　*184*
　　　②　固定資産税の精算金がある場合　*186*
　　　③　古い建物付きの土地を売却する場合　*186*
　　(2)　株式等の有価証券の換価　*186*
　　(3)　土地の貸付による賃借料　*186*
　　(4)　売掛金の回収　*187*
　　(5)　敷金などの保証金の回収　*187*

Q18　管財人報酬は経費扱い ——————— *188*

　1　**経費扱いは可能**　*188*
　2　**課税売上の存在が必要**　*188*
　3　**管財人報酬額の確定および確定時期**　*189*
　　(1)　未確定でも計上できるか？　*189*
　　(2)　中間配当の際や他の士業に報酬を支払う際　*190*
　4　**課税事業者であること**　*190*
　5　**一般課税の適用期間であること**　*190*

Q19　消費税の還付が期待されるとき ——————— *192*

　1　**仕入が過大である場合**　*192*
　　(1)　条　件　*192*
　　(2)　還付額　*192*
　　　①　全額控除方式　*193*　　②　個別対応方式　*193*
　　　③　一括比例配分方式　*194*
　　(3)　個別対応方式と一括比例配分方式との選択　*194*
　　(4)　注意点　*196*
　2　**貸倒がある場合**　*197*
　　(1)　条　件　*197*
　　(2)　還付額　*197*
　　(3)　注意点　*197*
　　(4)　適用の着眼点　*198*
　3　**売上に係る対価の返還がある場合**　*199*
　　(1)　条　件　*199*

xiii

目　次

 (2) 還付額　*199*

 (3) 注意点　*199*

 (4) 適用の着眼点　*200*

4 中間申告により納めた税額がある場合　*200*

5 過去の申告内容が誤っており，税額の納めすぎである可能性が高い
場合　*200*

6 還付申告を行う際の注意点　*200*

 (1) 還付口座のアナウンス　*200*

 (2) 微妙な取引を含めて税務申告をする場合　*203*

Q20 消費税の申告義務の判断 —————————— *205*

1 納税義務の確認　*205*

 (1) 納税義務は，当課税期間で決まるのではない　*205*

 (2) 基準期間における課税売上高　*206*

  ① 過年度申告書から確認する方法　*207*

  ② 直接税務署に聞く方法　*207*

  ③ 申告書用紙の送付の有無にて確認する方法　*209*

2 課税売上の有無の確認　*210*

3 納付税額の確認　*210*

4 申告書の提出が不要の場合　*211*

 (1) 免税事業者は提出する必要なし　*211*

 (2) 取引も税額もいずれもなしならば提出する必要なし　*211*

 (3) ゼロ申告をするケース　*211*

Q21 競売したときの消費税の取扱 —————————— *213*

1 競売でも消費税はかかる？　*213*

2 消費税はいくらかかっている？　*214*

 (1) 土地建物を一括で売却した場合　*214*

 (2) 競売のケースでの留意点　*215*

 (3) 内税方式の際の本体価格と消費税額の計算　*217*

3 財団に含まれる建物を競売した場合の消費税の申告納付　*217*

 (1) あくまで通常の申告プロセスで計算する　*217*

 (2) 納税額は競売で預かった消費税とは必ずしも一致しない　*218*

 (3) まずは課税事業者であることを確認する　*218*

目　次

4　財団から放棄した建物を競売した場合の消費税の申告納付 *218*

(1)　基本的にはノータッチ　*218*

(2)　税務署から照会が来ることもありえる　*219*

Q22　延滞税の免除 ——————————————————— *220*

1　規定の流れ *220*

2　「国税に充てる」とは？ *221*

3　交付要求後に別の還付申告を行う場合の注意 *222*

Q23　貸倒の規定 ——————————————————— *225*

1　貸倒の状態とは *225*

2　破産の場合 *227*

(1)　金銭債権が切り捨てられた場合　*227*

(2)　金銭債権の全額が回収不能となった場合　*228*

(3)　一定期間取引停止後弁済がない場合等　*228*

(4)　結　論　*228*

3　法令上の根拠は？ *228*

4　貸倒引当金の計上 *229*

5　管財人としての理解 *230*

(1)　破産法人が有する債権について回収可能性を検討する場合　*230*

(2)　貸倒損失の計上のタイミングと方法　*230*

Q24　地方税の申告および種類 ——————————————— *231*

1　申告の必要性 *231*

2　地方税の種類 *231*

3　道府県民税および市町村民税 *232*

(1)　法人税割　*232*

(2)　均等割　*232*

4　事業税および地方法人特別税 *233*

(1)　法人事業税　*233*

①　資本金が1億円以下の場合　*233*　　②　資本金が1億円超の場合　*233*

(2)　地方特別法人税（平成29年度から廃止）　*234*

5　事業所税 *235*

(1)　内　容　*235*

xv

目　次

　(2)　破産後の手続　*235*
　(3)　更正の請求　*235*
6　**全体的な捉え方**　*236*
　(1)　作業の流れ　*236*
　(2)　地方税当局から照会を受けることもある　*236*

Q25　管財人報酬からの源泉の要否 ——————— *238*

1　**源泉は必要か？**　*238*
2　**源泉が必要になる管財人報酬**　*238*
3　**破産管財人は源泉徴収義務者か？**　*240*
4　**破産者が源泉徴収義務者であるかをどう判定するか？**　*241*
5　**翌年の予定申告との関係**　*241*

Q26　源泉所得税の納付・納付書作成・支払調書の作成 ——— *245*

1　**源泉所得税の額の計算**　*245*
　(1)　計算方法　*245*
　(2)　税率をかけるのは税込？　税抜？　*246*
　(3)　税込と税抜どちらが有利か？　*246*
2　**源泉した所得税の取扱**　*247*
3　**納付書の作成方法**　*247*
　(1)　作成の際に必要なデータ　*247*
　(2)　整理番号が不明の場合　*249*
　(3)　税務署窓口にて作成する場合　*249*
　(4)　郵送で作成を依頼する場合　*250*
　(5)　税理士等に依頼する場合　*251*
4　**手配した納付書への記載**　*251*
5　**納付後の手続**　*251*
　(1)　支払調書　*252*
　(2)　合計表　*253*

Q27　履行補助者への給与・報酬の源泉 ——————— *256*

1　**源泉徴収**　*256*
　(1)　弁護士や税理士に対する報酬　*256*
　(2)　雇用した個人への給与　*257*

xvi

　　　　① 所定の源泉徴収税額表を使用する　*257*

　　　　② 源泉徴収税額表の見方　*257*

　2　徴収した源泉所得税の納付　*258*

　　(1)　納期限に注意　*258*

　　(2)　使用する納付書　*258*

　3　報酬の支払調書の作成　*259*

　4　給与の源泉徴収票の作成　*260*

　5　報酬の支払調書・給与所得の源泉徴収票の作成時期　*261*

Q28　元従業員に未払の給与・退職金を支払ったとき ────── *262*

Q29　元従業員から源泉徴収票の発行を依頼されたとき ───── *264*

　1　作成発行は義務か　*264*

　2　具体的な作成方法　*265*

　　(1)　破産法人の経理担当者に依頼する　*265*

　　(2)　税理士等に依頼する　*265*

　　(3)　管財人自身が作成する　*265*

　3　源泉徴収票（給与所得の源泉徴収票）の作成と送付　*265*

　　(1)　データの用意　*265*

　　(2)　数値の算出　*266*

　　　　① 年間の給与総支給額　*266*

　　　　② 控除された社会保険料の金額（年間合計）　*266*

　　　　③ 控除された源泉所得税の金額（年間合計）　*266*

　　(3)　用紙の用意　*266*

　　(4)　必要事項の記入　*267*

　　(5)　元従業員への送付　*269*

　　(6)　市区町村への送付　*269*

　4　未払賃金・解雇予告手当・退職金の支給があるとき　*269*

　　(1)　未払賃金があるとき　*269*

　　(2)　解雇予告手当があるとき　*269*

　　(3)　退職金の支給があるとき　*270*

　　　　① 退職所得の計算方法　*270*　　② 収入金額　*270*

　　　　③ 退職所得控除額　*270*　　④ 退職所得の受給に関する申告書　*271*

　　　　⑤ 様式を手配して管財人の手許で保管しておく　*272*

　　　　⑥ 退職所得の源泉徴収票　*272*

xvii

目　次

5　合計表の作成　*274*

Q30　住民税の特別徴収から普通徴収への切替方法 ——————— *275*

1　特別徴収とは　*275*
　⑴　内　容　*275*
　⑵　原則は特別徴収　*275*
2　普通徴収への切替　*276*
　⑴　なぜ切替手続をするか　*276*
　⑵　手続方法　*276*
3　対象自治体の確認　*277*
4　手続終了後の住民税の納付　*277*
5　そもそも特別徴収を行っていない場合もある　*277*

Q31　税理士への申告依頼費用 ————————————————— *280*

Q32　決算をどう組むか ——————————————————————— *282*

1　破産手続開始決定日までの事業年度　*282*
　⑴　経理ソフトの使用　*282*
　⑵　手計算　*283*
2　破産手続中・換価完了時の事業年度　*284*
3　最後は税務署と相談　*284*

Q33　法人税・消費税・地方税の申告書の内容・見方 ——— *286*

1　法人税　*286*
　⑴　構　成　*286*
　⑵　具体的な別表の内容　*286*
　　①　別表一　*287*　　②　別表四　*287*　　③　別表五㈠　*287*
　　④　別表五㈡　*288*　　⑤　別表六㈠　*288*　　⑥　別表六㈡　*288*
　　⑦　別表七㈠　*289*　　⑧　別表八㈠　*289*　　⑨　別表十五　*289*
　　⑩　別表十六　*289*
2　消費税　*289*
　⑴　申告書の記載内容　*289*
　⑵　申告書の種類は2種類ある　*290*
　⑶　付　表　*291*
　　①　付表2　*291*　　②　付表5　*291*

xviii

目　次

(4)　申告書用紙は法人税の申告書に同封されている　*292*

(5)　取引の詳細は記さない　*292*

3　道府県民税・事業税・市町村民税　*292*

(1)　都道府県への申告分　*292*

① 第六号様式　*292*　　② 第六号様式　別表九　*293*

③ 第十号様式　*293*　　④ 第六号様式　別表四の四（廃止済の様式）　*293*

(2)　市町村への申告分　*293*

① 第二十号様式　*293*　　② 第二十二号の二様式　*293*

Q34　個人の破産 ———————————————— *294*

1　基本的な考え方　*294*

(1)　基本的には申告が必要　*294*

(2)　破産管財人がどう関わるか？　*294*

2　譲渡所得の非課税　*295*

(1)　譲渡所得の申告作業は不要　*295*

(2)　税務署から照会が来ることもある　*295*

3　債務免除を受けたときの税金　*296*

(1)　個人の場合，税負担は発生しない　*296*

(2)　所得税の規定　*296*

(3)　贈与税の規定　*297*

(4)　消費税の規定　*298*

4　個人の消費税の申告　*298*

(1)　納税義務者であるか？　*298*

(2)　課税期間はどうなっているか？　*298*

5　還付が期待されるケース　*299*

(1)　消費税の還付　*299*

(2)　源泉所得税の還付　*299*

(3)　予定納税額の還付　*299*

(4)　損失の繰戻しによる還付　*299*

① 規定内容　*299*　　② 事業の廃止は必須　*301*

Q35　固定資産税（償却資産税）の減免 ———————— *302*

1　固定資産台帳の記載内容の検証　*302*

2　固定資産税と償却資産税　*302*

xix

目　次

 ⑴　内　容　*302*

 ⑵　どのように課税されるか　*303*

  ①　登記の対象となる資産　*303*　　②　登記の対象とならない資産　*303*

 ⑶　償却資産の申告　*303*

  ①　申告方法　*303*　　②　減少資産の申告漏れによる過大賦課　*304*

3　申告が行われていないこともある　*304*

4　除却が行われていない際の手続　*305*

 ⑴　確認方法　*305*

 ⑵　誤りがある場合　*306*

  ①　実情を反映した申告を行う　*306*　　②　裏付け書類の用意　*306*

5　過年度分のチェック　*307*

Q36　交付要求の手配――――――――――――――――*309*

1　交付要求が揃うまで　*309*

2　イレギュラーなタイミングだが発行を依頼する　*310*

3　連絡先は，法人部門ではなく徴収部門　*310*

第4章　社会保険関係について社労士に聞いてみよう

倒産した会社の手続（全般）　*314*

従業員に関する手続　*315*

立替払制度　*317*

破産法人（事業主）に関する手続　*319*

労働保険の確定申告　*320*

従前の総務担当者との接点を持つことが有益　*323*

実務で悩むケースあれこれ　*324*

雇用保険の作業　*328*

破産法人の元従業員にアナウンスすべきこと　*329*

その他の着眼点　*331*

管財事件受任時に，申立代理人から引継を受ける事項　*331*

参考文献――――――――――――――――――――*335*

著者紹介――――――――――――――――――――*337*

破産申立代理人の視点　目次

とりあえずの期限内申告を優先するケース ———————— 22

消費税の届出を確認しておくケース ————————————— 33

欠損金の繰戻還付 ———————————————————————— 144

破産申立代報酬からの源泉徴収及び納付 —————————— 243

第1章

破産管財の
税務の基本

第 1 章　破産管財の税務の基本

第1　基本的な考え方

1))) 破産管財税務に関するイメージ

　「破産管財人は，破産法人の税務申告を忘れないように」

　これは，破産管財人が，破産法人の税務申告について，裁判所から指示されていることだと思います。

　「税務申告を忘れないように」ということは，一般的には「税務申告作業を行うように」という意味で解釈されるかと思いますが，実際のところはそうではありません。

　私も，管財人の経験を有する弁護士の先生方と "そもそも論" ということでこの点について意見を交わすことは多いのですが，その際に聞かれるのは以下のような意見です。

・そんな潰れる会社の申告なんてする必要がないのでは？

・面倒くさいのでできれば無視しておきたい。

・無視していても問題は起こらないか？

・税務申告は管財人自身でできるレベルの難易度なのか？

・税務署に聞けば，親切に教えてくれるものなのか？

・税理士に依頼してコストをかけてまで行うべきものなのか？

　破産管財業務を行う側からすると，おそらく多くの方が当該業務に関する税務についてこのように感じており，どちらかというとネガティブな作業としてイメージされているのが通常かと思います。

2))) 税務申告の必要性

　税務申告をしても財団の増殖が見込めない場合や，財団の減少が避けられない場合であれば，わざわざ手間をかけて申告する必要性はないでしょう。

2

第1 基本的な考え方

逆の視点からいうと，税務申告を行うことにより財団の増殖が可能になる場合や，財団の減少が防止できるのであれば，これは積極的に申告する必要性があるでしょう。将来的な管財人報酬の増加にもつながります。

また，税務申告を行うことにより「租税債務の顕在化・認識」が可能となる面もありますので，管財人のリスク回避のためにも税務申告を活用する，という考え方もあります。

すべての申告で前述のようなメリットを受けることができるかというと残念ながらそうではないのですが，可能性が高いのであれば積極的に税務申告を行い，財団の増殖を図るべきでしょう。

それはまさに，管財人として本来行うべき業務となります。

もし仮に，財団の増殖可能性が高いにもかかわらず，所定の手続を失念していたことによりその機会を逸したことが判明した場合には，管財人の責任が問われることもあり得るので注意が必要です。

3))) 判断基準

「税務申告を忘れないように」という意味は，冒頭に述べたように，一般的には「税務申告作業を行うように」という意味で解釈されるかと思いますが，破産管財においてはそうではなく，「やる，やらないという判断を含めて，税務申告についてどうするのが（破産管財人として）管財業務遂行上最も望ましいかを判断する」ということです。

したがって，

> ・同時廃止のときは申告しない。
> ・財団規模が少なく，税理士費用が捻出できないときは申告しない。

という対応が出てくることも当然の流れです。

以上より，破産管財に関わる税務申告については，

3

第 1 章　破産管財の税務の基本

> ・最初から無視を決め込むことはしない。
> ・申告を行うためのコスト（発生税額＋申告費用）とリターン（税還付額または租税債務減免額）を確認し，後者が大きければ積極的に申告する，前者が大きければ……申告するかどうかもう少し悩む。

と判断するのがよいでしょう。

4))) 申告は税理士に依頼するべきか？ ─────

　さて，諸々検討した結果，それでは申告をしようと決めたときに，次に考えるのは「税理士に依頼するべきか？　それとも自力で行うか？」というところではないでしょうか。

　費用の面だけを考えれば当然自力で行うのがよいということになりますが，慣れない業務を一から調べて行うことは，当然ながら時間と手間がかかります。

　破産管財業務は短期間に数多くの業務を効率よくこなさなければならないので，税務申告作業にどれだけの手間をかけることができるかと考えると，なかなか悩ましいところでしょう。

　また，税務申告には，方法や期限についてルールが定められています。結構な手間がかかるものも存在します。決められた様式の書面に必要事項を記載し，場合によっては添付書類も揃えて，定められた期限までに申告をすることになります。

　ルールに従わないと，認められるものも認められなくなることがありますので要注意です。所定の要件を満たさなかったために，還付されるはずであった税額が還付されなかったとなれば，管財人としての善管注意義務違反の責任を問われる可能性があります。

　このように「何やら小難しそうだ」と思われがちな税務申告ですが，実は，破産法人の税務申告で最低限作成・提出しなければならない書類というものは，それほど多くないというのが私の考えです。

　破産法人の税務申告において提出すべき書類というのは，通常の経済活

4

動を営んでいる法人のそれに比してシンプルになる，というのが実感なのです。

もちろん，破産法人の申告は通常の法人のそれに比べて簡単にしてよい，などと税法に定められているわけではありません。

しかし，実務的な面から考えると，「将来的に潰れてなくなる会社の税務申告については，まぁ，これとこれが作成されていて，最終的な税額計算についても間違いがなければ，税務署側から文句は出ませんよね」と思っても差し支えない面があります。つまり，最低限求められると思われる書類は，通常の（破産していない）法人の申告に比べて量的には少数であるという意味です。

そういう意味では，破産法人の申告において必要最低限の書類の作成方法をマスターすれば，簡単な申告，具体的には「納税額はありません」という申告（いわゆるゼロ申告）くらいは管財人が自力で行うことは十分可能です。

わざわざコストをかけてまで，難易度の低い申告を税理士に依頼する必要はない，というのが私の考えです。

5))) 税務当局側の考え方

前記4の税理士に依頼するべきかどうかの問題と同時に，税務当局（税務署）が破産法人の税務申告をどう捉えているか，についても興味があるところです。

これは，私がこれまで関わってきた案件での税務署担当者との折衝などからの経験則なのですが，「潰れた会社の税務申告内容について，税務署がどこまで力を入れて見ているのか？」という疑問については「通常の法人よりは重要性は低いものとして捉えているのではないか」と考えています。

仮に税務申告に誤りがあり，正しく計算したとしたら（若干の）追加税額が発生する（かもしれない）としても，もはや破産手続に入ってしまったからには回収可能性が極めて低いものになってしまっているので，そこにわざわざ多くのマンパワーをかけて調べることはそうそうないのでは，

第 1 章　破産管財の税務の基本

という意味です。

　また，破産法人の税務申告は破産管財人が行いますが，破産管財人は国税徴収法 2 条13号で定められた執行機関であるので，いわば税務当局側の人と捉えることもできます。その執行機関である破産管財人が行う申告について，税務当局側が「この申告には誤り・申告漏れがあるのではないか？」という視点を「過度に」持ちながら，その内容を確認することはないでしょう。

　そうはいっても，税理士が関与していない（申告書の税理士欄に名前が記載されていない）申告だと，税務署は，「何か間違いがあるのではないかという視点から見てくる傾向があるのでは？」と問われることはあります。

　その考え方について否定はしませんが，だからといって，特別に詳しくチェックされるなどということはないでしょう。したがって，所定の税務申告の流れを理解し，それに沿った申告をしていれば大きなミスにはならないと思います。

6))) 注意するべきケース

　ただ，注意しておいたほうがいいケースというのもあります。

　それは，当該破産法人につき，破産手続開始決定より前の状況から考えると，それなりの税額が出そうなケースです。

　破産法人の過年度申告書を拝見していますと「この会社だったら，破産したとしてもココとココのところは税額に影響が出るでしょうね」と判断する箇所というものが結構あります。

　一番極端な例を挙げますと，法人が破産時点で建物を所有していた場合です。その建物にそこそこの価値があり，それなりの価額での処分を行うであろうと想定される場合には，処分行為は消費税がかかる取引となり，売買価格に含まれる消費税部分については申告の対象となります。

　法人が建物を所有していることは，過年度の決算書や固定資産台帳から判明できるものです。これらの書類は税務申告に伴い税務署へ提出されているのが通常であり，固定資産台帳には，その建物の取得年月日・耐用年数・取得価額が記されていますので，破産時にどれくらいの価値があるか

6

は，ある程度見当がつきます。

　税務署にはこのようなデータが保管されているわけですから，法人が破産したという情報を得た税務署が，従前の申告内容をチェックし，同じように「この建物は処分するなら贈与や取壊しではなく，売却するのが通常」と考える可能性はあるでしょう。

　このような場合には，税務署が「この建物は管財業務においてどのように処分したのだろうか？　税務申告が必要となるのではないだろうか？」という視点で問い合わせを入れてくることがあります。そのようなときに対応できるように備えておく必要があるでしょう。

7))) 税理士にアドバイスを求める

　これらの視点から税理士を利用するのも一つの考え方です。

　つまり，最初から税務申告そのものを依頼するのではなく，「うまく税務申告を行うことにより，還付金が狙えたりはしないだろうか？」とか「もしこのまま無申告だとしたら，どこか税務署に目をつけられる余地はあるだろうか？　最悪の場合にはどれくらいの税額がはじき出されるのだろうか？」という視点で税理士を使う，という考え方です。

　それくらいのアドバイスを税理士から求める程度なら，それほど費用もかからないのが通常でしょうし，もし弁護士の先生に顧問税理士がいれば，その税理士は顧問契約内の相談という位置づけで手伝ってくれるかもしれません。

8))) 税務署に相談したら親切に教えてくれるか？

　税務申告を行うにあたり，「破産管財人または事務所の職員が書類を持って行って相談すれば，税務署の窓口できちんと対応してくれるのですか？」という相談を受けることがあるのですが，それに対する私の回答は「半分YESで半分NO」です。

　つまり，税務署にとって，納税者の申告作業の利便に資するというのは基本的業務なので，電話で質問したり，窓口に相談に行ったりした際には真面目に対応してくれます。門前払いを食らうようなことはありません。

第 1 章　破産管財の税務の基本

しかし，資料をガバッと持っていって「この法人の申告をこれから行いますので，基本的なところから教えてくださいな」と持ちかけたとしても，「さすがにそれはちょっと……」となるでしょう。

また，税務署側は，「この内容ですと税額は○○円です」というところについては導いてくれますが，「こうすれば還付される税額が多くなりますよ」とか「納付する税額が少なくなりますよ」という旨のアドバイスは積極的には行ってくれません。つまり，徴収する際は積極的になるが，還付する際は消極的になる，という視点で対応するのが賢明です。

破産法人の申告について税務署に相談するならば，基本的な論点は理解したうえで，「この論点についてこういうふうに考えているのだが，それで間違いないだろうか？」という話の持ちかけ方をすることになります。

重ねて言いますが「どうすればよい？　どうすれば有利？」という質問ではなく，「これはこう解釈してこういうふうに処理しようと思うのですが，それでOKですよね？」という質問をしなければ，税務署から有益な回答を得ることはできません。

税務署が納税者をどう見るかということについて申し添えますと，「個人というのは，税法を分かっていないのが通常」という視点から応対してくれるのに対し，「法人というのは，会計や税法については理解していて当然」という視点で見ています。

給与所得者が医療費控除をしたり住宅ローン控除をするといった個人からの定型的な相談事については，回答も比較的単純に済みますので親切に回答してくれますが，「潰れた会社の税務申告なんですが」と持ちかけようものなら「それは様々なケースが想定されますのでできるだけご自身でお調べになってください。税理士とご相談いただけませんか？」と言われる可能性もあります。

---

9))) 税理士に税務申告を依頼すべきケース

ここまでは税理士に税務申告を依頼しないという前提で話をしましたが，それでは逆に税理士に依頼するほうがいいケースというのはどのようなものになるのでしょうか。

8

第 1 基本的な考え方

それは以下のケースです。

・多額の税還付が見込める。
・財団規模がそれなりに多く，租税債権が顕在化したときに他の
　債権への配当額に影響を及ぼしそうである。

　このようなときは破産管財人のリスクヘッジのためにも，外部の専門家
である税理士に税務申告を依頼するほうがいいと思います。
　申告依頼コストについてはケースバイケースでしょうが，複数の見積を
取ってみればリーズナブルな金額で引き受けてくれるところは存在するで
しょう。場合によっては裁判所と相談しつつということになるかと思いま
すが，費用対効果で決めていただければと思います。

10))) 結　論

　以上のような視点で，税務当局的に過不足なく，かつ管財人業務に影響
が出ず，そしてリーズナブルに申告手続に取り組んでいただければと考え
ています。

9

第1章　破産管財の税務の基本

第2 破産手続開始から終結まで（申告全般の流れ）

　ここからは，破産手続開始決定から終結までの一連の流れを想定し，タイミング別に「この時点でこれは忘れないようにチェックしておくべき」ということについて述べていきます。次頁のフロー図を参照しながら確認してください。

　なお，税務申告を考える際のタイミングとしては，以下の4点で考えるのが分かりやすいと思われますので，その内容に沿って記しています。

① 破産手続開始決定があった時点

② 破産手続開始決定後，従前の決算月を迎える直前

③ ②の後，従前の決算月を迎えた時点

④ 残余財産が確定した時点

項　　目	①破産手続開始決定後	破産手続中		④残余財産確定時
		②決算日前	③決算日後	
公租公課庁への通知	○	－	－	－
法人税申告	○	－	○	○
消費税申告	○	－	○	○
欠損金繰戻還付	○	－	－	－
更正の請求	○	－	△	△
欠損時の視点	○	－	－	－
住民税・事業税申告	○	－	○	○
消費税届出書	－	○	△	－
管財人報酬	－	△	△	△

○：検討必須　△：必要に応じ検討　－：考慮不要

▲表1：タイミング別の作業内容

10

第2 破産手続開始から終結まで（申告全般の流れ）

破産手続の流れと税務作業

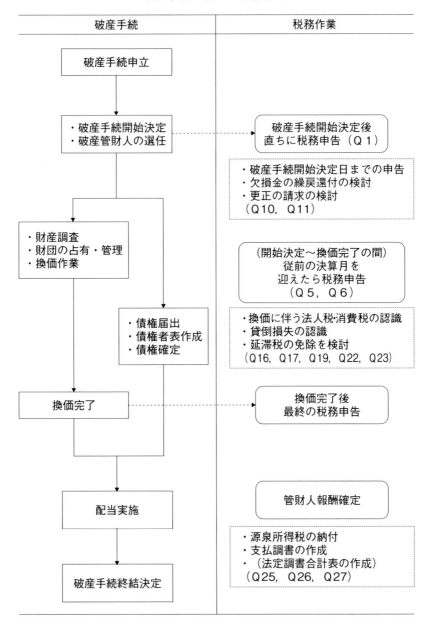

第 1 章　破産管財の税務の基本

1))) 破産手続開始決定があった時点

(1) 公租公課庁への通知

　何はともあれ，公租公課庁への通知を忘れないようにします。

　滞納がある場合の公租公課庁については，もれなく通知が発送されると思いますが，滞納がない場合でも税務手続上では発送すべき公租公課庁が存在することもありますので注意が必要です。

　通知を行うことにより「この法人が破産になりました。だから適宜申告書の用紙を送ってください」という意思表示にもなりますので，その後の事務作業においても何かと役立ちます。

　破産開始決定時に滞納税額がある場合は，公租公課庁通知の対象となるので，当該税務署や自治体にはその破産の通知がされます。つまり，税務署・自治体等がその事実（破産の事実）を知っていることとなります。しかし，滞納税額がない場合で，その通知を行わなかったとすると，税務署等はその事実を知らないことになります。そのような場合には，破産手続開始の旨を別途連絡したほうが，後々面倒くさくならずに済むのでオススメです。

　この場合の連絡は「異動届出書」の提出により行います。異動届出書というのは，法人についていろいろ変更があったときにその変更内容を遅滞なく届出するための書類です。

① 税務署への届出

　破産法人の納税地の所轄税務署に提出します。詳細は国税庁のウェブサイトで確認できます（記入例 1 参照）。

　(参考)　国税庁：異動事項に関する届出
　ホーム＞申告・納税手続＞税務手続の案内＞法人税＞〔手続名〕異動事項に関する届出
　〔概　要〕　事業年度等の変更，納税地の異動，資本金額等の異動，商号又は名称の変更，代表者の変更，事業目的の変更，会社の合併，会社の分割による事業の譲渡若しくは譲受け，法人区分の変更，支店・工場等の異動等をした場合の手続です。

第2　破産手続開始から終結まで（申告全般の流れ）

［手続対象者］　異動等を行った法人等
［提 出 時 期］　異動等後速やかに
［提 出 方 法］　届出書を1部作成の上，提出先に持参又は送付
［手 数 料］　不要
　なお，異動事項の内容確認のため，登記事項証明書，定款等の写しを確認させていただく場合があります。

② 都道府県や市町村など自治体への届出

　所轄の都道府県税事務所・市町村役場へ郵送します。基本的な考え方は①と同じです。

　届出様式のフォームは各自治体によって定められているケースが多く，自治体のウェブを見れば案内が記されていることもありますので，それを参考にしたり，窓口に問い合わせたりして届出書を作成することになります。

　しかし，個別の自治体別にわざわざ作成するのも手間がかかりますから，税務署に提出するフォームを使用し，宛て名を「○○税務署長殿」から「○○市長殿」などに変更して提出しても，実務的に問題は生じません（記入例2参照）。

　様式が違うといって自治体が受理しないということは通常ありません。せいぜい問い合わせの連絡が来るだけですので，その際は「破産になりましたので今後の連絡は管財人までよろしくお願いします」と伝えれば大丈夫です。

③ 送付処理

　①・②の異動届出書に，破産手続開始決定の通知書コピーを添付して郵送します。そうすると，各税務当局で，当該法人が破産手続に入っているということが認識されることになります。

　当然ながらこの届出については，控えを用意し，受付印を手配しておきましょう。郵送の場合には返信用封筒を同封して送付します。

13

第1章　破産管財の税務の基本

<table>
<tr><td colspan="4" style="text-align:center">税務署受付印</td><td>※ 整理番号</td><td></td></tr>
</table>

異 動 届 出 書

	※ 整理番号	
	※連結グループ整理番号	

	提出法人	（フリガナ）	カブシキガイシャ エービーシー
平成　年　月　日	☑単体法人／□連結親法人／□連結子法人／□連結親法人となる法人／□連結子法人となる法人	法人等の名称	株式会社 ＡＢＣ
		（フリガナ）	
		本店又は主たる事務所の所在地	〒500-0000　大阪市北区○○○1-2-3　　電話（ 06 ）　1234-5678
北税務署長殿		（フリガナ）	
次の事項について異動したので届け出ます。		納税地	〒500-0000　大阪市北区○○○1-2-3
		（フリガナ）	ホウジン タロウ
		代表者氏名	法人 太郎　　　　　㊞
		（フリガナ）	
		代表者住所	〒　-

異動のあった（□連結親法人／□連結子法人／□連結親法人となる法人／□連結子法人となる法人）	（フリガナ）						※税務署処理欄	整理番号	
	法人名等							部門	
	（提出法人の場合は記載不要） 納税地（本店又は主たる事務所の所在地）	〒　- （ 局 署） 電話（ 　）　-						決算期	
	（フリガナ）							業種番号	
	代表者氏名							整理簿	
	代表者住所	〒　-						回付先	□ 親署 ⇒ 子署　□ 子署 ⇒ 調査課

異動事項等	異 動 前	異 動 後	異動年月日（登記年月日）
破産手続開始		破産手続開始	24年9月1日
破産管財人		弁護士 甲山 乙男	24年9月1日
破産管財人連絡先		大阪市中央区××6-7-8　電話：06-1111-1111	24年9月1日
所轄税務署	税務署	税務署	

事業年度を変更した場合	変更後最初の事業年度：（自）平成　年　月　日～（至）平成　年　月　日		
合併、分割の場合	合併	□ 適格合併　□ 非適格合併	分割　□ 分割型分割：□ 適格　□ その他／□ 分社型分割：□ 適格　□ その他

（備　考）
　　　　添付書類：破産手続開始決定通知書

税理士署名押印	㊞

※ 税務署処理欄	部門	決算期	業種番号	入力	名簿

（法 1204）

▲記入例1：異動届出書

14

第 2　破産手続開始から終結まで（申告全般の流れ）

異 動 届 出 書

※ 整理番号	
※連結グループ整理番号	

	提 出 法 人	（フリガナ）	カブシキガイシャ エービーシー
		法 人 等 の 名 称	株式会社 ＡＢＣ
	☑□□□□	（フリガナ）	
	単連連連結結結	本店又は主たる	〒500-0000
	体親子	事務所の所在地	大阪市北区○○○１-２-３
	法法法法		電話（06）1234-5678
	人人人人	（フリガナ）	
	とととと	納　税　地	〒500-0000
	なななな		大阪市北区○○○１-２-３
	るるるる	（フリガナ）	ホウジン タロウ
	法法法法	代 表 者 氏 名	法人　太郎　　　　　㊞
	人人人人	（フリガナ）	
		代 表 者 住 所	〒　-

税務署受付印

平成　年　月　日

大阪市長
北税務署長殿
次の事項について異動したの
で届け出ます。

異 動 事 項 等	異 動 前	異 動 後	異動年月日 （登記年月日）
破産手続開始		破産手続開始	24年9月1日
破産管財人		弁護士　甲山　乙男	24年9月1日
破産管財人連絡先		大阪市中央区××６-７-８ 電話：06-1111-1111	24年9月1日

▲記入例２：異動届出書（住民税）

⑵　法人税の申告

　　破産法人の税務申告に関する規定といえば，「法人税法」「消費税法」がメインとなります。それ以外に，各税法で定められていない事項や基本的・共通的な国税に関する事項について定めているものとして「国税通則法」や「国税徴収法」，期限付政策措置を記している「租税特別措置法」が存在します。以上の国税にはそれぞれ，本法・施行令・施行規則・通達が存在し，税務行政の拠り所となっています。

　　その他にも，道府県税や市町村税について定めている「地方税法」が存在します。

　　破産管財税務についても，これらの規定に則り申告作業を行っていきます。

①　申告の規定

　　まずは，法人税の規定を確認しましょう。

15

第1章　破産管財の税務の基本

（法人税法74条）要旨
1　内国法人は，各事業年度終了の日の翌日から2月以内に，税務署長に対し，確定した決算に基づき一定の事項を記載した申告書を提出しなければならない。
2　清算中の内国法人につきその残余財産が確定した場合には，当該内国法人の当該残余財産の確定の日の属する事業年度に係る前項の規定の適用については，同項中「2月以内」とあるのは，「1月以内（当該翌日から1月以内に残余財産の最後の分配又は引渡しが行われる場合には，その行われる日の前日まで）」とする。
3　第1項の規定による申告書には，当該事業年度の貸借対照表，損益計算書その他の財務省令で定める書類を添付しなければならない。

　　ここでは，申告書をいつどのタイミングで提出しなければならないか，その申告書にはどういう書類を添付しなければならないかということが記されています。

　　まず，第1項で，法人の事業年度終了の日から2か月以内に申告書を提出しなければならない，とあります。

　　事業年度とは通常は会社の計算期間をいいますので，申告書は，いわゆる「○月決算」の○月（末日が大半）から2か月以内に提出することとなります。3月31日が決算日なら5月31日，7月31日が決算日なら9月30日，9月15日が決算日なら11月15日，が申告期限です。

　　ただし，法人が破産手続開始となった場合には，その開始日を以て事業年度が一旦区切られるという規定（法人税法14条1項1号）になっていますので，その日から2か月以内に申告書を提出することになります（後述④参照）。

　　次に，第2項で，「清算中の法人で残余財産が確定した場合」には2か月ではなく，確定の日の属する事業年度終了の日から1か月以内に申告する，とあります。この場合には通常より早目に申告しなさい，となっているわけです。

　　清算中の法人とは，解散手続を行った法人のことです。解散には破産手続開始が含まれますので，破産法人の場合，残余財産が確定した

16

ときにはその確定した日から1か月以内に申告することになります。

　残余財産という用語の定義は税法上存在しませんので，残余財産の確定という状態の定義はなかなか悩ましいのですが，破産法人の場合には「換価が終了した時点」を以て「残余財産が確定した」と捉えるのが一般的です（後述4参照）。

② **申告書に添付する書類**

　前述の法人税法74条では「申告書を提出しなければならない」とあり，同条3項で，「申告書には，貸借対照表・損益計算書・その他の書類を添付」とあります。ここでいう「その他の書類」については，同法施行規則で次のように規定されています。

（法人税法施行規則35条）要旨

　法人税法第74条第3項（確定申告書の添付書類）に規定する財務省令で定める書類は，次の各号に掲げるものとする。

1　当該事業年度の貸借対照表及び損益計算書
2　該事業年度の株主資本等変動計算書若しくは社員資本等変動計算書又は損益金の処分表
3　第1号に掲げるものに係る勘定科目内訳明細書
4　当該内国法人の事業等の概況に関する書類（当該内国法人との間に完全支配関係がある法人との関係を系統的に示した図を含む）
5　合併，分割，現物出資又は法第2条第12号の6（定義）に規定する現物分配（次号において「組織再編成」という）に係る合併契約書，分割契約書，分割計画書その他これらに類するものの写し
6　組織再編成により当該組織再編成に係る合併法人，分割承継法人，被現物出資法人若しくは被現物分配法人に移転した資産，負債その他主要な事項又は当該組織再編成に係る被合併法人，分割法人，現物出資法人若しくは現物分配法人から移転を受けた資産，負債その他主要な事項に関する明細書

　以上のように色々あります。つまり，会社法で定められている計算書類だけで十分というわけではなく，次のものを添付しなさいといっているわけです。

1．貸借対照表と損益計算書

　　いわゆるＢＳ（ビーエス）とＰＬ（ピーエル）です。狭い意味での「決算書」です。ここで「確定した決算」の結果を示しています。

2．株主資本等変動計算書

　　株主資本の額がその事業年度でどのように変動したかということを表す計算書です。昔は利益処分案というものが使われていましたが，平成18年の会社法改正以降，現在はこちらを作成するようになっています。

3．勘定科目内訳明細書

　　貸借対照表や損益計算書の勘定科目の内訳について作成する明細です。税務署が配布する様式のもので作成するのが一般的で，その様式は現在16種類（預金の内訳，受取手形の内訳，売掛金の内訳，…などなど）となっています。

　（参考） 国税庁ウェブサイト：

　　ホーム＞申告・納税手続＞税務手続の案内＞法人税＞〔手続名〕法人税の申告（法人税申告書別表等）＞勘定科目内訳明細書

4．事業概況報告書（完全支配関係があるときはその関係図も含む）

　　法人の基本情報やその事業年度における経営財政状況についてまとめるものです。税務署所定様式があり，Ａ４サイズ表裏で２頁，都合１枚です。一部OCR様式になっています。

　（参考） 国税庁ウェブサイト：

　　ホーム＞申告・納税手続＞税務手続の案内＞法人税＞〔手続名〕法人税の申告（法人税申告書別表等）＞法人事業概況説明書

　　なお，完全支配関係があるときの関係図というのは，その法人がどこかの法人個人と完全支配関係にある場合（例えば別の会社の100％子会社である場合など）には，その関係図も提出しなさいというものです。平成22年の税制改正で，複数法人間の資本関係を重視した課税制度が導入されたことに伴い，求められるようになった書類です。

　　定められた様式はないのですが，例示として以下のものが挙げられています。

　（参考） 国税庁ウェブサイト：

　　ホーム＞税について調べる＞その他法令解釈に関する情報＞法人税目次＞法人課税課情報第５号，審理室情報第２号，課査課情報第３号＞平成22年度税制改正に係る法人税質疑応答事例（情報：平成22年10月６日）

5．組織再編成に係る各種契約書
　6．組織再編成に係る移転に関しての資産負債の明細書
　　　組織再編成（合併・分割・現物出資等）があったときのその内容が分かるものも添付しなさいといっています。

　　以上の1〜6の書類については，一般的な単体法人なら1から4を提出し，他の会社等との資本関係が強い法人については1から6までを提出する，というところでいいでしょう。破産法人の場合には1から4までのケースが大半になるかと思います。

③　最低限の提出書類とは？

　　法人税の申告書は，各種「別表」（別表の詳細は第3章Q33参照）と貸借対照表・損益計算書・その他の書類により構成されています。真面目に法人税の申告書を作成すると，結構な種類・枚数の書類になるのが通常です。

　　たまに「破産手続開始決定後，税額は発生しないし還付も考えていない。とはいっても無視するというのも忍びないので申告書は（管財人が自力で作成して）提出しようと思うのだが，最低限どれだけの書類を提出すれば税務署は文句を言わないのだろうか？」という質問を受けることがあります。

　　なかなか難しい質問ですが，敢えて申し上げるならば，
　　・別表一「各事業年度の所得に関する申告書」
　　・別表四「所得の金額の計算に関する明細書」
　　・別表五㈠「利益積立金及び資本金等の計算に関する明細書」
　　・別表五㈡「租税公課の納付状況に関する明細書」
　　・貸借対照表と損益計算書
でしょう。最後の貸借対照表と損益計算書の代わりに，財産目録や収支報告書を提出してみてもいいかもしれません。

　　この章の第1で述べましたように，破産法人の申告書を作成する場合には，税理士等の協力を得るほうが管財業務全体の手間から考えて得策であるか，それとも自力にて作成可能か，を判断することになりますが，その申告書においてどのような結果を求めるかによって対応

が変わってくるでしょう。

多額の税還付を求める意図の申告ならば，税理士に作成を依頼し，様式に不備がない状態での申告書を作成するほうがその後の税務署との折衝もスムーズにいくことが期待されます。

申告書をただ提出すればいいというようなレベルならば，別表一の納税額のところに「0」と記入して，法人名のところに破産法人名と破産管財人のハンコを押し，それだけ提出するという荒業（？）もアリかもしれません。

④　申告のタイミング

期首から破産手続開始決定日までをひとつの事業年度として，その期間分の申告をしなければなりません。この申告における計算方法は，通常の申告におけるそれと変わりません。違うのは，事業年度の期間がそれまでより短くなるということです。

申告は，破産手続開始決定の翌日から2か月以内に行う必要があります。破産手続開始決定後のバタバタの中であっという間に過ぎていく期間なので，手続き漏れとならないようにしましょう。

申告のタイミングに併せて税務署から封筒が届きますので，その内容を確認しながら行うことになります。

申告書の提出期限についての「各事業年度終了の日の翌日から2月以内」というところの「事業年度」については，法人税に別途定めがあります。破産法人の決算月以外のタイミングでも申告書を提出しなければならないことがありますので，申告のタイミング管理は必須です。これについては第3章Q5を参照ください。

(3)　消費税の申告

①　申告の規定

続いては消費税の申告です。

消費税も法人税と同様，破産手続開始の日の翌日から2か月以内に申告をしなければなりません。

第2 破産手続開始から終結まで（申告全般の流れ）

> （消費税法45条）要旨
> 1　事業者（免税事業者を除く）は，課税期間ごとに，当該課税期間の末日の翌日から2月以内に，一定の事項を記載した申告書を税務署長に提出しなければならない。ただし，国内における課税資産の譲渡等がなく，かつ，第4号に掲げる消費税額（確定消費税額）がない課税期間については，この限りでない。
> （中略）
> 4　清算中の法人につきその残余財産が確定した場合には，当該法人の当該残余財産の確定の日の属する課税期間に係る第1項の規定の適用については，同項中「2月以内」とあるのは，「1月以内（当該翌日から1月以内に残余財産の最後の分配又は引渡しが行われる場合には，その行われる日の前日まで）」とする。
> 5　第1項の規定による申告書には，財務省令で定めるところにより，当該課税期間中の資産の譲渡等の対価の額及び課税仕入れ等の税額の明細その他の事項を記載した書類を添付しなければならない。

　消費税法では，税額を計算する期間のことを「課税期間」と呼びます。法人税法での「事業年度」と同じ位置づけです。

　法人税同様，基本的には課税期間が終了したら2か月以内，残余財産が確定したら1か月以内に申告することとなっています。

　また，申告書には所定事項を記載した書類を添付するようになっています。

　ここでは省略していますが，消費税法45条1項には，一定の事項として1号から8号まで色々な内容が列挙されております。細かい文言の説明については（第3章Q33）で取り上げます。

② 　申告書は法人税申告書用紙に同封されている

　消費税の申告書については，申告期限前のタイミングで税務署から用紙が送られてきます。法人税の申告書と一緒に，ひとつの封筒で送付されてきます。

　封筒の中に消費税の申告書が同封されていない場合には，消費税については免税事業者であることを意味します。その際には申告は不要と考えてよいでしょう（ただし，税務署が申告書を送付し忘れていると

21

第1章　破産管財の税務の基本

いう可能性もゼロではありませんので，納税義務は確認しておいたほうが
望ましいところです。納税義務の確認方法については第3章Q20参照）。

⑷　期限内に申告が行えそうにないときは？

諸般の事情により，申告が期限内に行えないことも往々にしてあり得
ます。管財業務が多岐に渡る以上，それは致し方ないところです。

そのような事態になりそうなときでも「期限内に申告をしないと税務
上の不利益を受けるリスクが存在するか？」という点については最低限
確認しておく必要があります。

その際の大きなポイントは「欠損金の繰戻還付の適用の余地がある
か」と「青色申告の取消の可能性があるか」の2点です。これらの制度
は，破産管財税務で財団増殖を狙うため，または財団減少を防ぐために
外せないものなのですが，そのためには青色申告書を期限内に提出する
かどうかを早めに判断することが大切です。

「欠損金の繰戻還付」の制度の詳細については第3章Q10を参照いた
だきたいのですが，適用を受けることにするのならば，何はともあれ期
限内に申告書を提出することを忘れないでください。

また破産前に未申告期間がある場合などで，2期連続で期限内申告が
できないことが想定されるときには「青色申告の取消を受けるときのリ
スク」についても，検討しておくほうが望ましいでしょう。こちらにつ
いては第3章Q4を参照してください。

破産申立代理人の視点：とりあえずの期限内申告を優先するケース

「欠損金の繰戻還付の適用を受ける」ことや「青色申告の取消を防ぐ」
ことについては，破産管財人もですが，破産申立代理人において注意する
点でもあります。

そのためにはいずれも，期限内に法人税の確定申告書を提出することが
大切です。場合によっては，内容につき未確定な部分があったとしても
（それは事後的に修正するという意味合いで）とりあえず期限内に申告書を提
出することを優先してもよいでしょう。

過年度の申告内容や今後の課税関係について諸々検討し，「期限内に
申告が行えなくてもそれほど税額的なリスクは存在しない」という結論

になれば，税務申告の優先順位を下げるのも止むを得ないところです。

　なお，申告を行わないことによるペナルティとしては第３章Ｑ３を参照ください。

(5)　更正の請求の適用

　続いて「更正の請求」の適用を検討します。既に行われた申告において，税額を多く納めすぎていた場合に，それを取り戻すものです。

　更正の請求は，税金の還付または滞納税額の減少に直接影響してきますので，その適用の余地がある場合には是非とも行わなければなりません。

　制度の詳細については第３章Ｑ11で説明しますが，請求には期限があります。期限間近というのであれば速やかに行う必要がありますので，管財税務業務に着手したら，速やかに検討が必要になります。

(6)　税額の検討

　申告を考えるとき，その事業年度（課税期間）において，果たして税額が算出されるのかされないのか，還付税額が生ずるのか生じないのかは気になるところです。

　税額が算出されるのであればそれは財団債権として取扱い，還付税額が生ずるのであればそれは還付手続きをとり財団を増殖させます。加えて，算出される税額はなるべく少なく，還付される税額はなるべく多くするのが求められるところです。

　申告により税額がどうなるか（納付か還付か，額はどうなるか）については，当然ながらケースバイケースです。

　その事業年度中には実質的な営業活動を停止しており売上はほぼゼロ，諸経費の支払だけ発生していた，というのであれば，所得（もうけ）が生じていることはほとんどなく，欠損（マイナス）が生じていることが多いでしょう。

　これに対し，破産申立ギリギリまで事業を継続していたというのであれば，解散事業年度でも利益が出ていることがあり得ます。借金が多額になり返済が不可能な状態にあるからといって，法人税を計算する上での所得が必ずマイナスになるかというと，そんなことはありません。

また，消費税については法人税とは異なり，どのような取引をいくらの価格で行ったかということを基に納める税額を決定しますので，解散事業年度でも納税額が計算される可能性が高くなります。

固定資産を大きな金額で処分しているような場合などは，たとえ処分によって法人税の計算では損失が生ずるケースでも，消費税の申告においては思わぬ税負担の影響がでることがありますので要注意です。

(7) 欠損が生じているときの視点

法人の事業年度において欠損（損失）が生じている場合は，次の還付を受けることができないかどうかを検討します。

・欠損金の繰戻しによる法人税の還付（第3章Q10参照）
・中間申告による納付額（第3章Q12参照）
・利子および配当に対する源泉所得税（第3章Q13参照）
・外国税額（第3章Q14参照）

これらの還付を受けるためには，いずれも法人税の申告を行うことが必要なので，還付の見込額と，申告をすることによる手間やコストとを比較して検討することになります。詳細はいずれも第3章に記します。

(8) 住民税・事業税の申告

住民税（道府県民税と市町村民税）と事業税についての申告も忘れないようにしてください。

申告のタイミングについては法人税や消費税と同じです。申告書の提出先は，税務署ではなく，各地方自治体になります。

① 住民税の申告

（地方税法53条）要旨
1　法人税法の規定によつて法人税に係る申告書を提出する義務がある法人は，当該申告書の提出期限までに，総務省令で定める様式によつて，当該申告書に係る法人税額，これを課税標準として算定した法人税割額，均等割額その他必要な事項を記載した申告書をその法人税額の課税標準の算定期間中において有する事務所，事業所又は寮等所在地の道府県知

事に提出し，及びその申告した道府県民税額（当該道府県民税額について既に納付すべきことが確定しているものがある場合においては，これを控除した額）を納付しなければならない。

2　（略）

3　この場合において，法人税に係る申告書を提出する義務がある法人が，法人の道府県民税の申告書をその提出期限までに提出しなかつたときは，一定の場合を除き，当該申告書の提出期限において，当該道府県知事に対し，政令で定めるところにより計算した法人税割額及び均等割額を記載した当該申告書の提出があつたものとみなし，当該法人は，当該申告納付すべき期限内にその提出があつたものとみなされる申告書に係る道府県民税に相当する税額の道府県民税を事務所，事業所又は寮等所在の道府県に納付しなければならない。

　　これは，法人が道府県民税の申告をしなければならないという規定です。

　　「法人税に係る申告書を提出する義務がある法人は……申告書を提出し……税額を納付しなければならない」とありますので，法人税の申告と同時のタイミングで申告を行うことがわかります。

　　市町村民税についてもほぼ同じ規定が存在し，提出先が市町村になっている点だけが異なります（地方税法321条の8）。

② 　事業税の申告

（地方税法72条の25）要旨
　　事業を行う法人（清算中の法人を除く）は，次条の規定に該当する場合を除くほか，各事業年度に係る所得割（外形標準課税の適用法人にあつては，付加価値割，資本割及び所得割とする）又は収入割を各事業年度終了の日から2月以内に，確定した決算に基づき，事務所又は事業所所在の道府県に申告納付しなければならない。

　　これは法人事業税についての規定です。こちらも事業年度末から2か月以内に申告しなければならない，とされています。

第 1 章　破産管財の税務の基本

③　申告書用紙と提出先

ア）原則は 2 か所に提出

　　道府県民税と事業税は上記規定にありますとおり，道府県に申告するようになっています。その関係上，申告書の用紙としてはこの 2 税について 1 枚の様式にまとめられています。

　　市町村民税の申告書の提出先は市町村です。

　　ところで，都道府県と市町村に提出する場合，実際の申告書提出先については，都道府県庁や市町村役場かというと必ずしもそうではなく，いくつかの行政区画単位でとりまとめ機関を設けているケースもあります。例えば，大阪府の場合には，府内に10か所の府税事務所を設けて担当区域を定めています。

イ）東京都は 1 か所

　　東京都23区内に所在する法人については特例的に，市町村民税相当分を併せて，都民税として申告します。申告先は都税事務所 1 か所になります。

ウ）提出先は事前に確認

　　申告書の提出先については，送付されてきた申告書の封筒を確認することになりますが，用紙が送付されていない場合などは各自治体のウェブサイトを確認してください。

⑼　住民税・事業税の税額

①　住民税

　　住民税（道府県民税と市町村民税）の税額は，「法人税割」と「均等割」とで構成されています。

　　「法人税割」は法人税で納める税額を基に計算します。したがってここは「もうけにかかる税金部分」と考えてください。

　　破産法人の申告の場合ですと，法人税額があるケースとないケースが想定されますが，法人税額がゼロであれば住民税における「法人税割」はゼロになります。

　　「均等割」はその法人の規模（法人の資本金額等により判断される），事業年度中にその行政区画においてその法人が事業所を置いていた期

間などを基に計算されます。

　破産法人の場合には，破産手続開始決定以後は，従前の所在地でも
はや事業を営んでいませんので，破産以後は均等割はかかりません。
したがって破産手続開始決定日の属する事業年度における住民税の均
等割部分は，期首から破産手続開始決定日までの部分にかかります。

【コラム】均等割の対象期間

　筆者の経験則ですが，破産手続開始決定日より前に，事業廃止及び事業
所の廃止の確認が取れる場合には，（破産手続開始決定日ではなく）これら
の廃止日までの期間について均等割がかかるものとする，として申告して
も，特に問題は生じていません。

　具体例をあげますと，
　・平成29年1月1日から開始する事業年度において，
　・事業廃止が平成29年5月31日，
　・その後破産申立に進み，平成29年8月20日に破産手続開始決定
というような場合，
　①　平成29年1月1日から平成29年8月20日までの事業年度として税
　　　務申告を行う
　②　①の申告の際，均等割のカウントは，5か月（1月1日～5月31日）
　　　として計算する
　このように処理しても，特に問題は生じていません。（課税当局から照会
が来ることはありますが，「破産手続開始決定日より前に，すでに事業所は廃止
されている」と回答すればそれで問題なく処理されている，という趣旨です）
　もちろん，ただ単に5ヶ月カウントとして申告するだけでは，当局から
「なぜ5か月？」と聞かれることになりますので，申告前（または申告と同
時）に，地方税について異動届を提出します。
　具体的な異動届については，前述(1)の公租公課庁への通知の際に使うも
のと同じように作成し，
　・異動事項：「事業所廃止」
　・異動年月日：「廃止日（この例だと平成29年5月31日）」
と記載します。
　その異動届に備考欄があれば「平成29年5月31日に廃業し，事業所廃
止。その後同年8月20日に破産手続開始決定」と記載すれば尚良しです。
　この異動届に，廃業事実を証明するもの（例えば破産申立書に記載されて

27

いる「廃業の日」が記された該当ページのコピーなど）を添付して提出します。
　均等割の計算期間が数ヶ月違うだけのことですので，税額の差はそれほど大きいとはいえませんが，財団債権の額が少しでも減ることにはなります。廃業に関しての角度の高い事実確認がどこまで行えるかにもよりますが，この点は検討してみてもいいでしょう。

　均等割がかかる期間は月割で計算し，1月未満の端日数は切り捨てます。ただし期首から当該期間の末日までがそもそも1月ないときには1月として取り扱います。

　住民税の申告書においては「法人税割」と「均等割」を計算する関係上，この破産手続開始決定日の属する事業年度における申告では，最低でも「均等割」部分は税額が発生します。

② 事業税

　次に事業税ですが，これは所得（もうけ）に対してかかる「所得割」を申告します。所得の金額を基に計算しますので，所得がゼロであれば税額もゼロです。

　なお，一定規模以上の法人である「外形標準課税」の適用法人の場合には，所得だけで税額が計算されるわけではありませんのでご注意ください。詳細は第3章Q24を参照ください。

　事業税の実際の申告書は前述したとおり，提出先が道府県民税と同じである関係上，1枚の様式でワンセットになっています。したがって，申告書そのものは必ず提出することになります。税額ゼロの場合にはその旨の記載をすることになります。

⑽ **申告書用紙の手配**

　次は，申告書用紙の手配についての話です。

　破産手続開始決定後の公租公課一覧に基づき通知書を発送すると，程なくして各公租公課庁（税務署・道府県税事務所・市役所・都税事務所など）から郵便で申告書用紙が届きます。「それでは破産手続開始日で一旦区切って申告をしてほしいのでよろしく。はいコレが申告書用紙ね」という旨です。

　通常ですと事業年度が終了してから申告期限前のタイミングにて，具

体的には，申告期限の1か月半から1か月前くらいに到着することになります。

　ただ，通常の決算のタイミングと異なることもあってか，時々申告書の用紙が届かないことがあります。用紙が送られていないので申告をしなくても構わないということではありませんので，失念しないように注意してください。

　また，何らかの手違いで送付がされない可能性もありますので，万全を期すならば，上記通知書を送付する際に，「税務申告の用紙を速やかに送付してください」とメモをつける工夫をすることが望ましいでしょう。

2))) 破産手続開始決定後，従前の決算月を迎える直前 ──

　この時点ではまだ決算期末を迎えていませんが，注意するのは消費税に関する手続・届出書です。

　破産手続開始決定日がいつであるかに関係なく，破産期間中は，従前の（定款等で定められている）決算期末が終了した時点で事業年度が区切られ，次の事業年度が開始します。

　ここで区切られた前後の期間を×1期，×2期としますと，×2期の消費税の申告における税額計算について，×1期の末日までに所定の届出をしておいたほうが，納税額や還付額について有利になることがあります。このような状況になっていないかということを確認することが必要になります。

　つまり，あらかじめ次の期ではどのような換価作業を行うことになりそうかということを推測し，税務上の有利不利をシミュレートしたうえで，必要に応じて税務署へ届出書を提出するということです。

　この検討のタイミングについてはあまり早すぎても問題があるので，時期としては次の期が始まる1か月〜2週間前くらいに行うのが望ましいでしょう。

(1)　提出を検討する届出書

　これについては何種類かあるのですが，特に注意していただきたいの

第1章　破産管財の税務の基本

は以下の2つです。

① 課税事業者選択届出書

　本来なら免税事業者となり消費税の申告を行わなくていい課税期間であっても，この届出書を提出することにより課税事業者となることができます。無理やり課税事業者になるための届出書です。

　免税事業者は消費税を納める義務がない代わりに，消費税の還付申告をすることができません。ですから多額の経費支払や貸倒れが発生するのが確実であるにも係わらず，その期間について免税事業者になっていれば消費税の還付申告はできないことになります。

　ここで敢えて課税事業者となることにより，還付申告を行えるようにして財団増殖を狙おうというものです。

② 簡易課税選択不適用届出書

　本来なら簡易課税が適用される事業者であっても，事前にこの届出書を提出することにより，一般課税（原則課税とも呼びます）になることができます。

　簡易課税では納める消費税額が売上高のみを基に計算しますので，控除対象仕入税額は課税売上高に応じて一定です。また消費税がかかる経費がいくら発生しようとも，還付となることはありません。

　つまり多額の経費支払が発生するのが確実であるにも係わらず，その課税期間が簡易課税の適用事業者になっていれば消費税の還付申告はできないことになります。

　ここで敢えて一般課税の対象となることにより，還付申告を行えるようにして財団増殖を狙うものです。

③ 注意点

　①・②のような検討を行うケースというのは，「翌期に多額の経費支払や売掛金の貸倒があるということが確定しているにも係わらず，当該翌期において免税事業者であったり，簡易課税の適用になったりすることが明らかな場合」です。

　そのようなことがない場合には，これらの届出書の提出についてそれほど気にする必要はありません。

30

第2 破産手続開始から終結まで（申告全般の流れ）

　　また，これら届出書の提出判断は慎重に行ってください。シミュ
　レート以外の事実が生じてしまうことにより，実際のところの税額が
　増えてしまうこともあり得ます。

　　特に①については，一旦その届出書を提出すると，2年間は課税事
　業者を継続適用しなければならないルールになっています。

　　この税負担判断については，できれば税理士等の意見を求めながら
　行うことが望ましいでしょう。

(2)　**届出書の提出履歴が不明である場合**

　　破産法人がこれまでどのような届出書を提出しているか否か，提出し
　ていればそれをいつ提出しているか，ということについては事前に確認
　しておく必要があるのですが，その確認方法として，以下の方法があり
　ます。

①　提出書類の控え綴を確認する

　　管財の引継書類の中で，提出した届出書の控えがないかを確認しま
　す。申告書の綴りの中に綴じられていたり，税務届出書の控え綴を作
　成していれば，それから判断できます。

　　注意点としては，簡易課税選択届出書などは，一度提出すると，取
　りやめ（不適用）の届出を提出しない限り，その届出書の効力は提出
　から継続するということです。過去5年分の資料の中に控えがなかっ
　たからといって，届出書の提出をしていなかったと断定はできません。

②　従前の顧問税理士に確認する

　　過年度申告書を確認して，そこに税理士の署名があれば，その税理
　士に質問するという手もあります。「以前に，消費税関係で，何か届
　出書を提出していませんでした？」と聞くわけです。

③　税務署に聞く

　　納税地の所轄税務署に確認するという方法もあります。実際のとこ
　ろはこれが一番確実かもしれません。

　　このタイミングでは既に公租公課庁に破産手続の開始決定の通知は
　届いているはずですので，所轄税務署の法人課税部門または管理運営
　部門に電話して「当方は管財人なのですが，破産法人について，消費

31

税の簡易課税の届出書と課税事業者の選択届出書が提出されているか教えていただけませんか？　されているとしたらいつ提出されていますか？」というふうに質問すればいいでしょう。

　具体的な流れは以下のとおりです。

破産法人の所轄税務署に電話する（番号は国税庁webで調べる）
　　　↓
自動応答が流れるので「2」を選択
（ここでは「1」が一般的な相談事項，「2」が当該税務署に関しての相談照会事項です。「2」を選んで下さい）
　　　↓
当該税務署の交換台につながる
　　　↓
「管理部門（または法人部門）お願いします」と言う。
（ここで「どのようなご相談ですか？」と聞かれたら，「そちらの税務署所轄の法人についての，届出書の提出状況を知りたい」と返す。なお，この時点ではまだ，破産法人の管財人である旨は，こちらからは言う必要はない）
　　　↓
該当部署につながるので，そこで
・「当方，そちらの署の所轄法人の破産管財人ですが，税務申告を行う上で必要になるので，当該破産法人の届出書の提出状況を教えて下さい」
・「具体的には，『消費税の課税事業者の選択届出書』『消費税の簡易課税の選択届出書』になります」
・「提出があれば，いつ提出されており，課税事業者や簡易課税の適用年度がいつからになっているか教えてください。提出がなければ，その旨教えて下さい」
・「破産法人名は●●●，整理番号は＊＊＊＊＊＊＊です」
という旨を伝えます。（整理番号の確認方法については，第3章Q26を参照ください）

　なお，税務署からの回答は，質問者の本人確認の意味も込めて，その場での回答とはならず，折り返し管財人宛への連絡となるのが一般的です。

　また，届出の有無の確認を行いたいと伝えた場合に，税務署側から

「申告書の閲覧（第3章Q2-2参照）で対応します」と言われること
もあります。これは税務署側として間違った回答ではないのですが，
急いで確認しなければならない場合もありますので，そのようなとき
は「提出の有無だけでも」と粘ってみるのもよいかもしれません。

【コラム】できるだけ早く行うのが理想

　消費税の届出書の提出履歴の確認は，ここでは破産手続開始決定後に行
うものとして記しましたが，早く行うに越したことはありませんので，破
産管財人に就任したら直ちに行う，というやり方でもいいでしょう。

　特に，破産開始後の換価処分で多額の課税取引が発生しそうだと想定さ
れる場合には，できるだけ早く行ったほうがいいと思います。

破産申立代理人の視点：消費税の届出を確認しておくケース

　破産申立法人が多額の課税取引原因となる資産（建物・機械装置等）を
有しており，かつ，当該資産の換価はどうしても破産後になりそうだと
いう場合には，申立時点において，当該法人の（消費税の）課税関係につ
いて検討しておくのもよいでしょう。

　書類一枚の提出で，破産後の税負担が劇的に減少することもあります。
場合によっては，税理士等の見解も求めながら作業していくのもよいで
しょう。

　検討を失念していたということで破産申立人の善管注意義務が追求さ
れるということはないと思われますが，破産手続開始決定後，過年度申
告の内容を検討している際に「ここでこの届出書が提出されていれば」
と思うことは多々あります。

---

3))) 従前の決算月を迎えた時点

　続いて，破産法人について従前の決算月を迎えた（決算日が過ぎた）ケー
スです。ここではまだ換価作業は完了していないものとします（換価作業
が先に完了した場合には，後述4に進みます）。

(1) 申告のタイミングと期限

　法人税・消費税・住民税（道府県民税および市町村民税）・事業税のい

第 1 章　破産管財の税務の基本

ずれについても，従前の決算月を迎えたら申告です。

　会社法でいう清算事務年度の規定は，破産法人の税務申告については当てはまりません。したがって「破産手続開始決定から 1 年後」ではありませんので要注意です。

　申告期限は，事業年度終了の日の翌日から 2 か月を経過した日です。これは法人税・消費税・住民税いずれも同様です。

　申告書の用紙が，決算月を迎えてしばらくして（概ね 3 週間から 1 か月前後）から各課税庁から送付されてきますので，それを使用して申告を行います。

⑵　**法人税の申告**

①　**法人税額**

　法人税については経験上，破産手続中の事業年度において所得（もうけ）が生ずることはあまりないのですが，含み益のある固定資産（土地や建物，有価証券など）を換価した際に，その含み益が実現し，それが大きく影響し，最終的に破産法人の税額が計算されることがあります。

　その場合には繰越欠損金や期限切れ欠損金の損金算入の制度を利用し，期限内に申告を行うことにより，税負担額を極力抑えなければなりません（詳細は第 3 章 Q 8 ～ Q 9 参照）。

②　**利子および配当に対する源泉所得税**

　法人税の申告でその他に注意するのは，利子および配当に対する源泉所得税です。

　これらの源泉所得税については，納付する法人税額の計算上，法人税額から控除されます。そもそも納付する法人税額がゼロの場合には，源泉所得税額がまるまる還付されます。

　金利低迷の昨今，預金利息そのものがそれほど存在しないかとは思われますが，それでも特に，財団預金が多額である場合は，この部分を法人税の申告に織り込むのを忘れないようにしてください（詳細は第 3 章 Q 13 参照）。

34

第2　破産手続開始から終結まで（申告全般の流れ）

(3)　消費税の申告

　消費税については，その期間が課税事業者であることが前提なのですが，課税取引がある場合や貸倒事実が顕在化する場合には申告を考えなければなりません。還付申告となる場合には積極的に申告を行うべきでしょう。

　財産目録に売掛金等の債権が存在する場合に，その債権額の回収が不可能であるときには貸倒として扱うことになります。管財業務において，回収を放棄した債権がある場合には検討するとよいでしょう（詳細は第3章Q19-2参照）。

(4)　住民税・事業税の申告

　住民税・事業税についてですが，これは納税額があるか否かは法人税とリンクしています。つまり，所得が生じて法人税を納めるならば，住民税・事業税の納税額が発生すると考えてください。

　また，住民税については均等割がありますが，この均等割については，破産手続開始決定後の期間についてはかかりません。

　したがって，所得が生ずることがないというのであれば，納める地方税はゼロということになり，申告は不要です。

　この場合に申告書用紙の送付がされていなければそのまま何もしなくてOKですし，申告書用紙が送られてきているのであれば，税額の欄にゼロを記入して「破産手続中」とメモを付して送付すれば事は足りることになります。

4))) 残余財産が確定した時点（清算結了）

(1)　残余財産確定のタイミング

　残余財産の確定，というのは破産法で出てくる用語ではなく，法人税法で出てくる用語なのですが，このタイミングにおいて申告書を作成して税務署に提出しなければなりません。

　注意するのは，どのタイミングを以て最終の申告書を作成するかということです。税務上は「残余財産が確定した時点」という定め方になっているのですが，そもそも通常の破産管財においては残余財産というも

35

のが存在しません。したがって「残余財産が確定する」というプロセスが存在しないことになりますので，いつを以ってその日と判断するかについては悩ましいところです。

あわせて，最終の税務申告において税負担が生じたり還付税額が生じたりする場合もあります。換価が完了したと思ってもこれらの税額の影響により配当等のやり直しが生ずるとか，その他の作業が生ずることもありますので，必要に応じ，この影響も検討しておく必要があります。特に消費税の申告およびそれに伴い生ずる影響については注意しなければなりません。

ではいつを以って区切りとするかという点ですが，緒論があり，一概にこれと定められているものではありません。

破産法人の税負担に間違いない計算を行う上では，「財産目録の一覧において，すべての財産について換価が完了した」時点，つまりすべての財産で「残務無し」となった時点とするとよいでしょう。

その意味では，最終の債権者集会が終わった時点でも，裁判所に最終報告書を提出した時点でもなく，もちろん，終結決定がされた時点や破産手続終結の登記が完了した時点でもない。と考えています。

(2) 申告期限

次に注意するのは申告期限です。

換価が完了して残余財産が確定した日の翌日から「1月以内」に行う必要があります。これまで1，3で申し上げた申告のような「2月以内」ではありませんので注意が必要です。

なお税法上では，上記1か月以内に残余財産の最後の分配が行われる際にはその行われる日の前日までに申告しなければならない，という規定があるのですが，この部分は考慮不要です。

破産の場合には税法上の「残余財産の分配」行為そのものが行われない（破産手続における「配当」は，税務上の「残余財産の分配」には該当しない）からです。

(3) 法人税の計算

この事業年度（残余財産確定事業年度）についても，他の破産手続中

の事業年度同様，所得（もうけ）が生ずることはほとんどないでしょう。ただ，3同様，換価資産次第で，固定資産の含み益が実現して法人の所得が生ずることもありますのでその点は気をつけておいてください。

> なお，平成22年9月30日以前に破産手続開始決定となっている法人について残余財産が確定した場合は，考え方が違っていますので注意してください。このような破産法人の残余財産が確定したときの法人税の計算方法については，清算所得という所得を計算し，それに税率を乗じて計算することになります。
>
> とはいっても，清算所得の金額は，破産の場合には算出されないのが通常なので，したがって納める税額もゼロになるのが通常です。

またこのタイミングでも，利子所得に対する源泉所得税についても考慮を忘れないようにしてください。内容は上記3と同様です。

(4) 消費税の申告

消費税の申告には注意を要します。

① 納税義務の判定

まず，消費税の納税義務があるかないか，つまり申告書を提出しなければならないかどうか，を確認します。

> なお，これは残余財産が確定した課税期間だけに限ることではないのですが，経験上，このタイミングで「あ，しまった」となってしまうことが多いのでここで取り上げているものです。

その課税期間に消費税のかかる取引をした場合に，申告をしなければならないかというのは，その課税期間の取引内容で判定するものではありません。

申告書を提出しなければならないときというのは，基準期間という判定期間があって，それはその事業年度の前々事業年度と考えていただきたいのですが，その判定期間において課税売上高が1,000万円超であることが必要です。

基準期間における課税売上高が1,000万円以下である場合には当課

税期間において免税事業者となり，そのときは申告書を提出する必要はありません。

　破産管財業務が長引くと，破産中の各事業年度において課税売上高がわずかである課税期間というのがどうしても存在してしまいますので，判定してみたら免税事業者であった，というのは時々起こります。

② 事前の準備

　消費税の納税額計算においては，免税事業者のほうが税計算のうえでは有利になることが一般的なのですが，場合によっては免税事業者であることにより税還付が不可能になってしまった，つまり免税事業者であることが不利になってしまった，というケースも存在します。

　消費税のかかる取引が売上や資産の処分だけ，というようなケースでは，消費税がかかる売上が発生するにも係わらず，その課税期間が免税事業者であることにより，その際は納める消費税額が発生しません。このような場合には免税事業者であることが有利なケースです。

　これに対し，売上が少々あるもののそれを超える多額の経費支払や貸倒が生じるというケースでは，その際に免税事業者であれば，消費税の還付申告ができないことになります。これは免税事業者であることが不利になってしまうケースです。

　このような点に注意しながら，場合によっては前述2にあるような事前の対策を併せて行うことにより，最も有利な結果になるように取り組んでください。

③ 管財人報酬

　換価完了後に破産管財人報酬額が確定するのが通常ですが，その額は消費税の計算において経費扱いとなります。

　ということは是非ともこの部分を使って税還付を狙いたいところですが，注意しないといけないのは，その課税期間において課税事業者であることも当然ながら，その課税期間に何か課税売上が存在しないと，その部分の経費扱いができなくなる点です。

　消費税の申告上で経費扱いすることを，「仕入税額控除の対象となる」というのですが，消費税法上，その課税期間において課税売上高

が存在しないと，実際に還付される金額は計算されません。意外と盲点ですので要注意です。

　破産管財人報酬についてはその他にも論点がありますので，第3章Q18もご参照ください。

④　その他の着眼点

　ア）多額の経費支払（消費税がかかる経費）があるときには，その課税期間に少額でもいいですから，課税売上を発生させることができれば，税還付が狙えます。そのためだけに換価作業時期を先延ばしにしてしまっては元も子もありませんが，調整できるのであれば売却日をずらすというのも有効でしょう。

　　破産法人に残存していた少額郵券を管財人が買い取るというような場合，これは破産法人にとっては課税売上を構成します。したがってタイミング調整で使われることがあります。

　イ）また，貸倒事実の顕在化がこの課税期間に発生することがありますが，これによる消費税額の還付は，その貸倒が生じた課税期間に課税売上があるかないかを問いません。ここは上記ア）の多額の経費支払があったときの注意するポイントとは少々異なります。

　　課税事業者であるかぎり，その貸倒額に対する消費税額の還付は狙えますので，いま一度ご確認ください。

(5)　**異動届出書の作成・提出**

　換価作業がすべて完了しましたら，残余財産確定として，その旨を報告するための異動届出書を作成・提出します。提出先はこれから申告書を提出する先になりますので，通常は税務署のみになります。（住民税や事業税の申告も行うのであれば，そちらにも提出することになります）

　もし異動届出書を出さずに申告書を提出したら，税務署から「なぜここで事業年度が区切られているのか？」という問い合わせが（確認の意味も込めて）来ることが想定されます。ぜひ出しておきましょう。最後の申告書を提出するときと同時で構いません。

　様式は1(1)で使用したものと同じです。異動事項等の欄に「残余財産確定（清算結了）」，異動後の欄にも「残余財産確定（清算結了）」と記入し，

異動年月日は「換価完了日」を記入します。

　異動届出書の添付書類としては，特に無くても構いませんが，気になるときは最終の財産目録や収支計算書を添えて下さい。

(6)　源泉所得税の取扱

　管財人報酬については源泉所得税を計算し，その源泉所得税は期限内に納めて下さい。あらかじめ納付書用紙を手配することもお忘れなく。

　その源泉所得税を納付した後は，支払調書を作成して，これは税務署に郵送します。この作業については第3章Q26をご参照ください。

　以上が完了した段階で，破産管財にかかる税務は一通り完了したことになります。

【コラム】換価完了時の債務免除益（？）の計上

　換価が完了した時点で最後の申告を行うことになり，最終の貸借対照表および損益計算書を作成することになるのですが，その際「破産法人として債務免除益（のようなもの）を計上する必要があるのでは？」と聞かれることがあります。質問の趣旨は，最後の配当の時点で，感覚的には債権者から借金の棒引きをしてもらうような感覚になり，「では債務免除益を計上しないといけないのではないか？」と思い至るところにあるのでしょう。

　確かに，最後の配当において，配当以外の部分については払わなくてよいという感覚になるのは理解できますが，これに対する私の回答は「債務免除益の計上は不要」です。破産手続の流れを見ますと，配当手続行為そのものは，単に債務の一部弁済をしているに過ぎず，債権者からの債務免除を受けているわけではないからです。

　税理士側としては「いやあ債務免除益を計上しても，繰越欠損金がたくさんあるからどうせ課税所得は出ませんよ」という旨で処理しようとすることがあり，その感覚もわからなくもないのですが，この点は管財人の側できちんと「配当行為は債務免除益の計上にあらず」という点を認識しておいてください。

　なお経験上，申告後に税務署から「債務免除益の計上が必要です」と言われたこともありません。

　では次章で具体的な事例にしたがって検討してみましょう。

第 2 章

法人破産における
税務の事例

第2章 法人破産における税務の事例

第1 破産手続開始決定

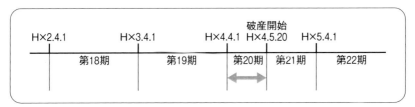

▲期間図1

1))) 平成×4年6月15日：連絡アリ

(1) 依頼の電話

税理士である私Yにとって，5月までの繁忙期も過ぎ，この時期は気分的に少々楽になるところです。

そんな中，懇意にしている弁護士B氏から電話が入りました。

＊

B弁護士「どうもどうもお世話になります。早速なんですが，法人の破産管財人になっている案件で，税務申告業務をしようかというのがあるんです。手伝っていただきたいのですが，近々に打合せの時間は取れませんか？」

Y税理士「了解しました。それでは取り急ぎ伺いましょうか」

＊

ということで何はともあれB弁護士の事務所に伺います。

事務所では会議室にてダンボール箱一杯の，破産会社の資料が待っていました。

＊

B弁護士「これが一式の書類です。社名はS社です。宜しくお願いしま

す」

Ｙ税理士「了解です。では，しばらく場所をお借りします」

＊

　資料を広げてチェックを開始します。Ｂ弁護士とは後でまた打合せをお願いする予定です。

(2)　とりあえずの確認事項

①　破産法人の基礎データ

　さて私はＢ法律事務所の会議室にて書類を広げます。書類というのは破産管財人であるＢ弁護士が，管財人就任にあたり引継を受けたものです。

　この中から下記書類をチェックし，税務申告のために必要なデータを確認するというのが最初の作業となります。

収集書類	・破産申立書
	・過年度の税務申告書・決算書の控え
	・過年度の総勘定元帳
	・試算表や伝票・帳簿

　これらの資料から確認するのは，以下の情報です。

基礎データ	・法人名
	・所轄税務署
	・決算月
	・事業種目
	・破産手続開始決定日
	・今後の税申告のスケジュール
	・滞納税金の有無
	・税還付等による破産財団増殖の可能性

　今後どのような段取りで税務申告を行っていくかをイメージしてから，破産管財人と打ち合わせるわけです。

② 最初の申告期限

　S社の破産手続開始決定日は平成×4年5月20日でした。したがって，同日で一旦区切られる事業年度についての税務申告を，同日後2か月経過日である7月20日までに行わなければなりません（期間図2）。

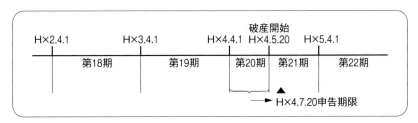

▲期間図2

　つまり今日は6月15日なので，実質1か月程度で申告データを取りまとめることになります。1か月というのは破産管財税務では余裕があるほうです。早めに連絡をくれたので有難いですねぇ。

③ 破産前の申告状況

　破産法人がこれまでに提出している申告書の内容，特に，破産の直前期の申告状況を確認します。

　S社の決算月は3月でした。ということは，平成×4年3月31日までの期の申告を5月末までに行っていなければならないのですが，往々にして破産直前だと（会社内がガタガタになっていて）この申告を行っていないことがあるからなのです。

　今回はこの申告書は提出されていました。税務署の受理印が捺印された申告書控が確認できたのでとりあえず一安心というところです。

　税務署の受理印は，法人税申告書の別表一の左上に捺印されています。そこに日付が記載されているので，期限内に申告しているかも併せてチェックするわけです。

第 1 　破産手続開始決定

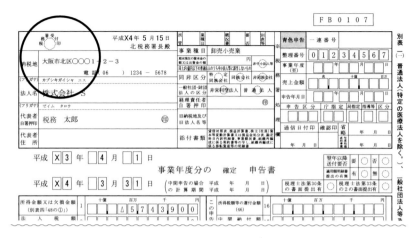

▲記載例1：別表一（受付印捺印箇所）

　また，電子申告を行っている場合には，申告書そのものに税務署の受理印は捺印されていません。その際は申告完了時にｅＴａｘ（国税電子申告・納税システム）の受付システムから返送されたメッセージをプリントアウトしたものを保存しているのが通常なので，その有無および内容（受付日時等）をチェックします。

（国税電子申告・納税システムのメッセージ例）

メール詳細

送信されたデータを受け付けました。
なお，後日，内容の確認のため，担当職員からご連絡させていただく場合がありますので，ご了承下さい。

提出先　　　　　　北税務署
利用者識別番号　　123456789012345
氏名又は名称　　　株式会社　S社
代表者名等　　　　税務　太郎
受付番号　　　　　＊＊＊105151625＊＊＊
受付日時　　　　　＊＊＊4／05／15　16：25：＊＊
種目　　　　　　　法人税申告書
申告の種類　　　　確定
事業年度　　　　　自　平成×3年04月01日

第2章　法人破産における税務の事例

> 事業年度　　　　　至　平成×4年03月31日
> 所得金額又は欠損金額　　＊＊＊＊＊＊円
> 差引確定法人税額　　　　＊＊＊＊＊＊円
> 欠損金又は災害損失金等の当期控除額
> 翌期へ繰り越す欠損金又は災害損失金

(3)　破産経緯の確認

　破産申立書の内容確認において特に注意するのは，破産の経緯についてです。その法人がどのような事情で破産に至ったか，直近数年においてどのような活動を行っていたか，などをチェックします。

　ここで破産前に会社が延命を図るため，売上水増し等で粉飾決算をしていたなどの事情が判明すれば，これは税金が還付される可能性が高くなります。

　また，破産申立書の中にある公租公課一覧および金額から，滞納している税金がないかを確認します。もし滞納額がある場合には，税申告することにより還付税額が発生したとしても，その還付額は滞納税額に充当されてしまいますので，そのあたりの影響をチェックするわけです。

(4)　過年度の申告内容

　続いて，過年度の税務申告書で確認することは，法人税と消費税の申告内容です。対象は破産直前3期程度です。

①　法人税

　それぞれの事業年度における

> ・利益の額
>
> ・課税所得の額
>
> ・納付している法人税の額
>
> ・繰越欠損金の額

をチェックします。

　これらは決算書や申告書の別表一に記載されているのですが，ここで，破産前の業績はどうか？　いきなりの破産か？　徐々の経営悪化か？　をイメージします。

併せて

> ・繰戻還付の適用見込

をチェックします。

　これは数年度分の申告書を照らし合わせて判断するのですが，適用が認められれば財団増殖に直結しますので必須です。

② 消費税

　それぞれの課税期間における

> ・納税義務の有無
> ・納税義務があるときの申告方式（一般課税か簡易課税か）
> ・課税売上高
> ・年税額，納付税額

というところをチェックします。

　併せて

> ・これまでの届出書の提出の有無。具体的には「簡易課税選択届出書」や「課税事業者選択届出書」など

も確認します。

(5) 破産開始日までの取引の状況

　次は経理関係の引継書類です。

　現在進行中の事業年度（当期首から破産開始日まで）の分について，引継書類である残高試算表や各種帳簿および伝票を参考にしながら，損益の状況や取引の内容を確認します。

　「税負担が出そうか？」「今後の申告を有利に進めるために必要な手続はないか？」などについて検討するわけです。

　以上のようなことを考えながら確認し終わると，大体60分程経過していました。Ｂ弁護士との具体的打合せに入ります。

第2章　法人破産における税務の事例

⑹　最初の打合せ

①　税理士依頼の趣旨の確認

Y税理士「ひととおり確認しました。最初に聞きたいのですが，今回税務申告をしようかなと判断したのは，何か特別な理由でもありますか？」

B弁護士「いや，特には。でも粉飾決算の可能性があるから，そこのところで何か良い感じに財団形成できないかなと思ったんですけど」

Y税理士「たしかに破産申立書にはその旨のことが記されていましたね」

B弁護士「それと，今回は財団がそれなりの規模だから税理士費用が出せそうなんですよ」

> 　税理士に破産法人の申告の依頼があったときは，何がしかの特別事情（還付が見込める，急いで申告をしなければならない，滞納税金の差押えについて反論しようとしている，元従業員から何か求められている，など）があることが多いので，まずはその点の意思疎通を行います。
>
> 　管財人側から見れば，税理士に依頼する際，重要視する点があればその旨は漏れなく伝えるようにすることが必要です。

Y税理士「なるほど了解しました。では，いま確認したところでの，申告する上での注意点なんですが，いいでしょうか？」

B弁護士「どうぞ」

②　税額見込

Y税理士「まず期限的な話ですが，5月20日に破産手続開始決定となっていますので，そこで一旦事業年度が区切られます」

B弁護士「なるほど」

Y税理士「平成×4年4月1日から平成×4年5月20日まで，2か月弱の期間ですが，この期間分の決算を行い，その申告を7月20日までに行う必要があります」

B弁護士「了解です」

Y税理士「次に税額の話です。今回の申告で法人税・消費税・地方税の納

48

める税額が出るかどうかはこれから精査するのですが……」

B弁護士「ざっと見たところではどうでしょう？」

Y税理士「損益は赤字のようだし繰越欠損金もあるので，法人税は多分，納税額はゼロでしょう」

B弁護士「他の税金はどうですか？」

Y税理士「消費税も納税額なしとは思いますが，機械の売却がある模様なので，もしかしたら多少の納税額が出るかもしれませんね」

B弁護士「なるほど」

Y税理士「あと道府県民税や市町村民税については赤字決算なら所得割部分はゼロですが，均等割部分はどうしても税負担が出ます。均等割は数万円というところです」

B弁護士「では，大幅な税負担は発生しない模様ですね」

　③　粉飾の可能性

Y税理士「それから粉飾の件ですが，破産申立書に記載していることの他に，何か確認できている点はありますか？　具体的な金額とか相手先とか」

B弁護士「いや，まだですね。これから調べます」

Y税理士「なるほど。では私のほうで経理資料とか過年度の申告書を確認してみましょう。何かヒントが出てくるかもしれません」

B弁護士「よろしくお願いします」

Y税理士「では資料を数点お借りして，ここのコピーを頂きたいのですがお願いできますか？」

＊

　最初の打合せはこれくらいで完了です。

　過年度申告書と直前期の総勘定元帳などを預かり，破産申立書の一部分をコピーしてもらい，B法律事務所を後にしました。

2)))　平成×4年6月18日：決算作業進行中

　Y税理士事務所にて，預ったS社資料を再度チェックします。

　まずは7月20日期限の申告書を完成することが第一です。申告期限まで

の期間はそう長くないので，手際よく進めなければなりません。

　平成×4年4月1日から5月20日までの期間はS社の第20期にあてはまります。今回はこの第20期の申告です。

　第20期の経理資料についてはほとんど作成されていませんでした。どうやら当該期開始時点の平成×4年4月時点でS社は既に事実上の営業停止状態であったようであり，日々の取引についても帳面を作成していなかったようです。

　このような場合でも何とか決算を組まなければなりませんので，S社の預金通帳の動きや現金出納帳，保存している請求書などから取引を確定していくことになります。

　その際，基本的には「入金は売上，出金は経費支払」という前提で見ていくのですが，前期の掛代金の入金や出金だったり，借入の返済だったりするものについてはその旨で処理していきます。

　過年度申告書に記載されている債権債務の内訳や，前期の総勘定元帳に記載されている相手方の名称などから，内訳を推測・確定させていく作業を続けます。

　そんな感じで淡々と第20期の決算処理を進めていきます。

3))) 平成×4年7月1日：不明箇所の確認

　B弁護士と打ち合わせを行います。

　今回は，第20期の処理の中での不明点を解消することが目的です。

＊

Y税理士「S社の第20期の決算は大体できました。ただ，預金通帳を見ていて，資金の動きの内訳が判明しない箇所が2点あります」

B弁護士「ふむふむ。内容はどうなっていますか？」

Y税理士「まず平成×4年4月15日にT社というところから100万円の入金があるのですが，これが売上なのか，資金調達なのか，掛代金の入金なのか，などということが不明です」

B弁護士「なるほど」

Y税理士「それともうひとつは，5月1日に130万円をUというところに

50

　　　　支払っているのですが，これも内訳が分かる資料がありません」

B弁護士「引継の経理資料を確認しても不明だったんですよね」

Y税理士「そうです。破産管財人経由で，この2点をS社の人に確認して
　　　　もらうことは可能でしょうか？」

B弁護士「社長に聞いてみましょう。でも分からない可能性も高いですね。
　　　　どうしても分からないときはどうするのでしょう？」

Y税理士「そんなときは止むを得ず，内訳不明ということで仮受金や仮払
　　　　金として処理していくか，推定で内訳を決めていったりすること
　　　　もあるでしょうね。で，その後判明した時点で修正する，と」

B弁護士「できればそれは避けたいですねぇ」

Y税理士「とにかく管財人権限で調べることができるところまでお願いで
　　　　きますか？　この2点が判明すれば申告書が完成できますので」

B弁護士「了解しました。また結果を報告します」

4)))　平成×4年7月8日：不明箇所の判明

　B弁護士から連絡があり，先日の不明2点については内容が判明しまし
た。100万円の入金は売掛金の一部入金，130万円の支払は店舗撤退に伴
う費用とのことでした。

　これで決算が確定できましたので，申告書を作成します。

5)))　平成×4年7月12日：申告書完成

　S社の第20期の確定申告書が完成しました。

　作成した書類を持ってB弁護士と打合せします。

(1)　状況の説明

Y税理士「今回の税務申告の内容です。売上がゼロで，固定資産売却によ
　　　　る利益もなく，諸経費が諸々かかるという状態なので最終的な所
　　　　得はマイナス。なので法人税はかかりません」

B弁護士「見込みどおりですね」

Y税理士「地方税については所得割はゼロ，均等割のみの課税です。金額
　　　　は短期間分なので，数千円です」

第2章　法人破産における税務の事例

Ｂ弁護士「了解です。均等割部分は交付要求してもらうようにしましょう」

Ｙ税理士「消費税については第20期における売上がゼロだから税額がゼロかというとそうではなく，その期中に備品の売却収入がありますのでこれは消費税がかかる取引となります。なので，消費税がかかる取引を拾い出し，売上にかかる消費税から仕入にかかる消費税を差し引いて，納付する消費税額を計算します」

Ｂ弁護士「備品は二束三文で売ったので儲けはないんだけど，それでも消費税はかかるんですね」

Ｙ税理士「そうです。でも諸経費の支払の中で消費税がかかるものがあるので，そのところの消費税と差し引くことになります」

Ｂ弁護士「なるほど。それで，その結果はどうなりますか？」

Ｙ税理士「消費税は還付になりますね。家賃や水道光熱費の支払とか，破産申立のときの代理人弁護士へ支払った報酬とかがあって，結構な額になっていました。結果としては５万円ぐらいの還付です」

(2)　還付の際の確認

Ｂ弁護士「それはいい話ですね。管財人口座に還付されるんですよね」

Ｙ税理士「はい。Ｓ社は滞納の国税がありませんので，そのまま還付されることになります。ちなみに債権者一覧とか滞納公租公課一覧には滞納国税があるような記載は何もなかったんですが，その後何か変化はありませんよね？」

Ｂ弁護士「事務員に聞いてみましょう。Ｆさんに同席してもらいます」

＊

Ｓ社の管財業務の事務担当であるＦさんにも同席してもらいます。

＊

Ｆ　さ　ん「滞納の国税があるかないかの話ですが，そのようなことは今のところありません」

Ｙ税理士「税務署からの交付要求はない，という状態ですね」

Ｆ　さ　ん「そうです」

Ｙ税理士「では，申告書を提出したら全額還付になります」

52

Ｆ　さ　ん「還付前に税務調査とかはないのですか？」

Ｙ税理士「これくらいの還付額ならまずないでしょう。桁が１つ２つ違えば何かあると思いますが」

Ｆ　さ　ん「いつ頃還付されるのでしょうか？」

Ｙ税理士「そうですねぇ，各税務署で還付手続のスケジュールはまちまちなので何とも言えないのですが，今提出して７月末締めになって，税務署からの振込は８月末頃ではないでしょうか」

Ｆ　さ　ん「わかりました。予定しておきます」

(3)　**申告書捺印・提出**

Ｙ税理士「ではこの内容で申告書を提出します。はいコレが申告書。ココとココに管財人の捺印をお願いします」

＊

ということで，第20期の申告書は完成しました。

これを所轄の税務署・府税事務所・市役所に提出して一段落です。

53

第2 破産手続中

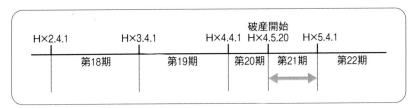

▲期間図1

1) 平成×4年8月1日：次の申告に備えて

さて，第20期の申告は完了しました。

次は第21期になりますが，期間としては平成×4年5月21日（破産手続開始決定の翌日）から平成×5年3月31日（S社の従前の決算月）となります。申告書の提出はその期間の末日から2か月以内なので，申告作業を行うのは少々先のことです。

とはいってもそれまでノンビリしておいていいかというとそうではなく，破産手続中においては破産財団の換価作業の状況を確認しながら，余計な税負担を生じさせないようにすることが大切です。

更に今回は，第19期以前の税務申告の内容が正しいものであったかを確認することも重要な作業になります。粉飾決算の可能性があるなら尚更です。

(1) 進行期の換価状況の確認

第21期の換価状況および今後の見込について打合せます。

＊

Y税理士「まずS社の換価作業について確認です。財産目録から判断するに，換価していく資産というのは，売掛金・貸付金・差入保証

第2 破産手続中

金・什器備品・建物というところでしょうか？」

B弁護士「そうですね。ボチボチ進んでいます」

Y税理士「税務上の扱いでいうと，売掛金・貸付金・差入保証金の換価は，単に現金化しただけ，として扱います。だからあまり気にしなくてもいいです」

B弁護士「別の財産ではどうなんでしょう？」

Y税理士「什器備品とか建物については，換価イコール売却と考えますので，換価額が帳簿価額を超えたら売却益が発生します」

B弁護士「その換価に対して税金がかかるという理解でいいのですか？」

Y税理士「法人税についてはその理解でOKです。売却益に対して税金がかかると考えて下さい」

B弁護士「儲けたら税金，というイメージですね」

＊

Y税理士「消費税についてはちょっと考え方が違い，売却価格を課税売上高として考えます」

B弁護士「売った結果が損か益かは関係ないんですね」

Y税理士「そうです」

B弁護士「対価の額が課税売上になる，ということですか」

Y税理士「あと，消費税のかかる取引とかからない取引があるので，そこも注意することになります。例えば建物の譲渡に関しては消費税がかかりますが，土地の譲渡にはかかりません」

B弁護士「了解です」

＊

Y税理士「換価の時期としてはいかがでしょうか。来年の3月までにすべての換価は完了しそうですか？」

B弁護士「そこまでには全部終わらないかもしれませんね」

Y税理士「なるほど。もし換価のタイミングを調整できるものがあれば，財団形成にいい影響が出るかもしれません」

B弁護士「へぇ，そんなことがあるんですか」

55

第2章　法人破産における税務の事例

⑵　消費税の計算方法の確認

Y税理士「資料をチェックしていたのですが，現在進行中のS社の第21期
　　　　　では，消費税の申告にあたり，簡易課税を適用しないといけない
　　　　　のです」

B弁護士「簡易課税っていったら，売上額だけから納付する消費税額を計
　　　　　算する方法でしたっけ？」

Y税理士「そうです。消費税の申告で納付する金額を算出する方法という
　　　　　のは2通りあって，ひとつは今言った簡易課税です。もうひとつ
　　　　　は一般課税とか原則課税とか呼ばれる方法です」

B弁護士「この前申告した第20期で計算したのはどっちの方法ですか？」

Y税理士「一般課税です。これは売上に係る消費税額から，実際にかかっ
　　　　　た仕入にかかる消費税額を控除して，納付する税額を決める方法
　　　　　です。この場合，前者が多ければ納付になりますし，後者が多け
　　　　　れば還付になりますね」

B弁護士「簡易課税のときって，仕入に係る消費税額というのはゼロにな
　　　　　るのでしょうか？」

Y税理士「そうではなく，仕入に係る消費税額というのは算出されます。
　　　　　ただ，みなし仕入率というのを使って，売上に係る消費税額の何割
　　　　　という形で，課税売上高だけから自動的に計算してしまうわけです」

B弁護士「仕入で実際にいくら使ったかは無視するんですね」

Y税理士「そうです。その率は業種に応じて90％〜40％で固定されており，
　　　　　実際に消費税がかかる仕入取引がいくらあったかは無視してしま
　　　　　うことになりますので，一般課税で計算したときと比べて，有利
　　　　　になることも不利になることもあります」

B弁護士「一般課税と簡易課税のどちらで計算するかっていうのは，どう
　　　　　やって判断するんでしたっけ？」

Y税理士「2つのステップがあります。例えば，第21期を原則課税か簡易
　　　　　課税かのどちらで計算するかを判定するときは，まず，第21期の
　　　　　開始日前に，簡易課税の選択届出書を税務署に提出しているかど
　　　　　うか（①）ということを確認します。あらかじめの意思表示が必

56

	一般課税	簡易課税
①売上に係る消費税	実額で計算する	
②仕入に係る消費税	実額で計算	業種に応じ自動計算 （①の90％～40％） ＝実額は無視する
③納付税額 ①－②	プラス→納付 マイナス→還付	必ずプラス ＝納付のみ

▲一般課税と簡易課税の比較

　　　　要なわけです」

Ｂ弁護士「Ｓ社はそれを提出していたわけですね」

Ｙ税理士「そうです。数年前ですが提出していました。届出書の控えが綴られていました」

Ｂ弁護士「次のステップには何が必要でしょう？」

Ｙ税理士「次に，基準期間における課税売上高が5,000万円以下であるかどうか（②）を確認します。この①と②を両方満たしているときに，第21期の消費税の計算で簡易課税を使用するわけです」

　　　　　　　　　　　　　　　＊

Ｂ弁護士「なるほど。ところで，基準期間って何ですか？」

Ｙ税理士「判定するときに使う対象期間です。消費税の納税義務を判断したり，簡易課税の適用有無を判断したりする際に使われる期間なのですが，法人の場合は原則として前々事業年度を指します」

Ｂ弁護士「当課税期間のボリュームは関係しないんですね」

Ｙ税理士「そうです。Ｓ社の当課税期間である第21期のことを考えますと，基準期間は第19期のことです」

Ｂ弁護士「なるほどそうか，第19期のときは結構売上も減ってきていましたからねぇ。5,000万円を下回っていたわけですね」

Ｙ税理士「そういうことですね」

第2章　法人破産における税務の事例

	①事前に簡易課税選択届出書の提出	
	あり	なし
②基準期間における課税売上高が5,000万円　以下	簡易	一般
②基準期間における課税売上高が5,000万円　超	一般	一般

▲今の課税期間でどの方法により計算しなければならないか？

B弁護士「あれ，この前の第20期が一般課税で計算したといってましたよね。このときは簡易課税じゃなくていいのですか？」

Y税理士「第20期の計算方法をどうするか，これは基準期間である第18期の売上によるんですが，このときは売上が約9,000万で，5,000万円を超えていたんです。そうすると先ほど説明した要件の②を満たさないことになりますので，第20期は一般課税です」（期間図2）

B弁護士「なるほど，①・②のいずれかが当てはまらなければ一般課税で計算するわけですね」

Y税理士「そういうことです」

B弁護士「確認なんですが，①・②両方満たしているときは，簡易課税で計算しないといけないんですよね。強制ですよね」

Y税理士「そうです。どちらかを選べるわけではありません」

B弁護士「なかなか悩ましいですねぇ」

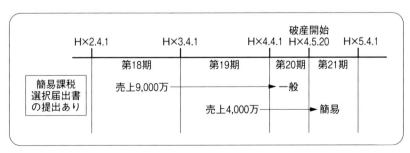

▲期間図2：従前に簡易課税選択届出書の提出がある場合

第2 破産手続中

　届出書の控えが見つからない場合で，過年度の申告内容が遡ってすべて一般課税だったとしても油断は禁物です。それだけを以て，簡易課税が適用されることはないという断言はできません。

　いったん提出された簡易課税の選択届出書は，不適用の届出書を提出しない限りその効力は継続しますので，想定していない課税期間で簡易課税が強制されることもあり得ます。例えば，

10年以上前に簡易課税選択届出書が提出される。その際の届出書の控えは法人側で紛失（管財の引継書類に含まれず）

↓

その後，課税売上高が5,000万円以上である課税期間が継続し，いずれも一般課税で申告している

↓

破産前の業績不振時期で，たまたま5,000万円未満になる課税期間が発生

↓

その2年後は簡易課税の適用が強制される。申告前に簡易課税用の申告書が送付されて初めて気づく

というケースもあり得ます。

　届出書の提出の有無について不明の場合には，所轄の税務署に聞いて確認することができますので，念のため電話で問い合わせておくのが確実です。

(3) 今後の課税期間の計算方法

Y税理士「あと，先の話ですが，このままでは第22期も簡易課税で計算することになるのですが，一般課税で計算したほうが税負担の面で有利というのであれば，簡易課税を取りやめることも検討しましょう」

B弁護士「取りやめもできるんですね」

Y税理士「そうです。事前の届出が必要なんですが，第22期が始まる前までなら取りやめできます。簡易課税の選択不適用届出書という書類を税務署に提出します」

59

B弁護士「なるほど。ではその提出期限の前になったら改めて確認しましょう。その際はまた声をかけてください」
Y税理士「了解しました」

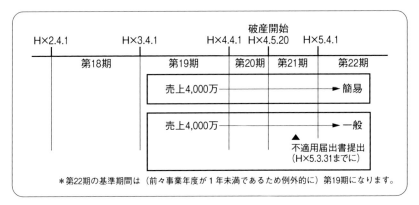

▲期間図３：不適用届出の有無による違い

(4) **粉飾チェック**

　次は粉飾決算についての対応です。ここからは事務担当のＦさんにも同席してもらいます。

＊

Y税理士「Ｓ社の第19期以前の申告書と，それに付随している決算書と，総勘定元帳その他資料を確認したところの話ですが」
B弁護士「どうでした？」
Y税理士「そうですね，まず，Ｒ社というところへの売掛金が100万ほどあるという旨で決算書に乗っているのですが，これって第18期も第17期も同額が記載されているのです。数年に渡り動いていない模様ですから，回収不能かと思うのですがいかがでしょう？」

科目	相手先		期末現在高	摘要
	名称	所在地		
売掛金	R社		1,000,000	

▲売掛金（未収入金）の内訳書（勘定科目内訳明細書から抜粋）

F さ ん「ご指摘のR社への売掛金ですが，財産目録上の評価額はゼロで
すね。R社は実質破綻の状態にあると考えられますが，税務上も
回収不能でいいのでしょうか？」

Y税理士「要件を満たしているか再確認してみましょう。もし回収不能で
あればこれは貸倒れとして扱えそうです。この金額ですが，いつ
発生して，何の売上に対する売掛金なのかっていうのは調べたら
わかりますか？」

B弁護士「S社の社長に聞いてみましょう」

Y税理士「よろしくお願いします。売掛金なので何かの売上であることは
間違いないと思うのですが，詳細を把握しておいたほうがいいの
で」

＊

B弁護士「他には何かありました？」

Y税理士「総勘定元帳と預金通帳を照らしあわせたところ，預金通帳への
入金部分を売上として計上しているもののうち，粉飾かもしれな
いと思われるものが何件かあります」

B弁護士「そうなんですか。金額はいくらですか？」

Y税理士「平成×2年12月20日に2,000万円，×3年2月15日に500万円，
×3年2月25日に500万円です」

B弁護士「それを売上として経理処理しているのですか？」

Y税理士「そうです。合計で3,000万円ですね」

B弁護士「それは大きいですなあ。通帳への入金は，振込ではないんです
よね？」

Y税理士「現金の預入となっていますね。経理処理としては現金売上をし

第2章　法人破産における税務の事例

たものを預金預入したという形になっていますが，この売上が存在せず，例えば手持ち資金を預入しただけのものとなると，この分は消費税額が過大納付されていることになります」

B弁護士「なるほど，じゃあその資金の出処を追ってみますか。これも社長に聞いてみましょう。Fさん，問い合わせ文書作ってくださいね」

F　さ　ん「了解しました」

⑸　債権の回収可能性チェック

Y税理士「そういえば売掛金なんですが，財産目録の評価額どおりに回収できないケースも出てきていますか？」

F　さ　ん「何件かあります」

Y税理士「差額の原因は何なんでしょう？」

F　さ　ん「S社からの請求額が誤っていたとか，振込手数料の差引とかです」

Y税理士「なるほど。そういうのは差額が売上に係る対価の返還に扱えそうですね。その分の消費税がマイナス計算できそうです」

B弁護士「これも税額が安くなる方向に働くのでしょうか？」

Y税理士「まぁあまり大きなインパクトはないですが，塵も積もれば，ってところですね」

2))) 平成×4年8月20日：粉飾対応

　S社の換価作業については引き続き進行中です。管財人には，財産目録を作成する都度，それを私Yにも送っていただくように依頼しています。

　そんな中，B弁護士から連絡がありました。例の粉飾の件で詳細が分かったとのことです。早速事務所へ伺います。B弁護士・事務員Fさんと打合せます。

⑴　粉飾の詳細

B弁護士「なかなか興味深い話になってきましたよ」

Y税理士「どうでした？」

B弁護士「まずR社への売掛金は，これは3年くらい前の売上で発生した

62

ものだそうです。社長から回答がありました」

F　さ　ん「その時のR社への請求書の控がありましたので写しを送ってもらいました。これです」

Y税理士「なるほど。これは当時に売上計上していますね。では先日お聞きしたとおりR社が実質破綻の状態にあるのであれば，これは貸倒処理できますね」

*

B弁護士「それから例の3,000万円の動きの件ですが，最初の2,000万円は社長個人が所有している不動産を売却したカネを入金したもので，そのあとの500万円2件は，社長と奥さんの個人の定期預金を解約したものだそうです」

F　さ　ん「これが当該不動産の登記簿謄本です。確かにこの時期に売却しています。売買契約書のコピーも手配できました」

Y税理士「それは正に粉飾ですね。定期預金の解約を裏付ける資料はあるのでしょうか？」

F　さ　ん「銀行の取引履歴を手配しました。はいこれです」

Y税理士「手際がいいですねぇ。素晴らしい」

(2)　更正の請求

B弁護士「これからどうしていったらいいのでしょうか？」

Y税理士「まずこれらの事実を元に，税務署に対して更正の請求を行いましょう。第18期の決算に誤りがあったので税計算を訂正し，その結果税額を多く納めすぎている状態になっているのでその分を返してくださいという請求です」

B弁護士「それで税金がいくら還付されるのですか？」

Y税理士「まず消費税ですが，税込3,000万円に対しての消費税額ですから，税抜にしてその5％というところで，約142万円くらいですね」

B弁護士「おっ，結構な額になりますね。法人税はどうでしょう？」

Y税理士「法人税については繰越欠損金が3,000万円以上ありますから，更正の請求をしても還付額はありませんね。繰越欠損金の額が訂正されるだけです」

63

第2章　法人破産における税務の事例

B弁護士「なるほど。じゃあそちらはしょうがないですね」

Y税理士「今回は金額が金額だけに，もしかしたら税務調査が入るかもしれません。調査まで行かなくても問い合わせはたぶんあるでしょう。話がつくまでに少し時間がかかると思うのであらかじめご了承の程を」

B弁護士「大丈夫。まだ換価作業は継続中なので時間的余裕はありますから。では早速お願いします」

＊

ということで，更正の請求書を作成することになりました。

3))) 平成×4年9月10日：税務署との折衝

(1) 税務署から連絡アリ

前回のB弁護士との打合せ後，更正の請求書を税務署に提出したのが8月23日です。

書類は税務署に持参して同時に窓口で相談しようかと思いましたが，それほどまでの還付額でもないので郵送にしました。

申告書の付属書類として，管財人の上申書（記載例1参照）と，不動産の登記簿謄本・総勘定元帳・預金通帳のそれぞれのコピーを添付したところなので，まぁ過不足はないかなというところです。

書類提出してから約2週間。そろそろ何かリアクションが来るかなと思っていたところ，税務署から電話が。電話の主は法人課税部門の人で，名前はL氏です。

＊

L　　氏「Y先生，提出いただいたS社の更正の請求の件ですが」

Y税理士「この度はお手数おかけします。よろしくお願いします」

L　　氏「ええまぁ，それはそうなんですが」

Y税理士「何か問題でもありますか？」

L　　氏「これってどうなんでしょう，3,000万円の架空売上って，それを証明するものは何かないのでしょうか？」

Y税理士「証明っていってもねぇ，破産管財人が事実確認したらそうだっ

平成×4年8月23日

○○税務署長殿

株式会社　Ｓ社　破産管財人　弁護士　Ｂ
〒530－0000　大阪市北区○○１－２－３
TEL：06－＊＊＊＊－＊＊＊＊

株式会社Ｓ社　消費税及び地方消費税の更正の請求　について

記

　株式会社Ｓ社（平成×4年5月20日破産手続開始決定）の管財業務を遂行するにあたり，同社の第18期（平成×2年4月1日～平成×3年3月31日）において，架空売上を計上していたことが判明致しました。
　架空売上の内容は，代表者個人の保有資金を預金預入したものを売上計上としていたものです。当該事項の詳細につき，旧代表取締役等の当事者へ確認したところ，下記のとおり税込3,000万円の架空売上を計上していたことが判明したものであります。

①平成×2年12月20日
　　○○銀行普通預金に20,000,000円の入金。
　　経理上はP社宛現金売上として処理するが，実際は手持現金の入金。
　　この手持現金の出処は，代表者個人の所有不動産の売却代金。
②平成×3年2月15日
　　○○銀行普通預金に5,000,000円の入金。
　　経理上はQ社宛現金売上として処理するが，実際は手持現金の入金。
　　この手持現金の出処は，代表者個人の定期預金を解約したもの。
③平成×3年2月25日
　　○○銀行普通預金に5,000,000円の入金。
　　経理上はQ社宛現金売上として処理するが，実際は手持現金の入金。
　　この手持現金の出処は，代表者の配偶者の定期預金を解約したもの。

　上記①②③につきましては売上根拠書類等が存在せず，架空売上と判断されますので，今回，更正の請求をすることに至りました。
　宜しく取り計らいの程をお願い申し上げます。

（添付書類）
・第18期総勘定元帳　該当部分コピー（売上高・普通預金・現金）
・不動産売買契約書・登記簿謄本
・○○銀行取引履歴

以　上

▲記載例１：管財人上申書（更正の請求書の付属書類）

第2章　法人破産における税務の事例

たから，としか言いようがないんですよ」

L　　氏「うーん。返さないといけないものは返しますので，事実であれば更正の請求そのものは問題ないのですが，私も上への書類を作成するのに，もう一押し何かないかなと考えておりまして……」

Y税理士「破産管財人は裁判所から監督されている立場の人だし，国税徴収法でも国の執行機関とされているんだから，法人の代表者がスイマセン間違えてましたと言ってるのとは，レベルが違うと思いますよ」

L　　氏「それは確かにそうなんですが……」

＊

どうやらL氏も架空売上そのものを疑問視しているわけではなさそうです。あまり反発的になるのもよくないかなと感じました。

＊

Y税理士「わかりました。じゃあLさんの意向を管財人に伝えて，何か追加で証明になるようなものがないかを相談してみますよ」

L　　氏「よろしくお願いします」

＊

いったん電話を切りました。まぁなかなか簡単にはいきませんね。

(2)　管財人と再度相談

その後，B弁護士に連絡を取ります。

＊

Y税理士「……というような内容で税務署から投げかけられたんですが」

B弁護士「それはちょっと面倒ですねぇ」

Y税理士「例えばですが，この3,000万円の売上の相手方とされる会社に連絡を取って，このような売上は存在しません，という一筆をもらうというのは可能でしょうか？」

B弁護士「相手方の会社はわかりますか？」

Y税理士「最初の2,000万円についてはP社，その後の500万円が2回分についてはQ社ですね。総勘定元帳にそう記されています」

B弁護士「じゃあ管財人の立場として，P社とQ社に照会文書をかけてお

66

きますよ。回答が来たら連絡します」

Y税理士「よろしくお願いします」

*

　その後数日して，B弁護士から件の照会文書に対する回答が来ました。P社とQ社いずれからも「そんな売上は存在しない」という確認書が手配できましたとのこと。

　早速それを預かり，税務署のL氏へ送付。これで税務署が了としてくれればいいのですが……。

4))) 平成×4年9月20日：還付了解 ─────────

　税務署のL氏から，例の確認書を見たとのことで電話が来ました。

*

L　　氏「Y先生，このP社とQ社はどんな会社か，先生は御存知なんですか？」

Y税理士「いえ全く。私の顧問先というわけでもないですしね」

L　　氏「そうですよね……」

Y税理士「……で，どうでしょう？」

L　　氏「そうですねぇ。架空売上の証明といったらこれくらいしか考えられないですよね」

Y税理士「そうなんですよ」

L　　氏「……わかりました。これで上にあげてみます」

Y税理士「有難うございます！」

5))) 平成×4年10月20日：還付税額着金 ─────────

　B弁護士の事務員Fさんから電話が来ました。

*

F　さ　ん「Y先生，税務署から更正の決定通知書が送られて来ましたよ。還付税額が記載されています」

Y税理士「来ましたか。その還付税額も入金されましたか？」

F　さ　ん「管財人口座に今日入金されていました」

第2章　法人破産における税務の事例

Y税理士「よかったですね～」

F さ ん「これで管財人報酬も少しは増えるかもしれませんね」

＊

　税務署との書類のやり取りは結構な回数を行いましたが，結局，実地の税務調査までは至りませんでしたので，管財人の手間はそれほど取らせないところで終了できました。

6))) 平成×5年2月26日：破産中事業年度の申告準備

　そろそろS社の決算月である3月を迎えます。決算日が過ぎる前に打合せすべき点がありますので，その確認を行います。

　B弁護士・事務員Fさんと打合せます。

(1) 申告期限と必要書類の準備

Y税理士「前回申告したのが破産手続開始決定日（平成×4年5月20日）までの分でした。なので今回は，その翌日である平成×4年5月21日から平成×5年3月31日までの期間の分の決算になります」

B弁護士「それを5月末までに申告するんですよね」

Y税理士「そうです。申告期限は期末から2か月経過時です」

B弁護士「換価状況はボチボチ進んでいますよ」

Y税理士「全部終わったわけではないんですよね？」

B弁護士「そうですね。まだややこしいのがあるんですよ」

Y税理士「なるほど。では3月31日時点で換価が確定しているものをピックアップして，それについての課税関係を整理して，申告作業をすることになりますね」

B弁護士「こちらで具体的に用意するものは何かあるのでしょうか？」

Y税理士「最新の財産目録をお願いしたいんですが，更新していますか？」

B弁護士「直近の債権者集会で使ったものがあるはずですが，それは，えといつの分でしたっけ？」

F さ ん「今年の1月20日の分です」

B弁護士「これがそのまま使えますかね？」

Y税理士「理想は3月31日時点のものなんですが……」

第2 破産手続中

B弁護士「次の債権者集会はいつでしたっけ？」

F さ ん「5月ですね」

Y税理士「となるとわざわざ3月末のものを作成するのは手間ですね
　　　　　……」

F さ ん「大丈夫ですよ。3月末で一度作成しましょう」

Y税理士「それは助かります」

*

　財産目録は期末日現在のものを手配するのが望ましいところです。ど
うしても期末日時点で作成できないときは，直近のものを使用し，そこ
から期末日までの変更点を織り込んだものを作成し，税務申告書の添付
書類とします。

⑵　**売掛金の換価状況**

　次に，現時点の状況がどうなっているかを確認すべく，直近で作成し
た財産目録を拝見します。売掛金や工具器具などの換価は半数以上が完
了しています。

①　売掛金回収の扱い

F さ ん「売掛金の回収金額って売上になるのでしょうか？」

Y税理士「いえ，違います。単に回収しただけなので売上にはなりません。
　　　　　売掛金というのは発生した時が売上時ということになるので，そ
　　　　　の時点で法人税や消費税の課税対象として計算されています」

B弁護士「売掛金を回収した時に，現金が入ったからといってそれを売上
　　　　　にしてしまうと，二重で売上を計上することになってしまうとい
　　　　　うことですね」

Y税理士「そうです」

　売掛金の動きの例1（売掛金1000の場合）

1000発生＝売上1000計上　→　この時点で消費税がかかる
　↓
1000回収＝売掛金が現金に変わる　→　消費税には関係なし

69

第2章　法人破産における税務の事例

Ｆ さ ん「売掛金の回収金額が，当初評価していた額と違うんことがあるんですが，そういうときはどうするんですか？」

Ｙ税理士「回収額が評価額より少ないんですか？」

Ｆ さ ん「そうです」

Ｙ税理士「原因次第で扱いが変わることがあります。その原因は判明していますか？　振込手数料が差し引かれたから？」

Ｆ さ ん「それもあります」

Ｙ税理士「他には？」

Ｆ さ ん「未払金との相殺もあります。あと，元々の評価額の計算が誤っていたということもあります」

②　振込手数料が差し引かれた場合

Ｙ税理士「振込手数料が差し引かれた場合には，その支払手数料をこちらが負担したとして扱うか，売上に係る対価の返還として扱うか，どちらかになります」

売掛金の動きの例2（売掛金1000の場合）

> 1000発生＝売上1000計上　→　この時点で消費税がかかる
> 　　　　↓
> 950回収・50は手数料として差し引かれた
> 　→　950は消費税には関係なし
> 　→　50は手数料という経費発生　または　売上値引として認識

Ｆ さ ん「どちらで処理するほうが有利，というのはあるのでしょうか？」

Ｙ税理士「Ｓ社は今回，簡易課税で計算するので，後者ですね」

Ｆ さ ん「なぜそちらが有利なのでしょう？」

Ｙ税理士「売上値引というのは消費税の計算上，売上そのものをマイナスするという処理になるからです。簡易課税では売上額のみから納める消費税額を計算しますので」

Ｂ弁護士「支払手数料という経費として処理すると，簡易課税の場合には全くマイナス効果がないということですね」

Ｙ税理士「そうです。ちなみに一般課税なら，どちらの処理でも最終的な税額は同じです」

　③　未払金との相殺の場合

Ｆ　さ　ん「未払金との相殺はどう処理するんですか？」

Ｙ税理士「これは回収して同額を払ったという扱いなので，消費税の処理には関係ありませんね。損益にも関係ないので法人税でも影響はなしです」

　　　売掛金の動きの例３（売掛金1000の場合）

```
1000発生＝売上1000計上　→　この時点で消費税がかかる
買掛金400が存在している　→　既にこの分の消費税も認識済
　　　　↓
600回収し，400は相殺された
　→　600は消費税には関係なし
　→　400も消費税に関係なし（単なる債務の支払）
```

　④　評価額の計算が誤っていた場合

Ｆ　さ　ん「元々の評価額の計算が誤っていた場合はどうするんでしょう？例えばこの財産目録ではＢ社への売掛金が該当するんですが」

Ｙ税理士「Ｂ社への売掛金は８万円として評価しましたが，実際の回収額は７万円だったということですね。その差額の原因が何かによりますねぇ。理由は判明しているのでしょうか？」

Ｆ　さ　ん「Ｓ社からＢ社へ納品された商品の一部に不都合があって，売値が訂正されたものです」

Ｙ税理士「なるほど。それではこれは，売上に係る対価の返還です」

Ｆ　さ　ん「消費税相当分が返ってくるのですか？」

Ｙ税理士「その理解でＯＫです」

(3)　工具器具の換価状況

Ｙ税理士「この工具器具については，一式で売却したんですね」

Ｂ弁護士「そう。１万円で売却でしましたね」

Ｙ税理士「財産目録でも評価額１万円ですね。ということは評価額どおり

第2章　法人破産における税務の事例

　　　の売却，ということですね」

B弁護士「このときは税金には関係ないのでしょうか？」

Y税理士「ありますね。消費税と法人税とに影響が出ます。それぞれの税
　　　金で考え方が違うのですが，まず消費税については，売却価格が
　　　課税売上高になります。今回は1万円の課税売上となります」

B弁護士「了解です。法人税はどうなりますか？」

Y税理士「法人税については財産目録とは別に，もともとの貸借対照表で
　　　の内容をチェックします。工具器具が貸借対照表や固定資産台帳
　　　においていくらで計上されているかを見て，その額（帳簿価額）
　　　と実際の売却額との差が，譲渡損または譲渡益となります」

B弁護士「もともとS社ではいくらで計上されているのでしょう？」

Y税理士「一番最近の固定資産台帳と照らし合わせながらみると，55万円
　　　の帳簿価額ですね」

B弁護士「じゃあ1万円で売却したから，55万円−1万円＝54万円の売却
　　　損ということですね」

Y税理士「そういうことです」

固定資産台帳

株式会社　S社

自　平成×3年4月1日　　至　平成×4年3月31日

勘定科目	資産名	数量	供用年月	取得価額		期首帳簿価額	期中増加	期中減少	当期償却	期末帳簿価額	償却累計額
工具器具		1		2,000,000	・・・	300,000			50,000	250,000	1,750,000
工具器具		1		2,500,000	・・・	350,000			50,000	300,000	2,200,000
小計		1		4,500,000	・・・	650,000			100,000	550,000	3,950,000

▲記載例2：固定資産台帳

(4)　管財人口座の預金利息

Y税理士「管財人口座に利息が付いていますね。ということは決済性預金
　　　にはしてないんですね」

B弁護士「そうです」

72

第2 破産手続中

Y税理士「この預金利息で入金が80円あるのですが，この分についての源泉所得税が還付されます」

B弁護士「そうなんだ。いくらになりますか？」

Y税理士「今回の還付額は20円ですね」

B弁護士「まあそんなもんですよね」

Y税理士「この時期の預金利息については20％が源泉されます。その内訳は国税が15％と地方税が5％です。そういうことで口座への入金額を0.8で割り戻せば預金利息の総額が計算できます」

B弁護士「手取80円だと，総額が100円ですね。で源泉が20円，と」

Y税理士「そうです。源泉20円の内訳が，国税15円，地方税5円です」

B弁護士「20円の還付のためだけに，わざわざ申告するのですか？」

Y税理士「それだけのためにというわけではありません。この還付は法人税の申告の中に折り込む作業なんですが，もともと法人税の申告はする段取りになっているので，ついでの作業といいますか」

B弁護士「でも財団が1円でも増えるからいいことですね」

Y税理士「そうおっしゃっていただくと助かります」

＊

これで第21期の動きについてのチェックは完了です。

あとは3月31日が過ぎた時点で管財人口座の預金通帳をコピーして，同日付の財産目録を手配いただくよう依頼し打合せを完了しました。

7))) 平成×5年3月20日：消費税の届出

決算月の月末がすぐそこまで迫っています。

今回は消費税の届出をどうするかのチェックです。

(1) 届出書の提出を検討

Y税理士「以前8月に話をしていた件ですが，消費税の届出書を新たに提出するかどうかの確認です」

B弁護士「今月末で第21期が終了するんで，次の第22期に向けての話ですね」

Y税理士「そうです。以前お伝えしたとおり，このまま何も手続をしない

73

と，第22期は簡易課税で計算することになります」

B弁護士「S社が簡易課税のままだとどんな影響があるんでしたっけ？」

Y税理士「一般課税で計算すると，還付税額が多かったり，納付税額が少なかったりと，有利になるケースがあるのですが，この場合に簡易課税のままだと，その恩恵を受けることができなくなるわけです。つまり簡易課税のままだと不利，となるケースがあるわけです」

B弁護士「どういう場合に不利になるのでしょう？」

Y税理士「消費税がかかる取引としての売上と仕入が，それぞれどれくらい生ずるかによって変わります」

B弁護士「現時点でどちらが有利になるかは確定できないんですね」

Y税理士「残念ながらそういうことです」

B弁護士「判断基準はどういうところにありますか？」

Y税理士「S社は小売業としての売上を主としていますので，みなし仕入率は80％として計算しますから，課税売上が100円に対して課税仕入が80円超あると，簡易課税のままだと不利です。逆にいうと，課税売上が100円に対して課税仕入が80円未満であれば，簡易課税のほうが有利です」

B弁護士「うーん，いまいちピンとこないですねぇ」

(2)　一般課税と簡易課税の税負担を比較

Y税理士「具体的な内訳・金額がどうなるかを想定して考えるほうがいいでしょう。第22期で課税売上になるものが何かありそうかというところから考えるのですが，第22期の開始である4月以降に換価予定のものは何になるのでしょう？」

B弁護士「売掛金・貸付金の回収がもう少しあるのと，中古機械の売却ですね。それで換価はすべて完了になります」

Y税理士「なるほど。その中で消費税の課税売上になるものは中古機械の売却なんですが，それの売却額はいくらぐらいになりそうですか？」

F さ ん「いま業者に見積書をとっていますが，30万円くらいです」

Ｙ税理士「そうすると，消費税のかかる経費の支払が30万円の80％で24万円以上あるのなら，一般課税にしておいたほうが有利ということになります」

Ｂ弁護士「24万円ですか……」

Ｙ税理士「あ，でも今回の場合，30万円の課税売上が機械装置の売却になるので，これは簡易課税の場合にはみなし仕入率60％になるから，30万円の60％で18万円以上の経費支払があれば，一般課税のほうが有利ですね」

Ｂ弁護士「なんかいろいろ難しいんですね」

Ｙ税理士「簡易課税の場合，課税売上を６種類に分類して計算するんです。なので一般課税との有利不利を判定するときは，どんな種類の課税売上かを見ておく必要があります」

Ｂ弁護士「ふうん。それで，消費税のかかる経費の支払には何かあるのでしょうか？」

Ｙ税理士「そうですね。水道光熱費とか家賃の支払とか，手数料の支払とかが想定されるんですが，破産手続中ですから，あまりなさそうですね」

Ｆ さん「税理士報酬には消費税がかかるのでは？　Ｙ先生への税理士報酬がありますよ」

Ｂ弁護士「そうそう。この前の粉飾還付が成功したから，税理士報酬が追加で支払えますよ」

Ｙ税理士「それは有難うございます。金額はさっきの判定ラインを超えるということでいいでしょうか？」

Ｂ弁護士「大丈夫です」

Ｙ税理士「では一般課税のほうが有利ということでよさそうですね。それでは届出書を提出しておきましょう」

Ｂ弁護士「よろしくお願いします」

＊

第22期についての消費税の納税額は概算で以下のようになります。

ア　簡易課税

①売上：30万円

②仕入：売上×60％＝18万円

③納付：①－②＝12万円，の8％で9,600円

この場合は，経費をいくら使おうが納税額に変更はありません。

イ　一般課税

a）仕入ゼロの場合

①売上：30万円

②仕入：0

③納付：①－②＝30万円，の8％で24,000円

b）仕入200万円の場合

①売上：30万円

②仕入：200万円

③納付：①－②＝▲170万円，の8％で▲136,000円（還付）

一般課税の場合は，経費がいくらかによって納税額が変わります。

8))) 平成×5年3月25日：届出書提出

税務署へ「消費税簡易課税制度選択不適用届出書」（記載例3）を提出しました。これで第22期は一般課税による計算になります。

9))) 平成×5年4月20日：第21期の申告完了

平成×5年3月31日で終了した第21期の申告書を作成して提出します。

法人税については納税額ゼロです。預金利息の源泉所得税部分の還付が15円になりました。

消費税については数千円の納税額が発生しました。これは財団債権として取り扱うので，適宜交付要求をしてもらうことにしました。

府や市への地方税については，既にS社としての事業は廃止しているので均等割の発生もなく，納税額はありません。

第2 破産手続中

第25号様式

消費税簡易課税制度選択不適用届出書

収受印

平成　年　月　日	届出者	（フリガナ）	
		納　税　地	（〒 500 － 0000） 大阪市北区○○○1－2－3 （電話番号 06 － 1234 － 5678 ）
北税務署長殿		（フリガナ） 氏 名 又 は 名 称 及 び 代表者氏名	カブシキガイシャ　エス 株式会社 S 破産管財人　弁護士　B　　　　印

　　下記のとおり、簡易課税制度をやめたいので、消費税法第37条第4項の規定により届出します。

①	この届出の適用開始課税期間	自 平成 ×5 年 4 月 1 日　　至 平成 ×6 年 3 月 31 日
②	①の基準期間	自 平成 ×3 年 4 月 1 日　　至 平成 ×4 年 3 月 31 日
③	②の課税売上高	40,000,000 　円
	簡易課税制度の適用開始日	平成　　　　年　　　　月　　　　日
	事業を廃止した場合の廃止した日	平成　　　　年　　　　月　　　　日
	参　考　事　項	
	税理士署名押印	（電話番号　　　－　　　－　　　）　　印

※税務署処理欄	整理番号		部門番号		
	届出年月日	年　月　日	入力処理	年　月　日	台帳整理	年　月　日
	通信日付印	年　月　日	確認印		

注意　1．※印欄は、記載しないでください。

▲記載例3：消費税簡易課税制度選択不適用届出書

第2章 法人破産における税務の事例

第3 換価完了

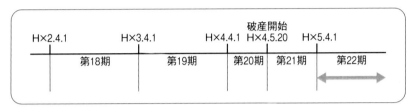

▲期間図1

1))) 平成×5年7月20日：換価状況確認（継続中）

(1) 換価終了の判断

　現在は第22期で，平成×5年4月1日から進行中です。このまま何もなければ，1年後である平成×6年3月31日が期末ということになるのですが，期末までに換価作業がすべて完了したら，その段階で第22期は終了となります。

　税務上の言葉でいうと「残余財産が確定した」という言い方になりまして，そのタイミングで最後の申告をしなければなりません。

　ということで，破産管財中の案件については換価状況を適宜チェックし，もう換価作業が終わりそうだというところで，速やかに申告の準備にかかることになります。

　直近の財産目録を見ながら打合せを行います。

＊

Y税理士「だいたい換価作業は終わったみたいですね」

B弁護士「そうですね。あと1件，代表者への貸付金というのが未了なんですが，これから1～2週間ほどでカタがつく予定です」

Y税理士「その後最後の債権者集会ですか？」

第3 換価完了

B弁護士「その予定です」

Y税理士「ではそろそろ最終の申告準備に取り掛かりたいと思います」

B弁護士「もう申告書を作成するのですか？」

Y税理士「換価するものがもうありませんという時点で，税務的には換価完了と捉えることになります。その日から1か月以内に申告しなければなりません」

B弁護士「へぇ，そうなんですか。でも，最後の債権者集会が終了した時点と考えるのが正しいのではないのですか？」

Y税理士「確かにそれでも間違いではないのですが，そうすると場合によってはあまりよくないと思うのです」

B弁護士「それはどういう意味ででしょう？」

Y税理士「今回，最後の申告で還付税額が2～3万円くらい発生する予定ですが，それが管財人口座に振り込まれるのは申告書を提出してからしばらく経ってからです。早くて1か月，遅いと2か月前後かかると思いますよ」

B弁護士「そうすると計算報告書の作成にも影響がありますし，債権者集会の開催時期にも影響が出ますね」

Y税理士「だから早めに提出しようというわけです。そのほうがいいですよね？」

B弁護士「まぁ確かにそうですね」

Y税理士「納付税額も還付税額もないという申告ならば，債権者集会終了時でも問題ないと思いますけどね」

(2) 還付申告書提出前の注意点

B弁護士「ところで，税務署に申告書を提出する際に，早く還付金を振り込んでくださいとお願いすれば優先的に処理してくれる，とかいうのはないのでしょうか？」

Y税理士「う～ん，難しいと思いますね。彼らは彼らのスケジュールで処理する段取りなんでしょうし」

B弁護士「そうですか……」

Y税理士「幸いにもといいますか，法人税法の上ではこのような破産手続

中のときに，何を以て最後の事業年度が終了したかというのは，具体的に明示はされていないのです。だから残余財産が確定したというのはもうこれ以上換価するものがありませんとなった時点になりますし，それを判断するのは破産管財人ということになります」

B弁護士「なるほど了解です」

Y税理士「それと，第22期の申告を行うとして，ひとつ確認しておかなければならないのですが，第21期に申告したときに算出された納める消費税額ってありましたよね」

B弁護士「ありましたね。交付要求してもらってますけど」

Y税理士「その分ってもう納めました？」

B弁護士「いや，まだですね。財団債権として扱っています」

Y税理士「なるほど。その状態で今回の第22期の申告を行うと，その申告で還付税額が発生したら，その還付税額と財産債権になっている税額が相殺されるんですよ」

B弁護士「そうなんですか。分けて考えることはできないのでしょうか？還付は還付，納付は納付って」

Y税理士「無理ですね。国税通則法に定められているので」

B弁護士「ふうん。まぁそこはどうぞご自由にというところですね」

＊

Y税理士「そうすると未納国税部分の滞納国税通知書が来ていると思うのですが，あります？」

F さん「来てますよ。これです」

Y税理士「ちょっと拝見。……延滞税は加算されていませんね」

F さん「本税の額もそれほど多くないですしね」

Y税理士「今回はたぶんないと思うのですが，財団債権としての未納国税に延滞税がかかっている場合，その後の申告で還付税額が発生したときには，延滞税の分も含めて相殺されます」

B弁護士「管財人案件だと，延滞税というのは免除されるのでは？」

Y税理士「そうなんですが，それは未納本税部分を税務署に納めた後に，

管財人からの申請を以て，免除が決定されるという流れになっているんです。だからそのようなときは，先に財団債権としての滞納国税を払ってしまうというのも一案です」

Ｂ弁護士「なるほど。延滞税の額によっては，そうしたほうがいいかもしれませんね」

(3) 残余財産確定日の決定

Ｙ税理士「では換価完了とした状態，これは税務上で残余財産確定というのですが，この残余財産確定の日付というのはいつにしましょう？　本日付にしておきますか？」

Ｂ弁護士「仮にそうするとして，これから申告作業を行うと還付金はいつ頃に入金になるのでしょうか？」

Ｙ税理士「今日が7月20日ですから，数日内で申告書を提出するとして，還付税額の振込は9月末頃ではないでしょうか。早くて8月末ですかね」

Ｂ弁護士「申告した後に，税務署に還付金の処理状況を聞いたら教えてくれるのでしょうか？」

Ｙ税理士「対応はしてくれますよ。私のほうでも頃合いをみて聞いてみます」

Ｂ弁護士「では残余財産の確定日は本日にしましょう」

2))) 平成×5年7月24日：最後の申告書の作成 ─────

(1) 申告期限と税負担見込

　　最終の事業年度である，残余財産確定事業年度の申告作業にかかります。残余財産確定日は7月20日となりましたので，申告期限は8月20日です。

　　法人税については繰越欠損金が多額に上るので納税額はゼロです。

　　消費税については以前のプランニングどおり，売上が備品売却の30万円に対し，税理士報酬の支払はそれ以上になりましたので，一般課税で計算した結果，この段階で税額が還付になりました。

第2章　法人破産における税務の事例

⑵　管財人報酬の扱い

　この時期にいつも気になるのが管財人報酬です。

＊

Ｙ税理士「現時点で管財人報酬というのは確定しているんですか？」

Ｂ弁護士「いや，まだですね。管財人報酬が決定されるのは配当の内訳が
　　　　　決まったときですから」

Ｙ税理士「ですよねえ。でも管財人報酬というのも消費税がかかる取引な
　　　　　ので，その金額が確定していればその分も今回の消費税申告に織
　　　　　り込んで，報酬にかかる消費税分も還付されますけど」

Ｂ弁護士「なるほど。 100万円の報酬について8万円くらいは含まれてい
　　　　　るという理解だとすると，管財人報酬が大きくなればそれなりに
　　　　　増えますねぇ」

Ｙ税理士「でも未確定なんですよね……」

Ｂ弁護士「未確定だと無理なのでしょうか？」

Ｙ税理士「管財人報酬が発生しているにも係わらずその金額が未確定であ
　　　　　るときは，概算金額で処理して，その後金額が確定した時点で差
　　　　　額を修正するという解釈も可能だとは思います」

Ｂ弁護士「じゃあそれで最低150万円くらいは入れてもいいのではないで
　　　　　しょうか？　今回だとそれくらいにはなると思いますよ」

Ｙ税理士「でも裁判所の許可が出ていない段階では，たとえ近い将来管財
　　　　　人報酬が発生することが確実だとしても，その時点ではまだ報酬
　　　　　の発生が確定していないわけですからねぇ」

Ｂ弁護士「う〜ん。だとするとやはり除くべきでしょうかね」

Ｙ税理士「そうですね……」

Ｂ弁護士「まぁ今の時点の還付額で問題ないし，このままでいきましょう
　　　　　か」

＊

ということであまり冒険（？）はしないことになりました。

第3 換価完了

3))) 平成×5年7月25日：税務署へ提出

申告書が完成しましたので，提出すべく税務署へ向かいます。

私は，最終（残余財産確定事業年度）の申告が還付申告であるときだけは，郵送ではなく，できるだけ持参するようにしています。

税務署窓口で申告書を提出するときは，通常は総合受付窓口があり，そこで受理してくれるのですが，ちょっとイレギュラーな案件ということで事情を説明し，法人課税部門にて申告書を提出します。今回は同部門のC氏が対応してくれました。

＊

Y税理士「S社の残余財産確定申告書を持参しました」

C　　氏「それはどうもご苦労様です」

Y税理士「申告内容としてはカクカクシカジカでして，今回は法人税については納税額ゼロなんですが，消費税について還付となります」

C　　氏「なるほどそうですか」

Y税理士「それでですね，破産管財人の意向として，還付金ができるだけ早く着金してほしいというのがありまして。この入金が終わらないと，管財業務を終結できないんです」

C　　氏「はぁ」

Y税理士「あくまでお願いベースではあるのですが，できるだけ早くの処理をよろしくお願いします」

C　　氏「なるほど。では当然ながら申告書内容の確認後になりますが，滞りなく処理を進めていきましょう」

Y税理士「有難うございます。よろしくお願いします」

C　　氏「はいはい」

Y税理士「段取りよく進んだら，いつ還付金の振込になるんでしょう？」

C　　氏「そうですね，我々の署の場合は，末日まで受理した分を調査して，還付金があるときは，翌月10日の支払指図処理締切までに乗せて，その月の25日に支払作業となります。ですから早くて来月の25日頃ですね」

83

第2章　法人破産における税務の事例

Y税理士「了解しました。ではお忙しいところ恐縮ですが宜しくお願いします。申告内容については別添の資料を用意しておりますのでそれを確認なされば内訳はご理解いただけると思いますが，もし不明な点がありましたら私までお問い合わせいただけますでしょうか」

C　　氏「はいはい。では早速処理に取り掛かります」

＊

　今回は税務署の人も協力的な対応だったのでやれやれです。

　強制力はありませんが，一度顔を合わせて打合せしておくと，後日「まだですか？」と聞くときにもスムーズにいきますので，この作業は外せないところです。

4))) 平成×5年7月30日：税務署から質問 ─────

先日打合せした税務署のC氏から連絡が入りました。

＊

C　　氏「Y先生，S社の破産手続終結日はいつなんでしょう？」

Y税理士「終結日となればちょっと先ですね。最後の債権者集会もこれからですし。現時点では具体的には何とも」

C　　氏「なるほど。そうしましたら破産手続終結後のS社の謄本は，管財人に頼めば送付いただけるのですか？」

Y税理士「どうでしょう。終結後の登記は，裁判所が職権で行いますからねぇ。その登記完了の通知が管財人宛に届くという話は聞いたことがありませんよ。そもそもその登記時点では破産管財人はもう職務は終了しているわけだし」

C　　氏「そうですね。ではこれ以上の添付書類は今のところないですね」

Y税理士「もし仮に私が終結後の謄本を入手する機会があれば，それはまたCさんにコピーを送りますよ。追完書類ってことで」

C　　氏「よろしくお願いします。では内容は私のところではOKなので，振込手続のほうも進めます。何もなければ8月25日の振込になります」

84

第3 換価完了

Y税理士「了解です。有難うございます」

*

その後B先生に連絡を入れます。

*

Y税理士「最後の国税還付金の振込は8月25日になりそうです」

B弁護士「なるほど。次の債権者集会が9月で，たぶんこれが最後になり
そうだからちょうど良かったです」

Y税理士「いい感じに収まってよかったですね」

5))) 平成×5年8月26日：還付金の振込

　B弁護士の事務員Fさんから連絡があり，無事に還付金が振り込まれた
とのこと。これで一連の税務申告作業は完了です。

6))) 平成×5年9月15日：源泉所得税の処理

(1) 源泉所得税額の確認

　税務申告作業は一通り終わりましたが，今回は管財人報酬の関係でB
弁護士と打合せです。事務員Fさんも同席してもらいます。

*

Y税理士「管財人報酬は決まりました？」

B弁護士「そうそう，数日前に決定が出ましたよ」

Y税理士「決定通知書はありますか？」

F　さ　ん「これです。今回は160万円になりました」

Y税理士「管財人口座からB先生への弁護士口座へ振替えるんですよね」

F　さ　ん「そうです。明日行う予定です」

Y税理士「なるほど。それではその時にお願いがあるのですが，源泉をし
ないといけないのです」

B弁護士「ああ，そうですね。ということは弁護士口座への入金額は源泉
を差し引いた後の金額ですね」

F　さ　ん「源泉の額はいくらですか？」

Y税理士「100万円までは10％，それを超えたら20％ですから，100万円×

85

第2章　法人破産における税務の事例

$$10\% + （160万円 - 100万円）×20\% = 22万円です」$$

＊

なお，税率については税制改正があり，平成25年から平成49年までは，通常の2.1％増にする必要があります。詳細は第3章Q26を参照ください。

(2)　源泉所得税の納付

Ｆ　さ　ん「源泉した税額はどうやって納めるんでしょう？」

Ｙ税理士「専用の納付書があります。用紙はここに手配していますので，今から金額を記入しましょう」

Ｆ　さ　ん「有難うございます」

＊

納付書に必要事項を記入。それをＦさんに手渡します。

＊

Ｙ税理士「はい，ではこれを使用して下さい」

Ｆ　さ　ん「銀行の窓口で納めればいいんですよね」

Ｙ税理士「そうです」

Ｆ　さ　ん「納期限はありましたっけ？」

Ｙ税理士「ありますよ。原則としては支払日の属する月の翌月10日です。ですから今回の場合には10月10日ですね」

Ｆ　さ　ん「9月中に払ってもいいんですよね」

Ｙ税理士「もちろんＯＫです。今回は報酬160万円，源泉22万円，差引で138万円となりますから，明日管財人口座から振替える際に，138万円と22万円に分けて出金して，前者を弁護士口座へ預け入れて，後者をこの納付書使って窓口で納めるのがいいでしょう」

Ｆ　さ　ん「そういえばＹ先生への税理士報酬もそのように分けて払いました」

Ｙ税理士「税理士報酬も源泉所得税の対象ですからね。請求書と源泉納付書を同時にお渡ししていました」

(3)　支払調書の作成と提出

Ｂ弁護士「この160万円は弁護士報酬ですよね」

Ｙ税理士「そうです」

86

第3 換価完了

B弁護士「この管財報酬についても，顧問料とか報酬とかでよくある，支払調書は出てくるのでしょうか？」

Y税理士「出てきますよ。あれは所定の報酬を支払った側が作成して，税務署に提出しなければならないものです。ですから出てくるというよりは，Ｓ社の破産管財人として作成しなければならない，となります」

B弁護士「なるほど。Ｓ社破産管財人であるＢが，弁護士であるＢに弁護士報酬を支払ったという内容になるのですね。で，その支払調書を作成するのはＳ社破産管財人であるＢ，ということですね」

Y税理士「そうです。税務署に報告するのも，Ｓ社破産管財人であるＢとなります」

Ｆ さ ん「支払調書を税務署に提出するのはいつですか？」

Y税理士「1月から12月までに支払った分を，翌年の1月末日までに税務署へ報告するというのがルールになっています」

Ｆ さ ん「来年ですか。ちょっと先ですね」

Y税理士「でも個別に，弁護士報酬が発生する都度に作成して，適当なタイミングで税務署へ提出しても特に文句は言われません」

B弁護士「イレギュラーな弁護士報酬だとそのほうがいいかもね」

Y税理士「管財案件だとむしろそのほうがいいと思いますよ」

Ｆ さ ん「支払調書の作成はどうやるのですか？」

Y税理士「税務署窓口でもらうか国税庁のウェブサイトからダウンロードするかですね。この場合には手書きで作成します。あと，エクセルのフリーソフトで配布しているダウンロードサイトもあります」

Ｆ さ ん「Ｙ先生にお願いしてもいいでしょうか？」

Y税理士「もちろんOKです。税務署への送付もやっておきますよ」

*

　ということで，管財人報酬に関しての源泉所得税の扱いについても話がまとまりました。

　Ｓ社の管財税務作業としてはこれで一通り終了しました。

87

第 3 章

破産管財の
税務にまつわる
Q&A

第3章　破産管財の税務にまつわる Q&A

Q1　破産管財人による税務申告の必要性

　法人が破産手続開始決定となりました。当該法人はもはや事業を営んでいませんので，もう税務申告をする必要はないのでしょうか？

Answer ···

1　破産法人の税務申告

　法人が破産したといっても，それをもって法人税の申告義務がなくなるという規定は存在しません。ということで，破産した法人についても税務申告をする必要はあります。

　そうなると次に，

　「では，その申告を誰がすべきなのか？」

　「破産管財人にその義務（破産法人についての税務申告義務）があるかどうか？」

　という話になるのですが，この点については「管財人に申告義務がある」というのが一般的見解です。

　とはいっても税法においてその旨が定められているわけではありませんので，議論があるところではあります。

　破産法の内容から考えますと，

　「管財人は，破産財団に関する管理処分権があるから，その権利の行使として，税務申告（特に還付申告）を行うことができる」

　「破産管財人の職務として，債権者間の公正な配当を実現させるために，破産法人のプラス財産とマイナス財産を確定させるという職務があるから，その流れとして租税債権を確定させるものとしての税務申告をしなければならない」

というのが妥当な考え方かな，などと考えています。

　また，特に税務当局などは「破産管財人は，破産開始以前の法人の地位を承継するものとして，会社の税務申告を行う必要がある」という考え方

90

を持つ傾向があるように感じています。

いずれにせよ，これらの考え方から，一般的には，破産管財人には税務申告の（義務までは至らなくても）必要性があるとされています。

したがって，破産管財人である弁護士が仮に「当職は破産管財人なんだけど，税務申告ってしないといけないの？」と税務署やら税理士やらに聞いてみると，「しなきゃいけませんね」との回答を受けることになるでしょう。

以上のように現在は「税務申告は当然する」というのが常識のようですが，むかーしむかし，時期で言うと消費税が導入される以前の時期は，「まぁほっといてもいいんじゃないの」というのが常識だったような話も聞いています。

破産管財をリードする立場である裁判所が，破産法人の税務申告について，管財人側にどう指導しているかということについては色々伝え聞くところです。

昔は「申告についてはそれほどマジメに考えなくても……」という風潮があったようですが，最近は「管財人としても重要に考えるべき」という旨で指導している模様ですね。

その変化の理由は不明ですが，国税当局からかなり突っ込まれたのか，それとも，やりようによっては破産財団を増殖させることが可能であるということが分かったからなのか。はたまた平成16年の破産法の改正で租税債権の扱いが一部変更になったからなのか。そんなところなのかなぁと私はみています。

2 申告するか否かの判断基準

さて，破産法人については，法人税額が算定されることはあまりないというのが私の実感です。つまり法人税については，計算しても納める税額が出ることはほとんどありません。含み益のある固定資産を換価したり，多額の債務免除を受けたりすると，原則としては税負担が生ずるのですが，これも所定の申告をすれば税金がかからなくなるのが大半です。

となると，「納める税金がないのであれば，申告をしなくてもいいん

じゃないの？」という考え方が出てきますが，しかしながら申告を行うことで，税金が還付されることもある，というのが実情です。

破産管財人の役割として「破産財団を増やし，かつその減少を防止する」ことがありますので，税申告をすべきか？　ということを考える場合には，

> (1)　申告をしてもしなくても，財団形成についてはほとんど影響を与えない場合
> ──→税理士等に申告書作成を依頼するコストを負担してまで，申告する必要性はない。
> (2)　申告をすると，財団形成についてプラスの影響を与える場合
> ──→積極的に申告をし，財団の増殖を図る。

と考えるのが，管財人としての正しい選択となるでしょう。

これに対し，課税当局（や税理士）側としては「破産管財人は，会社の清算人として，税法上の義務を履行すべき。つまり，いかなる場合でも申告納付を行う必要がある」と考える傾向にあります。

確かにそれはそのとおりなのですが，これは破産管財人の立場からいうと，手段と目的が入れ替わっていることになります。

管財人の立場から考えると，

> ・目的：破産財団を増やし，かつその減少を防止する
> ・手段：上記目的を達成するため，税金の還付や減免の可能性があるときは積極的に申告する

となりますので，この点につき，管財人と，課税当局・税理士とで，意見が合わない可能性が出てきます。そこをどう折り合いつけるかということが難しいケースも想定されますが，ある程度の割り切りは必要なのではないでしょうか。

他に，破産管財人には善管注意義務規定があるので（破産法85条），例えば多額の税理士報酬を支払って効果のないコストをかけることで財団価値を減少させてしまったとして，債権者から管財人としての責任を追及され

を持つ傾向があるように感じています。

　いずれにせよ，これらの考え方から，一般的には，破産管財人には税務申告の（義務までは至らなくても）必要性があるとされています。

　したがって，破産管財人である弁護士が仮に「当職は破産管財人なんだけど，税務申告ってしないといけないの？」と税務署やら税理士やらに聞いてみると，「しなきゃいけませんね」との回答を受けることになるでしょう。

　以上のように現在は「税務申告は当然する」というのが常識のようですが，むかーしむかし，時期で言うと消費税が導入される以前の時期は，「まぁほっといてもいいんじゃないの」というのが常識だったような話も聞いています。

　破産管財をリードする立場である裁判所が，破産法人の税務申告について，管財人側にどう指導しているかということについては色々伝え聞くところです。

　昔は「申告についてはそれほどマジメに考えなくても……」という風潮があったようですが，最近は「管財人としても重要に考えるべき」という旨で指導している模様ですね。

　その変化の理由は不明ですが，国税当局からかなり突っ込まれたのか，それとも，やりようによっては破産財団を増殖させることが可能であるということが分かったからなのか。はたまた平成16年の破産法の改正で租税債権の扱いが一部変更になったからなのか。そんなところなのかなぁと私はみています。

2　申告するか否かの判断基準

　さて，破産法人については，法人税額が算定されることはあまりないというのが私の実感です。つまり法人税については，計算しても納める税額が出ることはほとんどありません。含み益のある固定資産を換価したり，多額の債務免除を受けたりすると，原則としては税負担が生ずるのですが，これも所定の申告をすれば税金がかからなくなるのが大半です。

　となると，「納める税金がないのであれば，申告をしなくてもいいん

第3章　破産管財の税務にまつわる Q&A

じゃないの？」という考え方が出てきますが，しかしながら申告を行うことで，税金が還付されることもある，というのが実情です。

破産管財人の役割として「破産財団を増やし，かつその減少を防止する」ことがありますので，税申告をすべきか？　ということを考える場合には，

---

(1)　申告をしてもしなくても，財団形成についてはほとんど影響を与えない場合
　　→税理士等に申告書作成を依頼するコストを負担してまで，申告する必要性はない。
(2)　申告をすると，財団形成についてプラスの影響を与える場合
　　→積極的に申告をし，財団の増殖を図る。

と考えるのが，管財人としての正しい選択となるでしょう。

これに対し，課税当局（や税理士）側としては「破産管財人は，会社の清算人として，税法上の義務を履行すべき。つまり，いかなる場合でも申告納付を行う必要がある」と考える傾向にあります。

確かにそれはそのとおりなのですが，これは破産管財人の立場からいうと，手段と目的が入れ替わっていることになります。

管財人の立場から考えると，

・目的：破産財団を増やし，かつその減少を防止する
・手段：上記目的を達成するため，税金の還付や減免の可能性があるときは積極的に申告する

となりますので，この点につき，管財人と，課税当局・税理士とで，意見が合わない可能性が出てきます。そこをどう折り合いつけるかということが難しいケースも想定されますが，ある程度の割り切りは必要なのではないでしょうか。

他に，破産管財人には善管注意義務規定があるので（破産法85条），例えば多額の税理士報酬を支払って効果のないコストをかけることで財団価値を減少させてしまったとして，債権者から管財人としての責任を追及され

92

る可能性もあります。このことから「場合によっては申告をしない」と判断するのも止むを得ないでしょう。

ちなみに消費税については，法人税額とは連動せず，

・「課税売上が発生（→納める税額が生ずる）」したり
・「貸倒損失の計上により還付税額が発生」したり

するので，財団形成への影響が大きくなりそうだという場合には申告をすべきでしょう。

3　判例としては

平成4年10月20日の最高裁判決（事件番号：平成2年（行ツ）第98号）において，破産会社の予納法人税と破産管財人の予納申告等の義務について，管財人に申告義務あり，としたものがあります。

ここでは，破産手続開始決定より後の期間（即ち清算事業年度以降）については破産管財人に申告義務あり，と解釈されますので，管財人に就任した後の期間の期間分については，拒否するのはなかなか難しそうです。

上記の期間より前のもの，即ち破産直前期やそれより前の申告について，管財人に申告義務があるかというところまでは言及されていませんので，なかなか悩ましいところではあります。

また，以下のような判例もありますが，率直に考えてこの見解はマイナーです。

「破産財団は，破産手続開始後に成立した新規法人（人格のない社団）扱いとなり，設立2年間は消費税の納税義務を負わない」（平成19年9月12日：福井地裁）

ちなみにこれは，控訴審では「原判決取消」となりました（平成20年6月16日：名古屋高裁）。

第3章　破産管財の税務にまつわるQ&A

【コラム】申告を行わないという交渉

　破産法人の場合は，法人税については納付すべき税額が出ないのが普通です。ということで，

　「法人税については，破産法人で，多額の繰越欠損金があり，破産開始直前期も大幅な赤字が見込まれるので，申告してもしなくても，納税額について結果は同じと判断します。よって申告はしません！」

といって税務署と話をつけた人がいました。これには正直驚きましたが，管財人としての立場からは，真っ当な考え方だと思います。

（ただこれは，消費税の申告を断りたい人にとっては，あまり使えない話法でしょう。消費税の申告は，法人が黒字であるか赤字であるかは基本的に関係ありませんから）

Q2 破産申立以前の税務申告がない・内容が分からない場合

破産法人について，破産申立以前の税務申告書の控えが見当たらないのです。もしかしたら申告そのものを行っていないのかもしれません。申告は何かしら行おうと思うのですが，そういうときはどうしたらいいのでしょうか？

Answer ··

1 税務申告をしていない場合

⑴ 過年度の申告についての重要性

時々あるんですよね，こんなこと。

当該法人は，破産直前にはもうドタバタで税務申告どころではないという状況だったと推測されます。あるいは当初から無申告だったのかもしれません。

会社の決算にしろ税務申告にしろそうなんですが，「過去の年度から繰り越されてきた数字を基にして，当期の決算や税務申告を行う」という面があります。例えば，会計上の繰越利益剰余金がいくらであるとか，法人税の繰越欠損金がいくらであるとかいう話です。

つまり，決算にしろ税務申告にしろ，事業年度間で連続性がある内容というのが存在するわけです。

したがって破産以前に全くの無申告である場合には，従前の会計・税務データが全く分からないことが多いので，そのような場合には申告しようにも何ともできないのが実情です。

「うーん困りましたねぇ。遡って数期分申告するとしても，データが全く分からないから何ともしようがありませんし……」という感じです。

となると次善の策として，「申立て時点で進行している事業年度の分についてだけでも，何とかなりませんか」という話になります。

しかしながら「事業年度中の取引を継続して記録し，それを元に決算を行い，それから法人税・消費税の申告へと進む」という関係上，その事業年

度中の取引が分からないと，これまた手も足も出ないということになります。

(2) 未申告期間があるときの税務署の対応

① 税務署からは，「破産法人の税務申告を行う場合に，もし未申告の期間があれば，その分もすべて含めて（欠落期間を埋める形で）申告してください」と言われるのが一般的なので，なかなか悩ましいところです。

こちらが「資料が無いから申告できない」と言っても，税務署から「いや連続性が無いとこちら側で受理できない」という押し問答が繰り広げられるのはよくある話です。

そのような場合で，何らかの形で申告を行わないと，破産管財業務遂行上問題が生じる，というのであれば，何らかの形で申告をまとめ上げる必要があります。

② では具体的にどうするのといいますと，破産法人名義の預金通帳の取引履歴をもとに，大まかな売上とか仕入とか経費とかの状況をつかんで，これらの集計をとってみます。その上で，その結果が過年度，つまり，それまでの決算状況と比較してそれほどにおかしくない，数字の大幅な変動があってもその理由の説明がつく，というのであれば，それでよしとしていい（せざるを得ない）と考えています。

「判明できるだけの資料をすべて揃え，できるだけ取引を復元する」という想いで作業を進め，その結果を踏まえての申告であれば，それほど大事にはならない，つまり，その内容で申告をしても，税務署のほうからは特に反論は出てこないというのが私の経験則です。

(3) 資料散逸の場合の例外規定

とはいえ，上記(2)のような作業はちょっと面倒すぎるというか，管財人にここまで手間やコストを掛けさせて租税債権を確定させるように求めるのはどうなんだろうという疑問が生じます。

このような事情もあり，最近（平成22年10月1日以降の破産手続開始決定のもの）についてはちょっと状況が変わっており，

「会計関係の資料などが散逸しており，また，従前の会社の担当者などから状況をヒアリングするのも困難。よって，引継資料から税務申告書を

作成することができません」

というような場合には，

「過去の経理状況はさておき，破産手続開始決定時点での財産負債状況
だけから判断して，申告書を作成すればいいでしょう」

という流れになっております。

　具体的にはどうするかといいますと，平成22年7月に事業再生研究機構
という有識者の任意団体が作成したワーキンググループの事例「清算法人
税申告における実務上の取扱いについて」が参考になります（事業再生研
究機構税務問題委員会編『平成22年度税制改正対応　清算法人申告の税務』商事
法務，2010年）。

　ここでは，過去の経理状況の把握が不可能な場合には，破産手続開始決
定時において破産管財人が知り得る情報，具体的には，

・破産手続開始決定時の財産の総額（時価）
・破産手続開始決定後の収支（財産処分）状況
・債務の総額
・資本金の額

を以て，貸借対照表や損益計算書を作成し，税務申告を行うことが適当で
ある。とされていますので，今後はこの指針がひとつの基準となることが
想定されます。

　なお，このような処理は，例外中の例外であることは認識しておいて下
さい。その意味では(2)②のような処理との選択が認められるというわけで
はなく，どう頑張っても(2)②のような処理が不可能である場合，止むを得
ず認められる（文句が出ない）処理，という認識でいるほうがいいでしょう。

　この処理については「期限切れ欠損金の損金算入」の制度を使用するこ
とが通常かと思われますので，詳細についてはQ9も参照してください。

2　過年度の税務申告書の閲覧

(1)　税務署で閲覧することはできる

　「過年度の税務申告はしているはずなんだが，申告書の控えが見つから

ない」という場合には，税務署で閲覧が可能です。

　破産管財人や，その人から委任を受けた税理士であれば，所定の書類・委任状を作成することにより，提出された過年度申告書を閲覧することが可能です。

　（参考）　国税庁ウェブサイト
　　申告書等閲覧サービスの実施について（事務運営指針）
　　ホーム＞税について調べる＞事務運営指針＞その他＞申告書等閲覧サービスの実施について（事務運営指針）H17. 3. 1

　ここでできるのは閲覧のみであり，コピーはできませんので要注意です。経験則ですが，デジカメ等での撮影もNGです（閲覧内容の書き取りはOKです）。
　したがってそのような状況下で必要なデータを過不足なく収集するには，税務申告書の内容が理解できる人が行かねばならないでしょう。
　一般的には税理士に委任することになるかと思いますが，委任までいかなくても，破産管財人本人が閲覧に赴くのであれば，データの代書要員として税理士を立ち会わせるというやり方も認められています。

(2)　**所轄税務署のみでの対応となる**

　閲覧の際は，申告書が提出された税務署に行かねばなりません。それ以外の税務署では閲覧できませんので注意が必要です。
　また，税務署によっては書類の準備上，事前に連絡しておくように求めているところもあります。あらかじめ該当の税務署の管理部門と打ち合わせておいたほうが望ましいところです。

(3)　**閲覧時の必要書類**

　閲覧には，窓口で以下のものを求められます（代理人閲覧の場合）。

　（委任者が用意するもの）
　・申告書等閲覧申請書（所定様式）
　・委任状（所定様式）
　・委任者の印鑑証明書
　（窓口に赴く人間が用意するもの）

・税理士帳票や弁護士の身分証明書

・本人確認資料（免許証等）

　破産管財人の場合には，念のため，破産手続開始決定の通知書も用意しておいたほうがいいかもしれません。

(4) 閲覧内容をメモするための用紙が必要

　また閲覧内容を書き取るための用紙も準備しておかねばなりません。(1)で述べましたように，コピーや撮影はNGです。

　内容を書き取る用紙は，コピー用紙などの白紙でもいいのですが，申告書の様式白紙を用意しておいて，閲覧しながら内容を手書きで写していく，という方法がよいでしょう。

　申告書の様式白紙については，税務署に手書き用の用紙が備え付けられておりますのでそれを貰うのでもよいし，国税庁ウェブサイトからダウンロードもできます。年度ごとに微妙に様式が異なることもありますので，対象年度をチェックの上，用意しておいてください。

（参考）　国税庁ウェブサイト
　ホーム＞申告・納税手続＞税務手続の案内＞法人税＞〔手続名〕法人税の申告（法人税申告書別表等）

3　申告期限を過ぎたあとの対応

　法定申告期限を大きく経過してもなお申告書の提出がない場合，税務署や自治体から「税申告してください」という通知が届くことになります。これを無視するわけにもいかないので，何らかの対応をすることとなるでしょう。

　法人が破産した場合に，税務署や自治体がどのように対応するかについては，正直なところケースバイケースです。

　破産の事実を通知したところ，

　「破産ですか。じゃあ結構です。あとはこちらで処理します」

というところもあれば，

「うーん，そうはいっても，破産しても申告をする必要があるので，申告書を提出してください」

というところもありますので，個別の反応に応じて対応することとなるでしょう。

資料不足の場合でどうしても税務申告が不可能というのであれば，その旨を先方当事者に正直に話して「できる範囲で何とかするからよろしくご配慮の程をお願いします」という趣旨で交渉していくというのも必要になるかもしれません。

【コラム】過年度申告書を提出する際の，代表者名は誰を記入するか？

破産法人の過年度申告書を提出する際に，申告書の代表者欄を「従前の代表者名」「破産管財人名」どちらにすべきなのか悩むことがあります。

例えば，
- 破産法人Ａ
- 代表取締役Ｂ
- 平成29年7月に破産手続開始決定
- 破産管財人　弁護士Ｃ

という場合に，破産開始後の平成29年8月に，未申告である平成28年1月～12月の申告をするときなどです。その法人税申告書に記載する代表者名のところを，代表取締役Ｂとするか，破産管財人弁護士Ｃとするか，という話です。

これについては，「破産管財人　弁護士Ｃ」が正解のようです。

代表取締役Ｂでも間違いとはいえませんが，申告書に記載すべき代表者は，「申告時点（申告書提出時点）でのもの」を記載する，というのが正しい運用のようですね。

Q3 無申告の際の罰則規定・税務調査の可能性

| Q3 | 無申告の際の罰則規定・税務調査の可能性 |

　財団から申告費用を捻出することが困難なため，今回は税務申告を行わないことを検討しています。申告そのものを行わないことで，何か罰則はあるのでしょうか？

　また，何もせずに放置していたら，税務調査が入るのでしょうか？

Answer ·······························

1　罰則規定

　申告自体を行わないことに対する罰則規定は，法人税法や消費税法に定められています。

> （法人税法160条）要旨
> 　正当な理由がなくて確定申告・清算確定申告等の規定による申告書をその提出期限までに提出しなかつた場合には，法人の代表者，代理人，使用人その他の従業者でその違反行為をした者は，1年以下の懲役又は50万円以下の罰金に処する。ただし，情状により，その刑を免除することができる。

> （消費税法66条）要旨
> 　正当な理由がなくて確定申告書（納付すべき消費税額がないものを除く）等をその提出期限までに提出しなかつた者は，1年以下の懲役又は50万円以下の罰金に処する。ただし，情状により，その刑を免除することができる。

　このように定められてはいるのですが，実際のところ「期限内に申告書を提出しなかったからといって直ちに罰則規定が課せられるか？」というと，そのようなことはまずないようです。

　期限を過ぎたら税務署から「申告はまだですか？」という問合せが来て，

101

第3章　破産管財の税務にまつわる Q&A

それに対応して云々，というのが通常の流れとなります。

　ちなみに上記条文における「正当な理由」についてですが，具体的には何か？　ということは判断が難しいところです。何せ例示がありませんので。例示を出すと，それを利用しての租税回避行為が行われる可能性があるとかないとかで，このようなケースで具体的例示が出されていることはほとんどありません。要は，ケースバイケースで対応しますよ，ということです。

　破産管財人としての重要な責務である「財団の減少を防止するため」というのがここでいう「正当な理由」に当てはまるかと言われると，かなり難しいと思われます。

　破産法に則れば当然「正当な理由」なんですが，税法の上ではそうは考えない，というところでしょうか。

　また国税通則法66条には，無申告加算税の規定がありますが，この加算税額は「本税の15%」として計算されます。したがって納付すべき本税がゼロの場合は，加算税額もゼロとなります。

（国税通則法66条）
　次の各号のいずれかに該当する場合には，当該納税者に対し，当該各号に規定する申告，更正又は決定に基づき第35条第2項（期限後申告等による納付）の規定により納付すべき税額に100分の15の割合を乗じて計算した金額に相当する無申告加算税を課する。ただし，期限内申告書の提出がなかつたことについて正当な理由があると認められる場合は，この限りでない。
　一　期限後申告書の提出又は決定があつた場合
　二　期限後申告書の提出又は決定があつた後に修正申告書の提出又は更正があつた場合

　ということで結論としては「納付すべき本税の額がない場合は，無申告であっても罰則規定の適用を受けることは，普通はない」という考え方で構わないでしょう。

　実務的には，税理士等への申告費用が捻出できないような少額案件では，正直言って無視を決め込んでいる管財人の方も多いかと思います。

102

税務署側がこのような場合にまで税務申告をしつこく強要するかといわれると，さすがにそこまではしないんじゃないのかな？　というのが感想です。

2　税務調査の可能性

続いて税務調査の可能性についてです。

破産法人であって，どう調査をしたとしても所得が生ずることはなく，したがって納付すべき税額がないということであれば，税務署のほうからわざわざ税務調査を行って税額（がゼロであること）を確定させることはないでしょう。

そういう意味で，破産法人が無申告の場合に税務署の方から税務調査に来ることがあるかと言われると，可能性は低いのではないかと思います。

とはいっても何も問い合わせが入らないかというとそういうことではなく，場合によっては申告を強く促されることもあるかもしれません。そういうときは「申告をする必要があることは重々承知しているのですが，いかんせん費用が……」「大赤字の会社ですし，申告しても利益はなく……」という事情を説明し，配慮を求めることになるでしょう。

第 3 章 破産管財の税務にまつわる Q&A

Q4 青色申告の取消

　管財業務遂行中なのですが，今日税務署から「青色申告の承認の取消」という書面が届きました。これって何なのでしょう？　このままだと何か問題が生じるのでしょうか？

Answer ....

1　そもそも青色申告とは？

　青色申告とは，「所定の帳簿書類を備付て，それに取引を記録し，その取引に基づいて期限内に申告を行い，その帳簿書類を保存している」場合のその申告をいいます。届出を出し，税務署長に承認されている必要があります。

　青色申告は，それ以外の申告（白色申告といいます）に比べて，帳簿書類の備付要件などで事務的煩雑さが多いということもあり，それの見返りという意味合いも含め，法人税法上いくつかの特典が認められています。

　主な特典としては以下のとおりです。

・青色欠損金の繰越控除（Q8参照）

・青色欠損金の繰戻還付（Q10参照）

・減価償却における特例

　　一定の固定資産について減価償却費を割増してあげるという制度が設けられています。

・各種準備金の設定

　　将来の損失に備えての一定の準備金の積立額につき，損金算入が認められています。

・法人税額の特別控除

　　一定の支出や設備投資を行った法人に対し，一定の金額を法人税の額から控除していいという優遇税制です。

・更正の際における取扱

　　税務署長が更正（あなたの税額はこうなりますと決めつけること）を行

104

う際には，その前提として帳簿書類の調査が必要となります。推計による課税が認められないという意味です。また，更正の通知書にはその理由の付記をしなければならないことになっています。

2　青色申告の承認の取消

　破産手続開始決定の後に，税務上定められたスケジュールで申告していない場合に，管財人宛にいきなり通知されるケースですね。よくあることです。

　法人税の確定申告を怠った場合（期限内に申告納付しなかった場合など）には，青色申告の承認が取り消されます。

（法人税法127条）要旨
　青色申告の承認を受けた内国法人につき次の各号のいずれかに該当する事実がある場合には，納税地の所轄税務署長は，当該各号に定める事業年度までさかのぼつて，その承認を取り消すことができる。この場合において，その取消しがあつたときは，当該事業年度開始の日以後その内国法人が提出したその承認に係る青色申告書は，青色申告書以外の申告書とみなす。
　　一～三　（略）
　　四　第74条第1項（確定申告）の規定による申告書をその提出期限までに提出しなかつたこと　当該申告書に係る事業年度
　4　税務署長は，前項の規定による取消しの処分をする場合には，同項の内国法人に対し，書面によりその旨を通知する。

　このように「申告書をその提出期限までに提出しなかったら，税務署長は青色の承認を取り消すことができる」とありますが，一度でも期限を徒過したからといって，ただちに青色が取り消されるわけではありません。

　実際の運用に関しては，「無申告または期限内申告の場合については，2事業年度連続して，期限内に申告書の提出がない場合に，取消を行うものとする」となっています。つまり，期限後申告になっても，それが2期連続でなければ，青色の取消を受けることはありません。

第3章　破産管財の税務にまつわるQ&A

> 国税庁ホームページ
>
> 　ホーム＞税について調べる＞事務運営指針＞法人税関係＞（平成12年7月3日）＞法人の青色申告の承認の取消しについて（事務運営指針）
>
> 　4　無申告又は期限後申告の場合における青色申告の承認の取消し
>
> 　　法第127条第1項第4号の規定による取消しは，2事業年度連続して期限内に申告書の提出がない場合に行うものとする。この場合，当該2事業年度目の事業年度以後の事業年度について，その承認を取り消す。

　したがって青色の取消を受けたくなければ，2期連続での期限後申告は何としても避ける，ということになります。

3　デメリットをどう捉えるか？

⑴　欠損金の繰戻還付を請求するなら何としても取消を避ける

　青色申告を取り消されることによるデメリットというのは，前述1のメリットというのが受けられなくなるということなのですが，このうち，破産法人からみて一番大きいのは，「欠損金の繰戻還付（Q10）を受けることができなくなる」ということです。

　つまり破産手続中に「欠損金の繰戻還付」の規定を受ける可能性がある場合には，まずは期限内に申告するということを重要視するべき，ということになります。

⑵　破産中の事業年度単位で所得（利益）が生ずる可能性は？

　また，破産法人として，単一事業年度で課税所得（利益）が生じてしまう可能性があるなら，「青色欠損金の繰越控除」についても適正に繰越できているほうが望ましいところです（単一事業年度で所得が生じてしまうケースとしては，Q9の2⑴を参照ください）。

⑶　基本的にはあまり気にしなくてよいが……

　いきなり青色取消の通知が送りつけられたらかなり気分が悪くなりますが，ただ，管財中の破産法人について青色申告が取り消されても，普通はあまり気にしなくて構わないでしょう。

106

上記(1)(2)のいずれかに該当する場合は，申告スケジュールとこれまでの提出状況とをしっかりと確認し，提出漏れがないか，今からでも提出すれば青色の取消を防ぐのに有効なのか，ということを検討する必要があります。

これに対し，「もともと数年来ずっと大損していたところだから，繰戻還付なんて受けられることはないんだし，管財業務上での単年度所得が生ずることもない。だから今更青色が取り消されてもどうってことありません」というのであれば，青色申告の承認が取り消されたとしても，それはそれで構わないでしょう。

そのような状況であれば，申告書の提出が期限を多少過ぎても，致命的なミスにはならないというイメージでいいのではないでしょうか。実務的にはこのようなケースが多いと感じています。

破産管財人の受任時に一度ざっと資料をチェックしておいて，申告の要否を検討し，取消を防ぐべきケースであれば速やかに行う，そうでなければ優先順位はそれほど上げなくても構わない，でもどうせ申告するならば期限内に行うほうがよい，というような考え方がよいと思います。

第３章　破産管財の税務にまつわる Q&A

Q5 申告対象期間の区切り方

　法人が破産したら，その時点で一度税務申告を行わないといけないという話を聞いたことがあるのですが，そのあたりの取扱はどうなっているのでしょうか？
　また，それについては税務署からお知らせが来るのですか？

Answer

　そもそも法人については，毎年の決算月ごとに区切って，最低でも年１回，税務申告することとなっています。

　法人が破産した場合については，申告対象となる期間につき一定の区分がされることとなっており，それぞれに申告期限が定められています。ということで，それぞれの期限内に申告を行わなければなりません。

　破産の場合の期間の区切り方としては次のとおりです。

(1)　期首～破産開始決定の日

(2)　破産開始決定の日の翌日～従前の決算期末

(3)　(2)の翌日～換価完了の日

　これだけではイマイチ分かりづらいので，具体的な日付を例示してみましょう。

例：
・１月１日から12月31日までを事業年度とする法人が，
・平成24年８月15日に破産開始決定となり，
・その後平成25年６月20日に換価完了となった場合

　まず，破産手続がない，通常の法人場合には（図１）のとおりです。

何てことないですね。

108

Q5 申告対象期間の区切り方

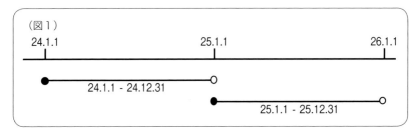

ここで例示のとおり破産手続開始決定～換価完了を記すと（図2）のようになります。

この場合の期間の区切り方は,
(1) 平成24年1月1日　から　平成24年8月15日　まで
(2) 平成24年8月16日　から　平成24年12月31日　まで
(3) 平成25年1月1日　から　平成25年6月20日　まで
となります（図3）。

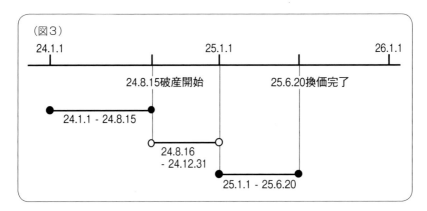

破産手続開始決定により，従前の事業年度が，
(1) 「破産開始決定によって終了する事業年度」と

109

(2)「その翌日から開始する清算第1期の事業年度」
に二分されることになります。

> (参考)
> 　蛇足ながら，破産手続開始決定ではなく通常解散の場合ですと，この期間の区切り方が異なります。
> 　通常解散の場合は，解散の日の翌日から1年を経過した日を以て解散事務年度と扱うようになっていますので，上記の例でいうと，平成24年8月15日に解散となった場合，区切り方は
> (1)　平成24年1月1日　から　平成24年8月15日　まで
> (2)　平成24年8月16日　から　平成25年8月15日　まで
> となります。

　また，破産開始から換価完了までの期間は破産ごとにまちまちです。
　破産手続開始決定から換価までは，数か月だったり数年だったりしますので，破産手続開始後の申告の回数が，必ず上記のように3回で終わるということはありません。2回で済んだり，4回以上かかることもあります。
　例えば上記の例で，換価完了が平成24年11月15日となった場合には，
(1)　平成24年1月1日　から　平成24年8月15日　まで
(2)　平成24年8月16日　から　平成24年11月15日　まで
と区分されます（図4）。

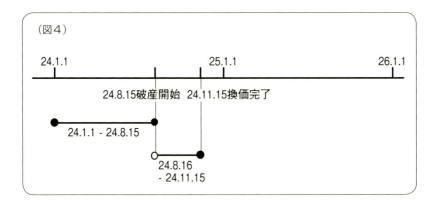

また換価完了が平成26年5月20日となった場合は,
(1)　平成24年1月1日　　から　　平成24年8月15日　　まで
(2)　平成24年8月16日　　から　　平成24年12月31日　　まで
(3)　平成25年1月1日　　から　　平成25年12月31日　　まで
(4)　平成26年1月1日　　から　　平成26年5月20日　　まで
と区分されることになります（図5）。

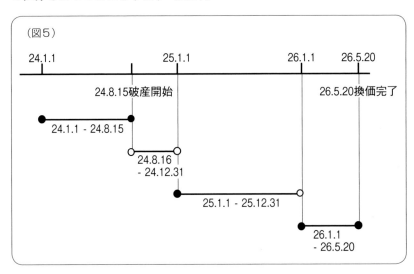

　破産手続開始決定の際に，公租公課庁への通知として，異動届出書などの書類を提出していれば，それぞれの申告期限近くになると，税務署やら自治体などから「税申告してくださいね」という旨の封筒が届くことになりますから，それに基づいて申告を行えばまず間違いはないでしょう。
　しかしながら，ときどきこれらの規定を理解しておらず，用紙等をまったく送ってこなかったり，トンチンカンな電話をしてきたりする役所もあります（経験則）ので，管財人側でしっかり理解しておくことも大切なことといえます。

第 3 章　破産管財の税務にまつわる Q&A

Q6　事業年度・課税期間の規定

　この前税務署から「破産法人の申告期限が来ているので申告をしてください」という連絡があったのですが，破産手続が開始してからまだ8か月程度しか経っていません。破産後の次の申告期間の区切りは，破産開始決定から1年後だと思うのですが違うのでしょうか。それとも，破産法人についての事業年度の区切り方は，会社法の「清算事務年度」とは違うのでしょうか？

Answer ・・・

1　法人税

　破産の開始決定があった日をもって，事業年度がいったん区切られます。これに異論はないのですが，その後の事業年度の期間をどう区切るかは，少々ややこしいので注意が必要です。

　結論から先に言うと，破産開始決定後の事業年度については，「開始決定があった日の翌日〜その事業年度終了の日」となります。

　この期間の末日は「その事業年度終了の日」すなわち「当該法人のもともとの決算月」です。「開始決定から1年後」ではありません。

　まず，法人税法においては次のように定められています。

（法人税法13条）要旨

　この法律において「事業年度」とは，法人の財産及び損益の計算の単位となる期間（以下この章において「会計期間」という）で，法令で定めるもの又は法人の定款，寄附行為，規則，規約その他これらに準ずるもの（以下この章において「定款等」という）に定めるものをいい，……（以下略）

　原則として，定款に定めている会計期間が事業年度であると定めています。次に，

112

> （法人税法14条）要旨
>   次に掲げる場合に該当することとなったときは，前条の規定にかかわら
> ず，当該各号に定める期間をそれぞれ当該法人の事業年度とみなす。
> 一　内国普通法人等が事業年度の中途において解散（合併による解散を除
> 　　く）をした場合
> ➡その事業年度開始の日から解散の日までの期間及び解散の日の翌日か
> 　　らその事業年度終了の日までの期間
> （以下略）

となっています。

　破産手続とは清算型の倒産処理手続なので，開始手続が決定されること
により，それまでの会社の営利活動はストップし，清算手続が開始するこ
とになります。これにより破産手続が開始すると，清算が始まった場合の
規定がまずは適用されるわけです。

　ところで，ここで問題になるのが，会社法の規定です。会社法では，
「清算事務年度」という考え方が採り入れられています。

　法人税法の基本通達では，以下のように「株式会社が解散等をした場合
における清算中の事業年度については，その株式会社が定款で定めた事業
年度に係わらず，"清算事務年度"になる」とされています。

> （法人税法基本通達1－2－9）要旨
>   株式会社等が解散等（会社法第475条各号又は一般法人法第206条各
> 号（清算の開始原因）に掲げる場合をいう）をした場合における清算中の
> 事業年度は，当該株式会社等が定款で定めた事業年度にかかわらず，会社
> 法第494条第1項又は一般法人法第227条第1項（貸借対照表等の作成
> 及び保存）に規定する清算事務年度になるのであるから留意する。

　この通達中で述べられている「清算事務年度」とは，会社法494条で定
めている，解散した株式会社についての事業年度のことです。同条では，
株式会社が解散等をした場合において，「その解散等をした日の翌日又は
その後毎年その日に応当する日から始まる各1年の期間」を清算事務年度
と定めています。

第３章　破産管財の税務にまつわる Q&A

つまり，解散等から１年ごとに区切った期間のことです。

ということでここだけを見ると，この規定が破産の場合にも適用されそうなのですが，注意すべきは「解散等」の範囲です。会社法475条にはこうあります。

> （会社法475条）
> 　株式会社は，次に掲げる場合には，…（略）…清算をしなければならない。
> 　一　解散した場合（…（略）…破産手続開始の決定により解散した場合であって当該破産手続が終了していない場合を除く）
> （後略）

つまり破産手続開始については清算開始にあらずという規定です。

以上から判断するに，法人税法基本通達１‐２‐９にいう「解散等」には，「破産手続開始」は含まれていません。したがって，破産の場合には上記基本通達１‐２‐９の適用はないことになります。ということは，法人税法第14条の規定がそのまま適用されることとなります。

> （参考）
> 　株式会社が解散をした後に破産手続に移行するケースも考えられます。この場合は，解散時点ですでに「清算株式会社」となっているため，会社法494条の適用があることとなります。

２　消費税

⑴　法人破産の際の課税期間

消費税の課税期間も法人税の規定に準じます。

> （消費税法基本通達３‐２‐３）要旨
> 　内国法人が課税期間の中途において解散した場合には，当該解散した内国法人の課税期間は，その事業年度開始の日から法人税法第14条に規定する解散までの日となり，当該課税期間の翌課税期間は，当該解散の日の翌日からその事業年度終了の日までの期間となることに留意する。

114

この流れに沿って税務署側から申告の案内が来ることになります。

(2) 消費税だけの例外

消費税については「課税期間の短縮」という制度があります。

これは消費税にのみ認められている特例なのですが，通常1年ごとに行う消費税の申告を，事前の届出を前提として，3か月ごとや1か月ごとに期間を区切って申告を行うことができるという制度です。

輸出事業を行っている事業者などはこの制度を使うと，消費税に関する資金繰りが改善することもあり，この届出を行っていることがあります。破産法人がそのような事業を行っていた場合には特に，従前にこの適用を受けていないかを注意してください。

破産法人になったからといっても課税期間の短縮の規定はそのまま適用となったままです。その場合は例外的に，法人税の申告のタイミングとは異なるところで，消費税の申告を行うことが必要になりますのでご注意ください。

この場合は通常，申告のタイミングで税務署から書類が届きます。「法人税の申告書は届いていないのに消費税だけ届いた」ということになりますが，それで別に誤りではありません。

この短縮規定を受けたままだと事務的に煩雑になり不都合，というのであれば，短縮の取りやめという届出を出すことにより，原則の年1回申告に戻ることも可能です。

第3章　破産管財の税務にまつわるQ&A

Q7　粉飾決算のときの税還付の可能性

　破産申立文書を確認したところ,「粉飾決算などを含め色々頑張ったが,力及ばず今回の破産申立に至ったものである」旨が記されていました。粉飾決算＝税還付を疑え,と聞いたことがあるのですが,具体的にはどうチェックすればよいのでしょうか？

Answer ···

1　貸倒損失の検討

　破産する会社はギリギリまで延命措置を図っていることが多く,嘘の決算を組んで融資を受けていたりすることが少なくありません。

　管財税務の観点からいうと,粉飾決算などの理由で「回収可能性がない売上債権が計上されているとき」や「売上の過大計上がありそうなとき」には,税還付の可能性が高いといえます。

　債権目録上の売掛金や受取手形につき,会計上計上額と実際の回収額とに差額がある場合に,その差額について,貸倒損失と認識することができます。

　なお,会計上計上額とは,管財業務で使用する「評価額」とは異なることが多い,ということは注意が必要です。管財業務においては破産財団に属する財産の価額を評定しますが,その評定額というのは,決算書や勘定科目明細書に記載されている金額（会計上計上額）とは異なることが多々あります。

　例えば,ある売掛金につき,次のようになっているとします。

---

①　会社の決算書に記載されている金額：100万円

②　財産目録上の評定額：80万円

③　最終的に回収された額：50万円

116

この場合に貸倒として消費税の還付対象として扱う債権額は，

①－③＝100万円－50万円＝50万円となります。

もともと会社は売掛金100万円に見合う売上を計上しており，それにかかる消費税額を「売上に係る消費税額」として認識しているわけですから，これを基に，最終的な回収額との差額を貸倒損失として扱います。

貸倒損失にかかる消費税額は税額控除の対象となります。これを織り込んで消費税の申告を行うことにより，消費税が還付されることを狙うのです。

この場合，貸倒の事実を称する書類が必要となるのですが，これについては管財人作成の「財産目録等」を使用することになります。

2　更正の請求

次に，売掛債権の発生そのものが嘘である，というケースも存在します。売掛債権の発生というのは売上の計上のことですから，その売上そのものが当初から存在していない，ということです。

これは1のように実際の回収プロセスを経ることで貸倒損失を認識するのではなく，発生そのものが嘘なのでそれを取り消し，それによって発生時（＝売上計上時）の処理を訂正するというものです。

この場合の手続は「更正の請求」になります。この手続を行うためには所定の期限が設けられていますのでご注意ください（Q11参照）。

3　粉飾の検討方法

申立書類には粉飾決算については特に記載されていない場合に，粉飾をしているかどうかを判断するためにはどんな方法があるのでしょうか。

(1)　代表者や経理担当者に聞く

まずは，代表者や経理担当者に聞いてみるというのが一手です。

「ぶっちゃけた話，売上の水増しとか，仕入の除外とかしていませんでしたか？」とか聞いてみるわけです。

「実は……」という話になりましたら，その詳細を確認し，裏付け書類を手配したり，経理システム上で該当箇所が判明するならばその箇所

第 3 章　破産管財の税務にまつわる Q&A

のデータを印刷等しておくことで，これに関しての経理が粉飾したもの
であったということを証明することになります。

(2)　引継の経理関係書類から判断する

引継書類である経理関係の書類から検討する方法としては，

> ・直近過去３〜５期分の決算書を用意し，
> ・損益計算書や貸借対照表にある各科目の数値を期別に列挙し，
> ・場合によっては勘定科目内訳書を併せて確認する。

というものがあります。

①　数値変動の有無から判定

期末の数値の推移を確認し，科目の数値が著しく増減しているもの
や，逆に数年来全く金額に変化がないものがないか，を確認します。

例えば，数年来，全く数値が動いていない売掛金が存在するような
ときに，事情を確認してみると，その売掛金の相手先は存在していな
かったとかいうようなことがあります。そうだとすればその売掛金は
当然ながら回収不能です。

このようなケースでは，破産管財業務の中でその売掛金が回収不能
（相手方不存在のため）であることが確定した，ということになります
ので，その確定した課税期間において貸倒損失を計上する……という
流れになります。

売掛債権（売掛金や受取手形など）は通常，１か月〜数か月のサイク
ルで「発生（売上計上）→消滅（回収）」となりますので，そのサイク
ルに乗っていないものが存在する場合には，そもそもの発生が誤りで
あったり，回収可能性がゼロであったりしているものです。

財産目録を作成する際の財産評定で「ゼロ」と記載して終わり，で
はなく，その売掛金そのものが計上のされた際の税務のところについ
て，訂正できるところは訂正しましょう，という話になります。

118

【コラム】毎期末に同じ金額の売掛金

　毎年同じ金額の売掛金が載っているからといって，直ちに回収不能であるというわけではありませんのでご注意ください。

　例えば12月決算の会社で，年末に100万円の売上が計上され，翌年1月にその金額が入金されている，というサイクルが毎年繰り返されているような会社ですと，毎期末において100万円の売掛金が存在することになります。このような場合には回収不能でも何でもありません。

---

② 　財産目録と著しく乖離している数値から判定

　　財産目録は当然ながら破産法人の実情を表していますので，その内容と破産法人の決算書の数値が著しくかけ離れている場合には，何らかの事情があるはずです。その原因を確認しながら「事実に反する経理」や「適正な科目を使用しない経理」が行われていないかを推測していくと，粉飾のアタリをつけることができます。

　　ここでよくチェックする科目は「現金」「商品」「原材料」「貸付金」「仮払金」などです。いずれも貸借対照表の資産の部に記載されている科目ですが，その記載されている数字が実際の財産目録の額と大きく異なる（貸借対照表の額のほうが大きい）場合には要注意です。

　　例えば，最も単純な例ですが，「現金」の額が実際より大きいときには，架空の「現金売上」が計上されているケースが想定されます。

　　また，このようなケースで現金ではなく，貸付金や仮払金などのあいまいな勘定科目で最終的に処理されていることもありますので，いずれにせよ実情と大きく合わない資産科目が存在していないかをチェックしてください。

4　検討の際の必要書類

　破産法人について「申告をすると税金の還付が見込めるか？」ということを判断するために必要な書類として，どんなものが必要かを考えてみますと，概ね次のような感じです。

第3章　破産管財の税務にまつわる Q&A

(1)　税務申告書

> 破産申立を行う直近の
> ・税務申告書（法人税・消費税）
> ・貸借対照表
> ・損益計算書
> ・勘定科目明細書

　上記は，「税務署に提出した申告書一式」としてセットされていることが多いので，簡単にいうと「税務申告書および決算書を用意してください」ということになります。破産管財の引継書類には通常含まれているはずです。

(2)　経理書類

> 破産申立直前までの
> ・総勘定元帳
> ・売掛帳

もあれば尚良いでしょう。

　これらは税務署に提出しているものではありませんが，いわゆる「経理書類」なので，破産会社からの引継書類に含まれていることが期待されます。

　この記載内容を確認することにより，①いつ，どこへの売上が，②いくら発生したか，③その結果現金や売掛金や受取手形がどれだけ増えたか，ということにつき，取引個別に判明することが期待できます。

(3)　必要期間

　上記書類は，できれば過去3期分くらいは欲しいところです。1年分よりは数年分の推移が確認できるほうが，精度が高まるからです。

Q8 繰越欠損金の損金算入

欠損金があれば税負担が少なくて済む，という話を聞いたのですが，どういうことか教えてください。

Answer

1 欠損金とは

欠損金とは，「各事業年度の損金の額が益金の額を超える場合のその超える金額」のことをいいます。

損金の額が益金の額を超えるということで，儲けがマイナスとなります。ですから当然納める税金はゼロなんですが，ではそのマイナスの金額はそれで切り捨てになってしまうのかというと必ずしもそうではなく，一定の欠損金についてはその後の事業年度の黒字の金額と相殺し，その結果として当該先の事業年度の所得（もうけ）を減らしてあげましょうという制度があります。

「その欠損金が生じた事業年度より後の事業年度に所得が生じた場合に，そのもうけと相殺することができる」という規定を「欠損金の繰越控除」の規定といい，結果として「今後発生する税金を減らす」という規定です。

つまり繰越された欠損金を所得からマイナスしてあげよう，即ち損金算入してあげようということです。これを繰越欠損金の損金算入といいます。

2 破産法人における適用の考え方

破産法人において，破産手続中の換価作業の結果，事業年度単位で考えるとどうしても所得が発生し，それだけを考えると税負担が生じてしまうというような事態が起こりえます。そのような状態でも，過年度から繰り越されてきた欠損金を使用（損金算入）することにより，最終的な所得をゼロにしましょう，というのが繰越欠損金の使い方になります。

また，破産手続中のある事業年度で欠損金が生じた場合，青色申告をしているのであれば，その欠損金を先に繰り越すことが可能ですので，その

先の事業年度において万が一所得が発生したときのことを想定して，適正に繰越手続を行っておく，という考え方も必要です。

ただここで，欠損金はいつまでも繰り越されるかというとそうではなく，繰り越される期間には期限があります。いわゆる有効期限です。この期限は税制改正によって変更されてきているのですが，現在は９年までということになっています（過去には７年・５年という時期がありました）。

有効期限が切れた欠損金額というのは切り捨てになります。したがって，繰越欠損金を有している法人については，それを損金算入するのであれば，タイミングの管理が必要になってきます。

このように繰り越される欠損金については大きく２種類のものがあります。ひとつは青色欠損金と呼ばれるもので，もうひとつは災害損失金と呼ばれるものです。

3　青色欠損金

青色欠損金とは，青色申告をしている法人において生じた欠損金と考えてください。この繰越分の損金算入については法人税法57条で定められています。

（法人税法57条）要旨

　内国法人の各事業年度開始の日前９年以内に開始した事業年度において生じた欠損金額（この項の規定により当該各事業年度前の事業年度の所得の金額の計算上損金の額に算入されたもの及び第80条（欠損金の繰戻しによる還付）の規定により還付を受けるべき金額の計算の基礎となったものを除く）がある場合には，当該欠損金額に相当する金額は，当該各事業年度の所得の金額の計算上，損金の額に算入する。

　ただし，当該欠損金額に相当する金額が当該欠損金額につき本文の規定を適用せず，かつ，第59条第２項（会社更生等による債務免除等があつた場合の欠損金の損金算入）（同項第３号に掲げる場合に該当する場合を除く），同条第３項及び第62条の５第５項（現物分配による資産の譲渡）の規定を適用しないものとして計算した場合における当該各事業年度の所得の金額の100分の50に相当する金額（当該欠損金額の生じた事業年度前の事業年度において生じた欠損金額に相当する金額で本文又は第58条

第1項（青色申告書を提出しなかつた事業年度の災害による損失金の繰越し）の規定により当該各事業年度の所得の金額の計算上損金の額に算入されるものがある場合には，当該損金の額に算入される金額を控除した金額）を超える場合は，その超える部分の金額については，この限りでない。

（第2項～第9項　省略）

10　第1項の規定は，同項の内国法人が欠損金額の生じた事業年度について青色申告書である確定申告書を提出し，かつ，その後において連続して確定申告書を提出している場合であつて欠損金額の生じた事業年度に係る帳簿書類を財務省令で定めるところにより保存している場合に限り，適用する。

11　第1項の各事業年度終了の時において次に掲げる法人に該当する内国法人の当該各事業年度の所得に係る同項ただし書の規定の適用については，同項ただし書中「所得の金額の100分の50に相当する金額」とあるのは，「所得の金額」とする。

一　普通法人のうち，資本金の額若しくは出資金の額が1億円以下であるもの又は資本若しくは出資を有しないもの

二　公益法人等又は協同組合等

三　人格のない社団等

何やらゴチャゴチャと書かれていますが，ここでは青色欠損金の繰越控除の要件として，

①　欠損金が生じた事業年度において青色申告をしており，その後連続して確定申告を行っていることが条件であること

②　損金の額に算入される金額は，その損金算入しようとする事業年度の所得の50％が限度であること（ただし資本金が1億円以下の法人を除く＝資本金1億円以下ならば100％まで損金算入可能）

の2点を確認しておいてください。

加えて，細かいところですが，

・欠損金が生じた事業年度は→青色申告が必要ですが，

・その後の事業年度は→青色でなくても（つまり白色でも）OK。連続して確定申告書を提出していれば可。

というところも間違いやすいところです。

つまり，「所得というプラスに，欠損金というマイナスをぶつけて差引計算する事業年度」は，白色申告でも構わないということです。

青色の取消があった場合でも，繰越控除の適用がOKである場合がありますので，その点は頭の片隅に置いておくといいでしょう（あまりないかとは思うのですけどね）。

4 災害損失欠損金

災害損失金とは，一定の資産について災害が生じ，その結果損失が発生したために生じた欠損金と考えてください。

欠損金が生じた事業年度において青色申告を行っていなくても適用があるところが，前述の青色欠損金と異なるところです。

この損金算入については法人税法58条で定められています。

（法人税法58条）要旨

　内国法人の各事業年度開始の日前９年以内に開始した事業年度において生じた欠損金額（第57条第１項（青色申告書を提出した事業年度の欠損金の繰越し）又は第80条（欠損金の繰戻しによる還付）の規定の適用があるものを除く）のうち，棚卸資産，固定資産又は政令で定める繰延資産について震災，風水害，火災その他政令で定める災害により生じた損失に係るもので政令で定めるもの（以下この条において「災害損失欠損金額」という）があるときは，当該災害損失欠損金額に相当する金額は，当該各事業年度の所得の金額の計算上，損金の額に算入する。

　ただし，当該災害損失欠損金額に相当する金額が当該災害損失欠損金額につき本文の規定を適用せず，かつ，次条第２項（同項第３号に掲げる場合に該当する場合を除く），同条第３項及び第62条の５第５項（現物分配による資産の譲渡）の規定を適用しないものとして計算した場合における当該各事業年度の所得の金額の100分の50に相当する金額を超える場合は，その超える部分の金額については，この限りでない。

（第２項〜第４項　省略）

5　第１項の規定は，同項の内国法人が災害損失欠損金額の生じた事業年度について第１項に規定する損失の額の計算に関する明細を記載した確定申告書を提出し，かつ，その後において連続して確定申告書を提出している場合であつて災害損失欠損金額の生じた事業年度に係る帳簿書類

を財務省令で定めるところにより保存している場合に限り，適用する。
　　6　第1項の各事業年度終了の時において次に掲げる法人に該当する内
　　　国法人の当該各事業年度の所得に係る同項ただし書の規定の適用につ
　　　いては，同項ただし書中「所得の金額の100分の50に相当する金額」
　　　とあるのは，「所得の金額」とする。
　　一　普通法人のうち，資本金の額若しくは出資金の額が1億円以下であ
　　　るもの又は資本若しくは出資を有しないもの
　　二　公益法人等又は協同組合等
　　三　人格のない社団等

ここでは，

①　災害損失が生じた事業年度において申告（青色申告でなくても可）
　　をし，その後連続して確定申告を行っていることが条件であること
②　損金の額に算入される金額は，その損金算入しようとする事業年度
　　の所得の50％が限度であること（ただし資本金が1億円以下の法人を除
　　く＝資本金1億円以下ならば100％まで損金算入可能）

の2点を確認しておいてください。

　また，青色欠損金と災害損失金の両方が存在する場合，欠損金の損金算
入の適用順序を考えると，条文構成の関係上，青色欠損金→災害損失金の
順となります。

5　繰越欠損金の額の確認方法

　破産法人において繰越欠損金というのがいくら存在しているかというこ
とを調べる方法ですが，これは直近の法人税の申告書の別表一と別表七㈠
を確認することによりわかります。

　別表七㈠は「欠損金又は災害損失金の損金算入に関する明細書」です。
ここに書かれている翌期繰越額の合計の金額が，別表一の所定の欄（27番
の欄）に「翌期へ繰り越す欠損金又は災害損失金」として記されています。
この金額が繰越欠損金の金額というわけです。

　破産法人の破産直前の提出済申告書をチェックし，ここに金額が書かれ
ていれば，まぁこの金額内ならば，今後所得が生じても法人税の負担はな
いかな，というアタリがつくわけです。

FB0107

別表一(一)　普通法人(特定の医療法人を除く。)、一般社団法人等及び人格のない社団等の分……平二十四・四・一以後終了事業年度分

税務署受付印	平成　年　月　日　北税務署長殿
納税地	大阪市北区○○○１－２－３　電話(06　) 1234 － 5678
(フリガナ)	カブシキガイシャ
法人名	株式会社 ABC
(フリガナ)	ホウジン　タロウ
代表者自署押印	法人　太郎　㊞
代表者住所	

事業種目	卸売小売業
期末現在の資本金の額又は出資金の額	円
同上が1億円以下の普通法人のうち中小法人等に該当しないもの	非中小法人等
同非区分	特定同族会社　同族会社　非同族会社
一般社団・財団法人の区分	非営利型法人　普通法人
経理責任者自署押印	㊞
旧納税地及び旧法人名等	
添付書類	貸借対照表、損益計算書、株主(社員)資本等変動計算書又は損益金処分表、勘定科目内訳明細書、事業概況書、組織再編成に係る契約書等の写し、組織再編成に係る移転資産等の明細書

※税務署処理欄	
青色申告	一連番号
整理番号	01234567
事業年度(至)	年　月　日
売上金額	
申告年月日	年　月　日
申告区分	庁指定　局指定　指導等　区分
通信日付印	確認印　省略　年　月　日

平成 24 年 1 月 1 日　事業年度分の　確定　申告書
平成 24 年 12 月 31 日　(中間申告の場合の計算期間　平成　年　月　日　平成　年　月　日)

翌年以降送付要否　要 ○　否 ○
適用額明細書提出の有無　有 ○　無 ○
税理士法第30条の書面提出有 ○　税理士法第33条の2の書面提出有 ○

項目	No.	金額
所得金額又は欠損金額(別表四「48の①」)	1	△57,390,0 0
法人税額 (36)又は(37)	2	0
法人税額の特別控除額	3	
差引法人税額 (2)－(3)	4	0
連結納税の承認を取り消された場合等における既に控除された法人税額の特別控除額の加算額	5	
土地譲渡利益金　課税土地譲渡利益金額	6	000
同上に対する税額 (38)＋(39)＋(40)＋(41)	7	
留保金　課税留保金額(別表三(一)「39」)	8	000
同上に対する税額(別表三(一)「47」)	9	
		00
法人税額計 (4)＋(5)＋(7)＋(9)	10	0
仮装経理に基づく過大申告の更正に伴う控除法人税額	11	
控除税額 (((10)－(11))と(44)のうち少ない金額)	12	
差引所得に対する法人税額 (10)－(11)－(12)	13	00
中間申告分の法人税額	14	00
差引確定法人税額 (13)－(14)(中間申告の場合はその税額とし、マイナスの場合は、(17)へ記入)	15	00
法人税額の計算　中小法人等の場合　(1)の金額又は800万円×12分の…相当額のうち少ない金額	30	000
(1)のうち年800万円相当額を超える金額 (1)－(30)	31	000
所得金額(1) (30)＋(31)	32	000
その他の法人の場合　所得金額(1)	33	000
土地譲渡税額の内訳　土地譲渡税額(別表三(二)「27」)	38	0
同上(別表三(二の二)「28」)	39	0
控除税額の計算　所得税の額(別表六(一)「6の③」)	42	
外国税額(別表六(二)「21」)	43	
計 (42)＋(43)	44	
控除した金額 (12)	45	
控除しきれなかった金額 (44)－(45)	46	

項目	No.	金額
この申告による還付金額　所得税額等の還付金額 (46)	16	
中間納付額 (14)－(13)	17	
欠損金の繰戻しによる還付請求税額	18	
計 (16)＋(17)＋(18)	19	
この申告が修正申告である場合　この申告前の　所得金額又は欠損金額	20	
課税土地譲渡利益金額	21	
課税留保金額	22	
法人税額	23	
還付金額	24	
この申告により納付すべき法人税額又は減少する還付請求税額	25	00
欠損金又は災害損失金等の当期控除額	26	0
翌期へ繰り越す欠損金又は災害損失金(別表七(一)「5の合計」)	27	26,915,690
この申告が中間申告である場合の　欠損金等の当期控除額	28	
翌期へ繰り越す欠損金又は災害損失金	29	
(30)の18%又は15%相当額	34	0
(31)の30%又は25.5%相当額	35	0
法人税額 (34)＋(35)	36	0
法人税額((33)の30%又は25.5%相当額)	37	0
土地譲渡税額の内訳　土地譲渡税額(別表三(三)「23」)	40	00
同上(別表三(四)「15」)	41	
剰余金・利益の配当(剰余金の分配)の金額	47	

残余財産の最後の分配又は引渡しの日	平成　年　月　日
決算確定の日	平成　年　月　日
還付を受けようとする金融機関等	銀行・金庫・組合・農協・漁協　本店・支店・出張所・本所・支所　預金　郵便局名等　口座番号　ゆうちょ銀行の貯金記号番号
※税務署処理欄	

法 0301-0101

税理士署名押印　㊞

▲記載例１：別表一

Q 8 　繰越欠損金の損金算入

欠損金又は災害損失金の損金算入に関する明細書			事業年度	平成 24・1・1 平成 24・12・31	法人名	株式会社 ＡＢＣ		別表七㈠

控除前所得金額 (別表四「39の①」)－(別表七(二)「11」又は「23」)	1	△5,743,900 円	所得金額控除限度額 (1)×$\frac{\text{80又は100}}{100}$	2	△5,743,900 円

事業年度	区　分	控除未済欠損金額	当　期　控　除　額 当該事業年度の(3)と((2)－当該事業年度前の(4)の合計額)のうち少ない金額	翌　期　繰　越　額 ((3)－(4))又は別表七(三)「15」)
		3	4	5
	青色欠損・連結みなし欠損・災害損失	円	円	円
	青色欠損・連結みなし欠損・災害損失			
	青色欠損・連結みなし欠損・災害損失			
	青色欠損・連結みなし欠損・災害損失			
	青色欠損・連結みなし欠損・災害損失			
	青色欠損・連結みなし欠損・災害損失			
平 21・1・1 平 21・12・31	青色欠損・連結みなし欠損・災害損失	5,000,000	0	5,000,000
平 22・1・1 平 22・12・31	青色欠損・連結みなし欠損・災害損失	569,250	0	569,250
平 23・1・1 平 23・12・31	青色欠損・連結みなし欠損・災害損失	15,602,540	0	15,602,540
	計	21,171,790	0	21,171,790

欠損金の種類を表す

当期分	欠　損　金　額 (別表四「48の①」)		5,743,900	欠損金の繰戻し額	
	同上のうち	災害損失金 (13)			
		青色欠損金	5,743,900		5,743,900
	合　　　計				26,915,690

別表一の「27」欄と一致

災　害　に　よ　り　生　じ　た　損　失　の　額　の　計　算					
災　害　の　種　類			災害のやんだ日		
災害を受けた資産の別		棚　卸　資　産 ①	固　定　資　産 (固定資産に準ずる繰延資産を含む) ②	計 ①＋② ③	
当期の欠損金額 (別表四「48の①」)	6	円		円	
災害により損失の生額	資産の滅失等により生じた損失の額	7	円		
	被害資産の原状回復のための費用等に係る損失の額	8			
	被害の拡大又は発生の防止のための費用に係る損失の額	9			
	計 (7)＋(8)＋(9)	10			
保険金又は損害賠償金等の額		11			
差引災害により生じた損失の額 (10)－(11)		12			
繰越控除の対象となる損失の額 ((6の③)と(12の③)のうち少ない金額)		13			

法 0301－0701

▲記載例２：別表七㈠

平二十四・四・一以後終了事業年度分

第3章　破産管財の税務にまつわる Q&A

Q9　期限切れ欠損金の損金算入

　破産法人の法人税申告では，期限切れ欠損金の損金算入という制度を使うと税負担が少なくなると聞きました。これはどういう制度で，どのように使うものなのでしょうか？

Answer

1　期限切れ欠損金

　繰越欠損金の損金算入（Q8参照）のところで説明しましたとおり，繰り越せる欠損金については有効期間がありますので，場合によっては残念なことにどうしても期限切れとなってしまう欠損金が生じてしまいます。

　極端な例をいうと，9年以上連続して赤字を続けていて繰越欠損金がある会社の場合には，その後黒字が生じたとしても，有効期限が切れた欠損金についてその黒字（所得）と相殺することはできません。このように繰越期限が切れた欠損金のことを期限切れ欠損金と呼んでいます。

　このように使いようがなくなってしまう期限切れ欠損金ですが，これが破産の場合においては「使えるヤツ」に様変わりします。期限切れ欠損金でも損金の額に算入することができるようになるのです。つまり，この額を，破産中の事業年度において発生した所得の額からマイナスすることができるわけです。

2　使用が想定される場合

　破産法人の場合でそんなに儲けが出ることがあるのか？　という疑問があるかもしれませんが，多額の所得が発生するケースというのがいくつか存在します。

(1)　事業年度単位で大幅な所得が生ずる場合

　例えば，固定資産を売却したときに，売却価格が帳簿価格を超えていれば，その超える部分は儲けとして益金算入します。古くから所有している土地を売却したら思わぬ高値がついたようなケースです。

128

また，仮に破産法人が破産手続中に他の債権者から債務免除を受ける
ようなことがあれば，その免除を受けた金額は，法人税法上は益金の額
に算入しなければなりません。

ひとつの事業年度について法人税がかかるかどうかの計算は，その事
業年度における益金の額から損金の額を計算して所得を計算しますから，
破産手続中の事業年度であっても，結果としてどうしても所得が出てし
まう，ということも想定されるわけです。

ただ，破産法人でそのような予期せぬ税負担が生じてしまってはやは
り酷というものです。そこで，期限切れ欠損金の損金算入という制度が
認められています。このことより，税負担が生じないのが通常です。

このためには所定の要件を満たす必要があり，申告書にもそれらの要
件を満たしているという書類を添付することが求められています。

ただ忘れてはいけないのは，期限切れ欠損金のほかに，「期限が切れ
ていない欠損金」すなわち「繰越欠損金」が存在することが多く，その
場合にはその期限が切れていない欠損金を先に損金算入するようにとい
う規定になっていることです（詳細は3(3)で後述します）。

破産法人の場合は，この繰越欠損金だけで，発生する所得の大半はカ
バーできていることが多いという感覚ですが，破産法人の所得が予想以
上に多額になってしまうときには，繰越欠損金の金額をオーバーしてし
まうこともあります。そういうときに，この制度の適用を考えることに
なります。

(2) 資料が散逸している場合

破産法人の会計帳簿が散逸していたり，過年度の税務申告を行ってい
なかったりして，過去からの連続した申告に繋がる形での申告が行えな
いようなケースです。

破産法人であっても，破産前の会計帳簿が普通に揃っていて決算がき
ちんと組めるのであれば，その内容に基づいて申告書を提出することに
なるのは言うまでもありません。しかし，そういう資料が引き継がれず，
破産開始前の会計処理がまったく判明しないため，それまでの申告済の
内容と連続した申告を行うことができないというケースが起こることが

第3章　破産管財の税務にまつわるQ&A

あります。

　このようなときの解決策として，期限切れ欠損金の損金算入を視野に入れた税務申告を行うわけです。

3　制度の内容

　さて，このような内容である期限切れ欠損金の損金算入ですが，実際のところ破産法人の申告において適用するケースを考えてみますと前述のように，含み益が多額になる資産を売却したとか，破産手続中に債務免除を受けたとか，会計帳簿が散逸している状態で申告をするであるとか，そのようなケースになります。

　これにあてはまるという前提で，以下に述べる制度の詳細を確認してください。

(1)　期限切れ欠損金額とは

　期限切れ欠損金とはどういう金額を指すのでしょうか。欠損金というだけあって，過去の法人税申告書を確認して調べるのでしょうが，それはどこを見て確認するのでしょうか。

　また，そもそも，破産法人の会計帳簿が散逸してしまっては調べようもないと思われますが，その際はどうすればいいのでしょうか？

（法人税法59条3項）

　内国法人が解散した場合において，残余財産がないと見込まれるときは，その清算中に終了する事業年度（前2項の規定の適用を受ける事業年度を除く。以下この項において「適用年度」という）前の各事業年度において生じた欠損金額を基礎として政令で定めるところにより計算した金額に相当する金額は，当該適用年度の所得の金額の計算上，損金の額に算入する。

　まずここでの要件として，「内国法人が解散した場合において」とあります。破産は解散のケースにあてはまります。

　次に「残余財産がないと見込まれるときは」とあります。破産の場合には残余財産がないと見込まれるケースに該当します。

　そして「その清算中に終了する事業年後」を「適用年度」とし，その

130

適用年度前において生じた欠損金額として一定のもの（後述(3)の施行令にて説明されています）が損金の額に算入されます。

(2) 損金算入時期

もうひとつ注意する点として，損金算入される時期があります。

上記の法人税法59条3項の末尾において「当該適用年度の所得の金額の計算上」とあります。「適用年度」とは「清算中に終了する事業年度」とありますので，つまり，破産中に終了する事業年度においてこの期限切れ欠損金の損金算入が行えることになります。

別の言い方をすると，破産になったからといっても，破産手続開始決定の日の属する事業年度においてはこの制度の適用はありません。

(3) 損金算入される金額

（法人税法施行令118条）要旨
　法第59条第3項に規定する欠損金額で政令で定めるものは，第一号に掲げる金額から第二号に掲げる金額を控除した金額とする。
一　法第59条第3項に規定する適用年度終了の時における前事業年度以前の事業年度から繰り越された欠損金額の合計額
二　法第57条第1項（青色申告書を提出した事業年度の欠損金の繰越し）又は第58条第1項（青色申告書を提出しなかった事業年度の災害による損失金の繰越し）の規定により適用年度の所得の金額の計算上損金の額に算入される欠損金額

ここでは，期限切れ欠損金のうち損金に算入される金額がいくらかという説明がされており，次の①から②をマイナスした金額とする，とあります。

① 適用年度終了の時における，前事業年度以前の事業年度から繰り越された欠損金額の合計額

② 青色欠損金の繰越控除と，災害損失金の繰越控除の規定により損金の額に算入される欠損金額

①については，(4)で後述します。

②については，欠損金の繰越控除の制度としての仲間である，青色欠損金の繰越控除と災害損失金の繰越控除により控除される金額があると

きにはその金額のことです。つまり，まずその金額を損金算入しなさい
という意味です。

　破産中の各事業年度において所得がある場合は，青色欠損金と災害損
失金を先に損金算入し，それでも所得を差し引き切れないときに，この
期限切れ欠損金の出番となるわけです。

　具体的に数字を入れて考えると，①が1,000万円，②で300万円あると
すれば，まず②の300万円が損金算入され，その後①－②で計算される
700万円が損金算入されるわけです。

　破産法人における欠損金の損金算入について，適用順序を考えると，
青色欠損金→災害損失金→期限切れ欠損金の順となります。

⑷　前事業年度以前の事業年度から繰り越された欠損金額

（法人税基本通達12-3-2）
　……（略）……令第118条に規定する「前事業年度以前の事業年度か
ら繰り越された欠損金額の合計額」とは，当該事業年度の確定申告書に添
付する法人税申告書別表五㈠の「利益積立金額及び資本金等の額の計算に
関する明細書」に期首現在利益積立金額の合計額として記載されるべき金
額で，当該金額が負（マイナス）である場合の当該金額による。

　ここでは上記施行令118条における一の金額をどう計算するかという
ことが記されているのですが，ここで登場するのが別表五㈠です。

　通達の本文中にある，当該事業年度の確定申告書に添付する別表五㈠
において記されている「期首現在利益積立金の合計額」とは，その事業
年度の「前」事業年度における確定申告書に添付する別表五㈠において
記されている「期末現在利益積立金の合計額」のことを指します。

　別表五㈠における利益積立金の合計額というのは，事業年度間で連続
性があります。

　ですから今期の事業年度で「期限切れ欠損金はいくらあるのか？」と
いうことを確認する際には，前期の事業年度の確定申告書からデータを
引っ張ってくることになります（記載例を参照ください）。

Q9 期限切れ欠損金の損金算入

> 前期の別表五㈠の「期末現在利益積立金額」（31④の額）
>
> ＝
>
> 当期の別表五㈠の「期首現在利益積立金額」（31①の額）

利益積立金額及び資本金等の額の計算に関する明細書

事業年度	平成24・1・1 平成24・12・31	法人名	株式会社 ＡＢＣ		別表五㈠

I 利益積立金額の計算に関する明細書

区　　　分		期首現在利益積立金額①	当期の増減 減②	当期の増減 増③	差引翌期首現在利益積立金額①－②＋③④
利　益　準　備　金	1	円	円	円	円
	2				
	3				
	4				
〜〜〜〜	22				
	23				
	24				
	25				
繰　越　損　益　金（損は赤）	26	△35,689,247	△35,689,247	△41,558,447	△41,558,447
納　税　充　当　金	27				
未納法人税等（退職年金等積立金に対するものを除く。） 未納法人税及び未納復興特別法人税（附帯税を除く。）	28	△52,500	△52,500	中間 確定 0	0
未納道府県民税（均等割額及び利子割額を含む）	29	△20,800	△20,800	中間 確定 △20,000	△20,000
未納市町村民税（均等割額を含む）	30	△52,000	△52,000	中間 確定 △50,000	△50,000
差　引　合　計　額	31	△35,814,547	△35,814,547	△41,628,447	△41,628,447

II 資本金等の額の計算に関する明細書

区　　　分		期首現在資本金等の額①	当期の増減 減②	当期の増減 増③	差引翌期首現在資本金等の額①－②＋③④
資本金又は出資金	32	10,000,000 円	円	円	10,000,000 円
資　本　準　備　金	33				
	34				
	35				
差　引　合　計　額	36	10,000,000			10,000,000

法 0301－0501

▲記載例：別表五㈠

　この記載例ですと，平成24年1月〜12月の事業年度において，31④にある△41,628,447円というのが翌事業年度に繰り越されます。

　したがって平成25年1月〜の事業年度においての別表五㈠において記載される「期首現在利益積立金の合計額」も同額となり，「前事業年度以前の事業年度から繰り越された欠損金額の合計額」は41,628,447円となります。

133

第3章　破産管財の税務にまつわる Q&A

【コラム】別表七㈠には記されていない

　欠損金に関する明細書としてよく使われるのは，繰越欠損金の損金算入で使用する別表七㈠なのですが，その別表を見ても期限切れ欠損金の金額については記されていません。別表七㈠に記載されるのは「青色欠損金の繰越控除額」と「災害損失金の繰越控除により控除される金額」です（Q8参照）。

4　過去データが不明の場合

　上記3までは破産法人の申告を行う際に，前事業何度までの申告書が揃っている場合の話になります。ところが実際には前述のとおり，会計帳簿が散逸している等の理由で，過去の申告内容がわからないこともあり得ます。その場合の対応は以下のようになります。

⑴　申告はしているが申告書紛失で内容不明の場合

　税務署へ行って提出済申告書の閲覧を求めることになります。

　申告書の閲覧についてはQ2をご参照ください。

⑵　そもそも無申告の場合

①　考え方

　申告そのものを行っておらず，さかのぼっての申告もどうみても無理，というときには，破産手続開始決定時の資産負債の状況から，期限切れ欠損金の金額を計算することになります。

　具体的な計算方法については，平成22年に事業再生研究機構（有識者の任意団体）から公表された「清算時の期限切れ欠損金の使用等に関する税務上の取扱い」及び「破産開始決定後の破産管財人による法人税の申告」という指針にまとめられています（事業再生研究機構税務問題委員会編『平成22年度税制改正対応　清算法人申告の税務』商事法務，2010年）。内容については②にて後述します。

　ここで，この指針に挙げられている方法が税務署に対して認められるのか？　という疑問が生じますが，事業再生研究機構としても国税庁に照会を行い，当局関係者からはまぁそういう事情なら止むを得ないですね，という回答を得ており，国税庁ホームページには質疑応答

134

事例として掲載されています。

> （参考：国税庁ホームページ）
> ホーム＞税について調べる＞その他法令解釈に関する情報＞法人税目次＞平成22年度税制改正に係る法人税質疑応答事例（グループ法人税制その他の資本に関係する取引等に係る税制関係）（情報）
> →問8から問11が該当します。

　ただし，当局としても積極的に認めているわけではなく，原則は当然ながら通常の会計記録を基にした税務申告を行うということで，これは破産の場合も当然ながら同じであり，どうしても止むを得ない場合にはしょうがないよね，というニュアンスのようです。

　その止むを得ない事情にあるということは（申告する側において）明らかにしておく必要があり，税務署のほうでも必要に応じて税務調査なども行いますので，適切な申告を行ってくださいということでしょう。

② **具体的な期限切れ欠損金額の計算方法**

　では，そのようなケースでの期限切れ欠損金額をどう計算するかですが，これは一言でいうと「破産手続開始決定時の債務超過額に，資本金の額を加えた金額」となります。

　流れとしては，

> ㈠　時価ベースの財産総額を計算する
> ㈡　債務の総額を計算する
> ㈢　㈡－㈠で債務超過額を計算する
> ㈣　㈢に破産会社の資本金の額をプラスする

　以上で計算された金額が期限切れ欠損金となります。

　㈠㈡㈢いずれも，管財人業務の中でデータが把握できるものですので，それを使用して算出しよう（それで算出せざるを得ない）という趣旨になります。

135

第3章　破産管財の税務にまつわるQ&A

　　数字例を入れてみますと，

　㋐　時価ベース財産総額：500万円

　㋑　債務総額：5,000万円

　㋓　資本金の額：1,000万円

　の場合，

　㋑　5,000万円－㋐500万円＋㋓1,000万円＝5,500万円

　が期限切れ欠損金と計算されることになります。

　　重ねて言いますが，この方法は過年度からの連続性のある税務申告が不可能である場合にやむを得ず行う方法です。連続性のある申告が可能である場合には3の方法で計算することになります。

　　経験則としては，税務当局側はこの制度の適用をかなり嫌っています。預金通帳履歴などである程度の損益が把握できるのであれば，そちらを拠り所として（それなりの精度であれば構わないので）決算を組み，連続性のある申告を行って欲しいと言われることが多いところです。

5　具体的な計算

---

　(1)　その事業年度の所得金額（制度適用前）：1,500万円
　(2)　繰越欠損金額：500万円
　(3)　期限切れ欠損金額：2,000万円

　この場合には，まず繰越欠損金の損金算入額（Q8参照）が500万円適用され，(1)1,500万円－(2)500万円＝1,000万円の所得に対し，(3)の2,000万円から1,000万円充当していくということになります。

　その結果，その事業年度の所得としては，

　(1)1,500万円－(2)500万円－(3)から1,000万円

＝ゼロと計算されます。

　繰越欠損金額は，別表一や別表七㈠にて調べ，期限切れ欠損金の額は別表五㈠で計算します。したがって，この作業において，欠損金の損金算入額について計算するときには，前事業年度の別表一・別表五㈠・七㈠を確認することになります。

136

Q10 欠損金の繰戻還付

欠損金の繰戻還付という制度を使えば，法人税が還付されるという話を聞きました。これってどういう制度なのでしょうか？　破産法人には適用があるのでしょうか？

Answer ···

1　概　要

法人税においては，「欠損金の繰戻還付（くりもどしかんぷ）」という制度があります。これは，

> ・ある事業年度において欠損（赤字）が生じている場合に，
> ・その年に納めるべき法人税額は当然のようにゼロとなるが，
> ・その事業年度より「前」の事業年度において所得（もうけ）が生じて納付している法人税があるなら，その既に納めた法人税を還付してもらう。

という制度です。「以前に納めた税金を返してもらう」というのがポイントです。

法人税では基本的に，通常の事業を営んでいる法人の場合，欠損金が生じたからといって，過去に納めた法人税額が直ちに還付されることはありません。

その代わりといってはなんですが，「その欠損金が生じた事業年度より後の事業年度に所得（もうけ）が生じた場合に，そのもうけと相殺することができる」という規定があります。これを「欠損金の繰越控除」の規定といい，「今後発生する税金を減らす」という規定です（Q8参照）。

これに対し破産法人の場合は，もはや通常の事業活動は行っていないということで「繰越控除」の適用余地は薄いと捉えられており，それではしょうがないよねということで，納めた法人税についての「繰戻還付」の適用が認められているわけです。

第3章　破産管財の税務にまつわるQ&A

2　規定内容

（法人税法80条）

　内国法人の青色申告書である確定申告書を提出する事業年度において生じた欠損金額がある場合（第４項の規定に該当する場合を除く）には，その内国法人は，当該申告書の提出と同時に，納税地の所轄税務署長に対し，当該欠損金額に係る事業年度（以下この条において「欠損事業年度」という）開始の日前一年以内に開始したいずれかの事業年度の所得に対する法人税の額に，当該いずれかの事業年度（以下この条において「還付所得事業年度」という）の所得の金額のうちに占める欠損事業年度の欠損金額（この条の規定により他の還付所得事業年度の所得に対する法人税の額につき還付を受ける金額の計算の基礎とするものを除く。第四項において同じ）に相当する金額の割合を乗じて計算した金額に相当する法人税の還付を請求することができる。（下線部筆者）

2　前項の場合において，既に当該還付所得事業年度の所得に対する法人税の額につきこの条の規定の適用があつたときは，その額からその適用により還付された金額を控除した金額をもつて当該法人税の額とみなし，かつ，当該還付所得事業年度の所得の金額に相当する金額からその適用に係る欠損金額を控除した金額をもつて当該還付所得事業年度の所得の金額とみなして，同項の規定を適用する。

3　第１項の規定は，同項の内国法人が還付所得事業年度から欠損事業年度の前事業年度までの各事業年度について連続して青色申告書である確定申告書を提出している場合であつて，欠損事業年度の青色申告書である確定申告書をその提出期限までに提出した場合（税務署長においてやむを得ない事情があると認める場合には，当該申告書をその提出期限後に提出した場合を含む）に限り，適用する。

4　第１項及び第２項の規定は，内国法人につき解散（適格合併による解散を除く），事業の全部の譲渡，更生手続の開始その他これらに準ずる事実で政令で定めるものが生じた場合において，当該事実が生じた日前一年以内に終了したいずれかの事業年度又は同日の属する事業年度において生じた欠損金額（第57条第１項の規定により各事業年度の所得の金額の計算上損金の額に算入されたもの及び同条第４項，第５項又は第９項の規定によりないものとされたものを除く）があるときについて準用する。この場合において，第１項中「当該申告書の提出と同時に」とあるのは「当該事実が生じた日以後１年以内に」と，「請求することができる」とあるのは「請求することができる。ただし，還付所得事業年度から欠損

138

事業年度までの各事業年度について連続して青色申告書である確定申告書を提出している場合に限る」と読み替えるものとする。

5　第1項（前項において準用する場合を含む）の規定による還付の請求をしようとする内国法人は，その還付を受けようとする法人税の額，その計算の基礎その他財務省令で定める事項を記載した還付請求書を納税地の所轄税務署長に提出しなければならない。

6　税務署長は，前項の還付請求書の提出があつた場合には，その請求の基礎となつた欠損金額その他必要な事項について調査し，その調査したところにより，その請求をした内国法人に対し，その請求に係る金額を限度として法人税を還付し，又は請求の理由がない旨を書面により通知する。

この法人税法80条は，以下のように読み取ることになります。

(1)　第1項では，まず青色申告書を提出する事業年度で欠損金額が生じている場合に適用があるとしています。

　　ただ，カッコ書きで"第4項に該当する場合を除く"とありまして，その第4項が破産等の場合に該当するケースを指していますので，破産の場合には少し捉え方が異なることになります。これは(4)で後述します。

　　また，還付請求書は，欠損事業年度の青色申告書と同時に提出すると記されていますが，これも破産の場合には少し扱いが異なります。これも(4)で後述します。

　　そして条文中に下線を引いた箇所が，還付される税額の算式を表しています。こちらも具体的な計算について詳細は3で後述します。

　　最後に文末は「還付を請求することができる」とありますので，還付請求しないと税額は還付されません。自動的に税務署が計算してくれるわけではありません。

(2)　第2項は，既に繰戻還付の対象としているものがあれば，還付額の算式上，法人税の額や所得金額の額からその分を除きなさいという意味です。

　　ここは，従前にこの繰戻還付の適用を受けたことがある法人について，更に追加して適用を受けようとするときに注意する点になります。初めてこの規定の適用を受ける法人については無視してかまいません。

第3章　破産管財の税務にまつわるQ&A

(3)　第3項は，この適用を受けるためには，青色申告書を継続して提出しておかねばならないという規定です。

> Q8で述べている「欠損金の繰越控除」については，欠損の生じた事業年度に青色申告であれば，例えその後が白色でも，連続して申告していればよかったところです。これに対し「欠損金の繰戻還付」については，連続して青色申告書を提出する，というように要件が厳しくなっていますのでご注意ください。

　　また，欠損事業年度の青色申告書は申告期限内に提出しなければならないとあります。

(4)　第4項が破産のケースに考慮する点です。

　　解散（破産もこれに含みます）の場合には第1項の文言を少し読み替えるものとする，とあります。この内容に従い読み替えた結果の第1項は次のようになります。

> 内国法人につき破産手続開始決定が生じた場合において，当該事実が生じた日前1年以内に終了したいずれかの事業年度又は同日の属する事業年度において生じた欠損金額（第57条第1項の規定により各事業年度の所得の金額の計算上損金の額に算入されたもの及び同条第4項，第5項又は第9項の規定によりないものとされたものを除く）があるときについては，その内国法人は，当該事実が生じた日以後1年以内に，納税地の所轄税務署長に対し，……（下線部分）……法人税の還付を請求することができる。ただし，還付所得事業年度から欠損事業年度までの各事業年度について連続して青色申告書である確定申告書を提出している場合に限る。

　　破産の場合における（通常の経済活動を行っていての欠損が出た場合との）イレギュラーさを考慮し，以下の点で適用余地を広げています。

①　欠損金額が生じた事業年度は，破産手続開始決定日の属する事業年度だけではなく，同日以前1年位内に終了した事業年度（＝実務的には破産日の属する事業年度の「前」事業年度）も対象にしてよい。

②　欠損金の還付請求書の提出期限が，破産手続開始決定日から1年以内になっている（＝欠損事業年度の確定申告書を提出するのと同時に提出

140

していなくてもOK)。

　ただ間違えてはいけないのは，欠損事業年度の確定申告書そのものは期限内に提出している必要があることです。「欠損事業年度の確定申告書」と「欠損金の繰戻還付の請求書」は別物であることを忘れないでください。

⑸　第5～6項では「還付請求書を出しなさい」「繰戻還付の請求については調査しますよ」ということを記しています。

3　破産時の要件

　以上より，破産法人がこの適用を受けるための要件として，以下の5点を読み取ることになります。

⑴　青色申告書を提出する法人である。

⑵　「破産手続開始決定日前1年以内に終了した事業年度」又は「破産手続開始決定日までの事業年度」において，欠損が生じている。(この欠損が発生した事業年度を「欠損事業年度」といいます)

⑶　⑵「欠損事業年度」開始の日前1年以内に開始した事業年度において，法人税が発生している。(この法人税が発生した事業年度を「還付所得事業年度」といいます)

⑷　⑶の「還付所得事業年度」から⑵の「欠損事業年度」までの間，連続して青色申告書を提出している。

⑸　「欠損金の繰戻しによる還付請求書」を，破産開始決定から1年以内に提出している。

　具体的な適用可否についてのイメージは次頁のとおりです。

　①・②が適用OKのケースです。繰戻還付請求書を破産手続開始日から1年以内に提出することになります。

　これに対し，③～⑥がNGのケースです。

　③は，欠損事業年度が破産手続開始日前より1年以内に終了していません。

　④は，法人税が発生する事業年度が，欠損事業年度開始の日前より1年を超えて開始しています。

　⑤は，欠損事業年度の確定申告書を期限内に提出していません。

第3章　破産管財の税務にまつわるQ&A

22期　破産から
破産　申告期限　1年
21.1.1　22.1.1　23.1.1　24.1.1　24.8.15　24.10.15　25.8.15

第19期　第20期　第21期　第22期

① 納税　欠損
12月決算（事業年度は1月1日〜12月31日）
平成24年8月15日　破産手続開始決定
△：各期の確定申告書提出（青色申告）
▲：繰戻還付請求書提出
△ 22期分
▲ 21期納税額に対し

② 納税　欠損
△ 20期分　△ 21期分
▲ 20期納税額に対し

③ 納税　欠損
▲

④ 納税　欠損
▲

⑤ 納税　欠損
△ 22期分
▲ 21期納税額に対し

⑥ 納税　欠損
△ 22期分
▲ 21期納税額に対し

▲破産法人における欠損金の繰戻還付の適用可否

142

⑥は，繰戻還付請求書を破産手続開始日から１年を超えてから提出しています。

破産管財人としては就任後のチェックを忘れずに行い，特に⑤・⑥のような事態にならないように注意する必要があります。

4　還付を受けることができる金額

還付所得事業年度において納付した法人税額のうち一定額です。以下の計算式で算出します。

$$還付所得事業年度の法人税額 \times \frac{欠損事業年度の欠損金額}{還付所得事業年度の所得金額}$$

算式のイメージとしてはそれほど難しくないと思います。

「儲かった年に税金を200納めた，その際の所得（黒字）は1000であった」とした場合に，その次の年で欠損（赤字）が400出たならば，前に納めた税金200のうち400／1000を返してください，という意味合いです。

実際のところは，「欠損金の繰戻しによる還付請求書」に所定事項を記

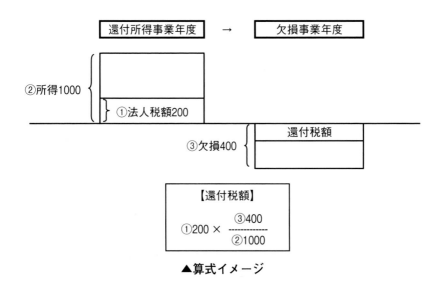

▲算式イメージ

入することにより，還付額を計算することになります。

5 着眼点

　破産手続開始決定を受けた法人については，その法人が直近1〜2回でどんな申告をしているか，別の言い方をすれば，法人税を納めているかどうかというのは，必ずチェックしなければならないところです。

・破産法人が連続して青色申告書を提出しており，

・近々の申告済事業年後においては法人税額を納めていて，

・破産手続開始日の属する事業年度またはその直近の事業年度は赤字になっている

というようなケースですと，この「繰戻還付」の適用の可能性が高くなります。

　その際は詳細をチェックし，その結果繰戻還付の適用があることが判明したら速やかに手続を行ってください。

　特に破産手続開始決定日の属する事業年度が欠損事業年度に該当する場合で，その事業年度の申告がまだならば，速やかに期限内申告を行わなければなりません。

破産申立代理人の視点：欠損金の繰戻還付

　欠損金の繰戻還付の適用の可否を検討する場というのは，破産開始後もそうですが，破産申立時・申立前においてもかなり重要です。

　黒字経営であるところが突然経営が行き詰まるようなケースですと，繰戻還付の適用を受ける余地が大きいというところです。

　ここで「各期における青色申告を期限内に行っていることが必要」というところが満たされておらず，結果として還付を断念するというケースをいくつか見てきました。

　期限内に連続して青色申告を行うという要件を満たすためには，破産管財人の動きだけでは遅いことも大きいところです。該当するようなケースでの破産申立の際には，破産前でも従前の関与税理士にこの点の検討を行うように指摘する，もしくは，破産後に管財人に引き継ぐ事項として忘れないようにする。そのような視点も大切なところになると思います。

Q10　欠損金の繰戻還付

欠損金の繰戻しによる還付請求書

	※ 整理番号	01234567
	※連結グループ整理番号	

税務署受付印

平成　　年　　月　　日

北　税務署長殿

（フリガナ）	カブシキガイシャ　エービーシー
法 人 名 等	株式会社 ＡＢＣ
納　税　地	〒 500 － 0000　大阪市北区○○○１－２－３　電話（06 ）1234 －5678
（フリガナ）	ホウジン　タロウ
代 表 者 氏 名	法人 太郎　　　　　㊞
代 表 者 住 所	〒　－
事 業 種 目	卸売小売　　　　　　　　　業

法人税法第80条の規定に基づき下記のとおり欠損金の繰戻しによる法人税額の還付を請求します。

記

欠損事業年度	自平成 24 年 1 月 1 日　至平成 24 年 8 月 15 日		還付所得事業年度	自平成 23 年 1 月 1 日　至平成 23 年 12 月 31 日	
区　　　　　　分			請 求 金 額	※ 金　　額	
欠損事業年度の欠損金額	欠　　損　　金　　額	1	4,000,000		
	同上のうち還付所得事業年度に繰り戻す欠損金額	2	4,000,000		
還付所得事業年度の所得金額	所　　得　　金　　額	3	10,000,000		
	既に欠損金の繰戻しを行った金額	4			
	差 引 所 得 金 額 （3－4）	5	10,000,000		
還付所得事業年度の法人税額	納 付 の 確 定 し た 法 人 税 額	6	2,000,000		
	仮装経理に基づく過大申告の更正に伴う控除法人税額	7			
	控　　　除　　　税　　　額	8			
	使 途 秘 匿 金 額 に 対 す る 税 額	9			
	課税土地譲渡利益金額に対する税額	10			
	リ ー ス 特 別 控 除 取 戻 税 額	11			
	法 人 税 額 （6＋7＋8－9－10－11）	12	2,000,000		
	既に欠損金の繰戻しにより還付を受けた法人税額	13			
	差 引 法 人 税 額 （12－13）	14	2,000,000		
還　付　金　額　（14 × 2 ／ 5）		15	800,000		
請 求 期 限	平成 25 年 8 月 15 日		確定申告書提出年月日	平成 24 年 10 月 10 日	
還付を受けようとする金融機関等	1 銀行等の預金口座に振込みを希望する場合　銀行・金庫・組合　○○○　漁協・農協 △△△　本店・支店　出張所　本所・支局　普通 預金 口座番号 12345678			2 ゆうちょ銀行の貯金口座に振込みを希望する場合　貯金口座の記号番号　　　－　3 郵便局等の窓口での受け取りを希望する場合　郵便局名等	

(1) この請求書が次の場合に該当するときは、次の事項を記載した書類を別に作成して添付してください。
　イ　期限後提出の場合、確定申告書をその提出期限までに提出することができなかった事情の詳細
　ロ　法人税法第80条第4項の規定に基づくものである場合には、解散、事業の全部の譲渡等の事実発生年月日及びその事実の詳細
(2) 既に請求した還付金額が、その請求の基礎となった欠損金額が過大であること等によって減少するために修正申告書を提出する場合には、次の事項を記入してください。
　イ　当初請求に係る還付金額　　　　　　　　　円
　ロ　当初請求書提出年月日　　平成　　年　　月　　日
　ハ　修正申告書提出年月日　　平成　　年　　月　　日

税 理 士 署 名 押 印	㊞

※税務署処理欄	部門	決算期	業種番号	整理簿	備考	通信日付印 年 月 日	確認印

（法 1342）

▲記載例：欠損金の繰戻による還付請求書

第 3 章　破産管財の税務にまつわる Q&A

【コラム】破産法人の欠損金の繰戻還付

　破産法人の場合には資本金の多寡に関係なく，欠損金の繰戻還付の規定の適用を受けることができることになります。

　間違いやすいのですが，一般の法人では現在，欠損金の繰戻還付については「資本金 1 億円超の会社は適用なし」という規定になっています。この規定は租税特別措置法66条の13に拠るものなのですが，ここでは現在，

・原則は適用なし。（時限立法で適用停止となっている）

・例外的に「資本金 1 億円以下の法人」「公益法人等」「人格のない社団等」は適用あり。

と定められています。

　しかしながら同条の原則の但書として「清算中に終了する事業年度」「法人税法80条 4 項に規定する場合の事業年度」に生じた欠損金額については適用あり，と定めているので，結論としては，破産法人の場合には資本金の多寡に関係なく，同規定の適用を受けることができることになります。

146

Q11 更正の請求（国税通則法・仮装経理）

Q11 更正の請求（国税通則法・仮装経理）

　「更正の請求」をすると税金が戻ってくる云々という話を聞いたのですが，どういう規定なのでしょうか？　また，その方法はどうなっていますか？

Answer ···

　更正の請求とは，「いったん確定させた税額が間違っていたから，訂正してください。そして多く納めすぎていた税金を返してください」と請求する手続です。納税者側から税務署への手続です。

　更正の請求には大きく分けて2種類があり，

(1)　一般の更正の請求（国税通則法の規定）

(2)　仮装経理による更正の請求（法人税法の規定）

　が挙げられます。

1　一般の更正の請求

（国税通則法23条）要旨
　納税申告書を提出した者は，次のいずれかに該当する場合には，当該申告書に係る国税の法定申告期限から5年以内に限り，税務署長に対し，その申告に係る課税標準等又は税額等につき更正をすべき旨の請求をすることができる。
一　当該申告書に記載した課税標準等若しくは税額等の計算が国税に関する法律の規定に従っていなかったこと又は当該計算に誤りがあったことにより，当該申告書の提出により納付すべき税額が過大であるとき。
二　前号に規定する理由により，当該申告書に記載した純損失等の金額が過少であるとき，又は当該申告書に純損失等の金額の記載がなかったとき。
三　第1号に規定する理由により，当該申告書に記載した還付金の額に相当する税額が過少であるとき，又は当該申告書に還付金の額に相当する税額の記載がなかったとき。

147

第３章　破産管財の税務にまつわるＱ&Ａ

> ２（略）
> ３　更正の請求をしようとする者は，その請求に係る更正前の課税標準等
> 　又は税額等，当該更正後の課税標準等又は税額等，その更正の請求をす
> 　る理由，当該請求をするに至つた事情の詳細その他参考となるべき事項
> 　を記載した更正請求書を税務署長に提出しなければならない。

　同条の要旨は，税法の解釈や計算について誤りがあるために，納税者が
過大な申告・納税を行っているときは，法定申告期限から５年以内に限り，
納税者側から「更正の請求」をすることができる，ということです。

　同条１号に規定する「課税標準等若しくは税額等の計算が国税に関する
法律の規定に従っていなかったこと又は当該計算に誤りがあったこと」と
いう部分については解釈の論点はありますが，ここでは単純に「計算ミ
ス・集計ミスの類で税額の計算結果に相違があった」というふうに解釈し
ていただければOKです。

　なお，この更生の請求書には，正しい計算の根拠になる資料等の添付や
提示が求められます。

　更正の請求書の実際の様式については次頁以下のとおりです。

【コラム】更正の請求の請求期限

　国税通則法における更正の請求の請求期限は，従来，法定申告期限から
１年以内だったのですが，平成23年の税制改正により５年以内に延長さ
れました。
　同改正ではこの５年の適用を受けることができる申告として，平成23
年12月２日以後に法定申告期限が到来するものと定めていますが，既に
それ以前に申告期限を迎えているものについても，更正の「申出書」を提
出することにより，減額更正を申し出ることができます。
（参考：国税庁ウェブサイト）
ホーム＞調達・その他の情報＞お知らせ＞更正の請求期間の延長等につい
て（平成23年12月）

148

Q11　更正の請求（国税通則法・仮装経理）

更 正 の 請 求 書
（ 単 体 申 告 用 ）

※ 整 理 番 号　01234567

税務署受付印

平成　年　月　日

北　税務署長殿

（フリガナ）	カブシキガイシャ　エービーシー
法 人 名 等	株式会社 Ａ Ｂ Ｃ
納　税　地	〒 500 - 0000 大阪市北区○○○ 1 - 2 - 3 電話（06　　）1234 - 5678
（フリガナ）	ホウジン タロウ
代表者氏名	法人 太郎　　　　　　　　　㊞
代表者住所	〒　－
事 業 種 目	卸売小売　　　　　　　　　　業

国 税 通 則 法 第 23 条
法 人 税 法 第 80 条 の 2　の規定に基づき、自 平成 **24** 年 **1** 月 **1** 日　事業年度の確定申告に係る課税標準等に
租税特別措置法第66条の4　　　　　　　　　至 平成 **24** 年 **12** 月 **31** 日
ついて下記のとおり更正の請求をします。　　　　　　　　　記

区　　　　　　　　　分					この請求前の金額	更 正 の 請 求 金 額
所得	所 得 金 額 又 は 欠 損 金 額			1	6,000,000　円	4,000,000
	同上の内訳	軽 減 税 率 適 用 所 得 金 額		2	6,000,000	4,000,000
		そ の 他 の 金 額 (1 - 2)		3	0	0
	法 人 税 額			4	1,000,000	800,000
法 人 税 額 の 特 別 控 除 額				5		
差 引 法 人 税 額 (4 - 5)				6	1,000,000	800,000
連結納税の承認を取り消された後等における既に控除された法人税額の特別控除額の加算額				7		
土地譲渡利益金	課 税 土 地 譲 渡 利 益 金 額			8		
	同 上 に 対 す る 税 額			9		
留保金	課 税 留 保 金 額			10		
	同 上 に 対 す る 税 額			11		
使途秘匿金	使 途 秘 匿 金 額			12		
	同 上 に 対 す る 税 額			13		
法 人 税 額 計 (6 + 7 + 9 + 11 + 13)				14	1,000,000	800,000
仮装経理に基づく過大申告の更正に伴う控除法人税額				15		
控 除 額				16		
差 引 所 得 に 対 す る 法 人 税 額 (14 - 15 - 16)				17	1,000,000	800,000
中 間 申 告 分 の 法 人 税 額				18		
差引	納 付 す べ き 法 人 税 額			19	1,000,000	800,000
	還 付 金 額			20		
翌 期 へ 繰 り 越 す 欠 損 金 又 は 災 害 損 失 金				21		

（更正の請求をする理由等）
売上の二重計上によるもの

修 正 申 告 書 提 出 年 月 日	平成　　年　　月　　日	添付書類	
更 正 決 定 通 知 書 受 理 年 月 日	平成　　年　　月　　日		

還付を受けようと する金融機関等	1 銀行等の預金口座に振込みを希望する場合 銀行・金庫・組合 ○○○　　漁協・農協　　△△△ 普通　預金 口座番号 **12345678**	本店・支店 出 張 所 本所・支所	2 ゆうちょ銀行の貯金口座に振込みを希望する場合 貯金口座の記号番号 3 郵便局等の窓口での受け取りを希望する場合 郵便局名等

税 理 士 署 名 押 印	㊞

※税務署 処理欄	部門	決算期	業種番号	整理簿	備考	通信日付印 年 月 日	確認印

（法　1101）

▲様式１：更正の請求書（法人税）

第3章　破産管財の税務にまつわるQ&A

消費税及び地方消費税の更正の請求書

| | | ※ 整理番号 | 01234567 |

税務署受付印　平成　年　月　日

納税地	〒 500 - 0000 大阪市北区○○○1 - 2 - 3　電話（06　）1234 - 5678
（フリガナ）	カブシキガイシャ　エービーシー
法人名等	株式会社 A B C
（フリガナ）	ホウジン　タロウ
代表者名	法人 太郎　　　　　印

北 税務署長殿

国税通則法第23条 及び 地方税法附則第9条の4 の規定に基づき 消費税法第56条

自 平成 24 年 1 月 1 日　課税期間の
至 平成 24 年 12 月 31 日

平成 25 年 2 月 25 日付 申告 更正・決定 に係る課税標準等又は税額等について下記のとおり更正の請求をします。

記

	区　　　　　　分		この請求前の金額	更正の請求金額
消費税の税額の計算	課　税　標　準　額 ①		128,000,000	98,000,000
	消　費　税　額 ②		5,120,000	3,920,000
	控 除 過 大 調 整 税 額 ③			
	控除税額	控 除 対 象 仕 入 税 額 ④	2,470,000	2,470,000
		返 還 等 対 価 に 係 る 税 額 ⑤		
		貸 倒 れ に 係 る 税 額 ⑥		
		控 除 税 額 小 計 (④+⑤+⑥) ⑦	2,470,000	2,470,000
	控 除 不 足 還 付 税 額 (⑦-②-③) ⑧			
	差 引 税 額 (②+③-⑦) ⑨		2,650,000	1,450,000
	中 間 納 付 税 額 (⑨-⑩) ⑩		246,900	246,900
	納 付 税 額 (⑨-⑩) ⑪		2,403,100	1,203,100
	中 間 納 付 還 付 税 額 (⑩-⑨) ⑫			
地方消費税の税額の計算	地方消費税の課税標準となる消費税額	控 除 不 足 還 付 税 額 ⑬		
		差 引 税 額 ⑭	2,650,000	1,450,000
	譲渡割額	還 付 額 (⑬×25%) ⑮		
		納 税 額 (⑭×25%) ⑯	662,500	362,500
	中 間 納 付 譲 渡 割 額 ⑰		61,700	61,700
	納 付 譲 渡 割 額 (⑯-⑰) ⑱		600,800	300,800
	中 間 納 付 還 付 譲 渡 割 額 (⑰-⑯) ⑲			

（更正の請求をする理由等）

架空売上高の計上が判明したため

| 修正申告書提出年月日 | 平成　年　月　日 | 添付書類 | 総勘定元帳該当部分 |
| 更正決定通知書受理年月日 | 平成　年　月　日 | | |

| 還付を受けようとする金融機関等 | 1 銀行等の預金口座に振込みを希望する場合 ○○○ 銀行・金庫・組合 △△△ 漁協・農協 普通 預金 口座番号 12345678 | 本店・支店 出張所 本所・支所 | 2 ゆうちょ銀行の貯金口座に振込みを希望する場合 貯金口座の記号番号 3 郵便局等の窓口での受け取りを希望する場合 郵便局名等 |

| 税理士署名押印 | | 印 |

| ※税務署処理欄 | 部門 | 決算期 | 業種番号 | 整理簿 | 備考 | 通信日付印 年 月 日 | 確認印 |

▲様式2：更正の請求書（消費税）

150

2　仮装経理による更正の請求

　仮装経理を行ったため税額を納めすぎていた場合については，過大申告の分（＝税金を納めすぎた状態になっている分）について法人税をマイナスさせることができるのですが，ここで法人税法においては，国税通則法とはちょっと趣が異なる，別の手当が施されています。

(1)　規定内容

　税務申告の結果の納税額に誤りがあったときには，税務署側の本来の動きとしては，それを是正させなければなりません。それは納める税金が多すぎようが少なすぎようが同じことです。

　ということは税額を多く納めていた場合には，本来的には税務署側は速やかに過大分を還付すべきなのですが，仮装経理の場合には次のように定められています。法人税法129条です。

（法人税法129条）

　内国法人の提出した確定申告書に記載された各事業年度の所得の金額が当該事業年度の課税標準とされるべき所得の金額の金額を超えている場合において，その超える金額のうちに事実を仮装して経理したところに基づくものがあるときは，税務署長は，当該事業年度の所得に対する法人税につき，当該事実を仮装して経理した内国法人が当該事業年度後の各事業年度において当該事実に係る修正の経理をし，かつ，当該修正の経理をした事業年度の確定申告書を提出するまでの間は，更正をしないことができる。

　仮装経理による過大納付分については，税務署側から直ちに還付するのではなく，法人側からその仮装経理分について修正の経理をし，その結果を踏まえての税務申告を行うまでは，税務署側としては更正も何もしなくても（＝還付しなくても）よいという規定です。

　ここで「では修正の経理を行いました。税務申告を行いました。さあ還付してください」となったときには，次の規定があります。

第3章　破産管財の税務にまつわる Q&A

> （法人税法70条）
>
> 　内国法人の各事業年度開始の日前に開始した事業年度の所得に対する法人税につき税務署長が更正をした場合において，当該更正につき第135条第1項の規定の適用があつたときは，当該更正に係る同項に規定する仮装経理法人税額（既に同条第2項，第3項又は第7項の規定により還付されるべきこととなつた金額及びこの条の規定により控除された金額を除く）は，当該各事業年度の所得に対する法人税の額から控除する。

　この規定は，仮装経理があった場合の更正の請求については，上記の納めすぎた税額については，（通常の更正の請求とは異なり）直ちに還付されず，「この先に開始する各事業年度の法人税の額から順次控除される」というものです。

　つまり，「仮装経理していました」という修正をし，その修正をした事業年度の確定申告書を提出した結果については，税務署長が更正を行うことになるのですが，更正をしたからといってすぐには還付しない，という意味合いの規定です。

　仮装経理をしたのは法人側が勝手に行ったことですから，それを正したからといって直ちに還付するというのはどうだろうという観点から，また，やたらと税額を還付させると国家の税収に影響を及ぼす可能性があるだの無いだのという観点から，過大に納めている税額はすぐには還付せず「今後発生するであろう法人税額から控除（相殺）していく」という趣旨です。

(2)　破産法人の特例

　とはいえ破産法人の場合は通常の事業を営みませんので，今後の法人税の額は通常生じないと考えるのが一般的です。

　したがって「破産後の法人税発生の余地はまずないので，控除されていない残額については直ちに還付する」という扱いをとっています。これが法人税法135条1項・3項です。

152

Q11　更正の請求（国税通則法・仮装経理）

（法人税法135条）

　内国法人の提出した確定申告書に記載された各事業年度の所得の金額が当該事業年度の課税標準とされるべき所得の金額を超え，かつ，その超える金額のうちに事実を仮装して経理したところに基づくものがある場合において，税務署長が当該事業年度の所得に対する法人税につき更正をしたときは，当該事業年度の所得に対する法人税として納付された金額で政令で定めるもののうち当該更正により減少する部分の金額でその仮装して経理した金額に係るもの（以下この条において「仮装経理法人税額」という）は，次項，第3項又は第7項の規定の適用がある場合のこれらの規定による還付金の額を除き，還付しない。

2　前項に規定する場合において，同項の内国法人の前項の更正の日の属する事業年度開始の日前1年以内に開始する各事業年度の所得に対するで当該更正の日の前日において確定しているもの（以下この項において「確定法人税額」という）があるときは，税務署長は，その内国法人に対し，当該更正に係る仮装経理法人税額のうち当該確定法人税額（既にこの項の規定により還付をすべき金額の計算の基礎となつたものを除く）に達するまでの金額を還付する。

3　第1項の規定の適用があつた内国法人について，同項の更正の日の属する事業年度開始の日から5年を経過する日の属する事業年度の申告書の提出期限（当該適用法人につき次の各号に掲げる事実が生じたときは，当該各号に定める提出期限）が到来した場合には，税務署長は，当該適用法人に対し，当該更正に係る仮装経理法人税額を還付する。

　一　残余財産が確定したこと　その残余財産の確定の日の属する事業年度の申告書の提出期限

　二　（略）

　三　破産手続開始の決定による解散をしたこと　その破産手続開始の決定の日の属する事業年度の申告書の提出期限

　四〜七　（略）

（中略）

7　税務署長は，前項の還付請求書の提出があつた場合には，その請求に係る事実その他必要な事項について調査し，その調査したところにより，その請求をした適用法人に対し，仮装経理法人税額を還付し，又は請求の理由がない旨を書面により通知する。

　ややこしい記し方になっていますが，ここでは第1項で「仮装経理法

第3章　破産管財の税務にまつわるQ&A

人税額は還付しない」と定めながらも，例外的に第3項で破産の場合には還付する，と規定しています。

第3項はもともと，仮装経理の更正があってから5年後に還付します，すなわち還付までは5年経過する必要がありますよという期限を示す内容なのですが，例外的に破産の場合には破産後の申告書が提出されたらそこで期限到来とされているわけです。

したがって，破産法人がこの規定の適用を受け，税務署から減額更正がされる場合には，直ちに税額が還付されることとなります。

(3)　仮装経理とは？

この規定の適用となるのは「仮装経理による過大申告がされている場合」なのですが，そもそもここでいう仮装経理とはどのような内容を指すのでしょうか。

これは「事実を仮装して行った経理」のことをいい，具体的には

・架空売上の計上
・原価・費用の過少計上（仕入除外など）
・在庫の水増し

のことを指しています。

仮装経理とは，通常は「粉飾決算」と同じ意味合いで取られることが多いのですが，粉飾決算でよくある

・減価償却をわざと行わない
・貸倒処理をわざと行わない
・資産の評価損を計上しない

というのは，仮装経理には該当しません。この点は注意が必要です。

ですから例えば「この会社は黒字だけど，減価償却をわざと行っていなかった。ここで本来計上できる減価償却費を計上したら，会社として赤字になる。だから今回，減価償却費を計上して，会社を赤字にして，

154

納める法人税額をゼロとして計算して，更正の請求を受けよう！」
というスキームはNGということになります。

　破産法人がその破産前に粉飾決済をしていることはよくあるので，該
当しそうな場合はこの規定の適用が受けられるかどうか，確認してみる
ことは必須です。

⑷　作成する申告書・書類

　①　まずは通常の更正の請求書（前述1参照）を作成します。

　その際の更正の請求理由として「売上の架空計上」「仕入の除外」と
いう旨を記すことになります。

　仮装経理の根拠を示す書類のような，正しい計算の根拠になる資料等
の添付や提示が求められるのは1と同様です。

　②　①を提出しますと，順調に手続きが進めば税務署から減額更正が
されることになるのですが，それでも減額更正された税額は前述⑴にあ
るように直ちには還付されません。

　③　そこで前述⑵の適用を受けるための書類を提出します。これが
「仮装経理に基づく過大申告の場合の更正に伴う法人税額の還付請求書」
（様式3）です。

　破産手続開始決定となったため（還付期限が到来したとして）減額更正
された税額のうち未還付分の還付を受けようとする請求書です。

　実務上は，③の還付請求書は，①の更正の請求書と同時に提出してし
まってかまわないでしょう。

3　税務調査の準備は必須

　更正の請求においては，税務調査の可能性が高くなりますので，根拠書
類の準備は入念に行うことが必要です。

　場合によっては，更生の請求書に，差し支えない範囲で根拠事項の裏付
けとなる書類の写しを添付してしまう，という方法も効果的です。

155

第3章　破産管財の税務にまつわるQ&A

仮装経理に基づく過大申告の場合の更正に
伴う法人税額の還付請求書

※整理番号	
※親グループ整理番号	

税務署受付印

平成　年　月　日

北　税務署長殿

提出法人	（フリガナ）	カブシキガイシャ　エービーシー
□□ 単体法人 連結親法人	法人名等	株式会社ＡＢＣ
	納税地	〒 大阪市北区○○○１－２－３ 電話（06）1234 － 5678
	（フリガナ）	ホウジン　タロウ
	代表者氏名	法人　太郎　　　　㊞
	代表者住所	〒

連結子法人（届出の対象が連結子法人である場合に限り記載）	（フリガナ）			※税務署処理欄	整理番号	
	法人名等				部　門	
	本店又は主たる事務所の所在地	〒 （　　局　　署） 電話（　）　－			決算期	
					業種番号	
	（フリガナ）				整理簿	
	代表者氏名				回付先	□ 親署 ⇒ 子署 □ 子署 ⇒ 調査
	代表者住所	〒				

法人税法第135条第4項の規定に基づき、下記のとおり仮装経理法人税額の還付を請求します。

記

仮装経理に基づく過大申告の更正の対象事業年度	自 平成 24 年 1 月 1 日 至 平成 24 年 12 月 31 日
仮装経理に基づく過大申告の更正に伴う減少税額	200,000

還付を受けようとする仮装経理法人税額の計算	区　　分		請　求　金　額	※　金　　額
	仮装経理に基づく過大申告の更正に伴う減少税額	1	200,000	
	還付法人税額	2		
	繰越控除された法人税額	3		
	仮装経理法人税額（1－2－3）	4	200,000	

法人税法第135条第4項に規定する事実の生じた日	平成 25 年 8 月 15 日

（生じた事実の詳細）

上記の日において破産手続開始の決定により解散

（その他参考となるべき事項）

還付を受けようとする金融機関等	1　銀行等の預金口座に振込みを希望する場合 銀行　　　　　　　本店・支店 金庫・組合　　　　出張所 漁協・農協　　　　本所・支所 預金 口座番号	2　ゆうちょ銀行の貯金口座に振込みを希望する場合 貯金口座の記号番号 3　郵便局等の窓口での受け取りを希望する場合 郵便局名等

税理士署名押印		㊞

※税務署処理欄	部門	決算期	業種番号	整理簿	備考	通信日付印	年 月 日	確認印

（規格A4）

24. 06 改正

▲様式３：仮装経理による更正の請求に伴う法人税の還付請求書

Q12 中間納付額・予定納付額の還付

　中間納付額とか予定納税額というものは還付されやすいという話を聞きました。これはすべての破産法人に存在するものなのでしょうか？

Answer

1　内　容

　法人税や消費税や住民税については，確定申告の他に「中間申告」「予定申告」という規定があります。これは事業年後の途中（中間）に，一定の税額を先に納めさせるという制度です（Q15参照）。

　「中間申告」は法人税・消費税における呼び方で，「予定申告」は地方税における呼び方です。またこれらに伴い納付する金額を「中間納付額」「予定納付額」といいます。

　ややこしいですが，要はいずれも「期間途中での仮納付」のことです。

　そもそも何故こんな制度があるかという話ですが，一定規模の年間税額が見込まれる場合には，

・年の中途（例えば，半年経過時点）で

・概算の税額（例えば，前年の年税額の半分）を先に納めさせ

・税金の取りっぱぐれリスクを少しでも抑えよう

ということによるものです。

　その後，各事業年度末の確定申告の際は改めて年税額を計算するのですが，その計算された年税額から中間・予定として納付された金額を控除します。この控除された後の金額が「確定申告による納付額」となります。

　この中間・予定納付額はどのように決められるかというと，通常，前年の年税額を基に計算されます。この金額は先述したように，本年度においてはあくまで概算です。

157

第 3 章　破産管財の税務にまつわる Q&A

したがって例えば，

・中間・予定納付額がある会社について

・その事業年度終了時に計算したら，年間の収支が大幅な赤字で

・確定申告によりその年に納めるべき年税額がゼロとなった

というような場合には，中間・予定納税額が全額還付されることになります。

　破産法人はこのようなケースにあてはまることが多く，還付となる可能性が高いということになるわけです。

(1)　**前　提**

　　解散事業年度において，既に法人税や消費税や住民税について，中間納付額・予定納付額を納付していること。

(2)　**条　件**

　　解散事業年度について確定申告の計算をした結果，上記納税額が，その計算額を超えることとなった。

　　その内容の旨で確定申告書を提出した。

(3)　**還付額**

　　その超える金額。

（具体例）

・12月決算法人（事業年度は 1 月 1 日〜12月31日）

・平成24年10月15日破産開始決定

・平成23年 1 月 1 日〜平成23年12月31日の事業年度において年税額が100万円ある。

　この場合に，

①　平成24年 1 月 1 日〜平成24年 6 月30日の期間を対象とし，100万円×1/2＝50万円を納付している。納期限は平成24年 8 月31日。

②　平成24年10月15日に破産開始決定

③　平成24年 1 月 1 日〜平成24年10月15日の期間で確定申告を行う。

　この際の税額が10万円となった。

④　③の10万円−①の50万円＝▲40万円となる。

　（→40万円還付される）

158

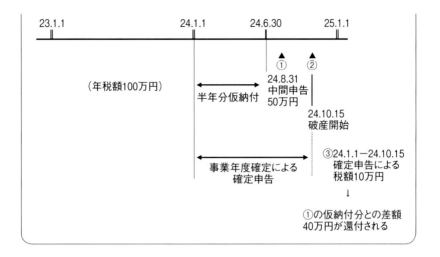

2 注意点

(1) **確定申告書の提出**

還付のためには，確定申告書を提出することが必要です。

黙っていても勝手に還付されるわけではなく，自らで計算し，「こうなったからこの分を返してください」という意思表示をしなければなりません。

具体的には，法人税の別表一の「14」欄に中間申告額を記載します。その結果還付される中間納付額がある場合には同別表の「17」欄にその還付される金額を記入します。

併せて，別表五(二)にも法人税の中間納付額について記載しなければなりません。同別表の「3」の箇所が記載する箇所です。

(2) **中間・予定納付額の有無**

そもそも中間・予定納付額がないと還付されません。

中間・予定納税額というのは，事業年度が開始して半年経過後に納めているのが通常です。

したがって，破産法人が事業年度開始早々に破産申立となった場合には，まだ中間申告のタイミングは経ていませんので，納めている金額が存在せず，その場合にはどんなに頑張ってもこの適用はありません。

第３章　破産管財の税務にまつわるQ&A

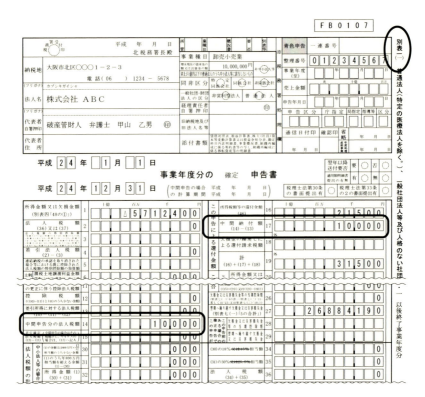

▲記載例１：別表一

▲記載例２：別表五(二)

160

Q13 利子・配当の源泉所得税の還付

Q13 利子・配当の源泉所得税の還付

　破産法人の預金口座に利息がついていたり，法人が配当を受けていたりしたら，その分の源泉所得税分が還ってくるという話を聞きました。それはどういうことですか？

Answer ....

1　概　要

　破産法人が有する有価証券や預金について，配当・利息があった場合に，これらについて源泉所得税が控除されているときがあります。

　所得税も法人税も同じ国税であるというところから，利子および配当等について課される源泉所得税の額は，法人税の前払的性格を有するとして，法人が納付する法人税額から控除することができるとされています。これを「所得税額控除」といいます。

　法人税の確定申告をすると，これらの源泉所得税が還付されることがあり，これが利子配当に関する源泉所得税の還付です。

　源泉所得税がされている利子・配当等には，次のものが挙げられますので，破産法人が該当する資産を所有しているかどうかを確認し，適用の有無を検討します。

・預貯金の利子
・内国法人株式の配当
・信用組合や信用金庫の出資金に対する配当
・信託の分配金
・公社債の利子
・割引債に係る償還差益

　利子や配当に関する源泉というのは，国税部分と地方税部分があり，元本となるものの種類に応じ，国税と地方税が両方課せられているもの，国

161

第3章　破産管財の税務にまつわる Q&A

税のみが課せられているもの，があります。

　また，利子や配当に関する源泉所得税の税率について，昨今は税率の変更が多く生じております。その原因としては，復興税が新たにかかることによるものや，租税特別措置法の期限切れによるものです。

　これらの理由により，内訳を確認する際に間違いやすくなっておりますのでご注意下さい。

　通常は支払者から明細（配当計算書等）が送付され，支払額や源泉所得税の額が記載されていますので，併せて確認することになります。

2　源泉所得税額の例

⑴　内国法人からの配当に関する源泉所得税

①　配当の支払元となる内国法人が，上場会社かそうでないかにより，内訳が異なります。考え方としてはまず，

　　ア）上場株式の場合　　：20％（内訳は国税15％＋地方税5％）

　　イ）非上場株式の場合：20％（国税20％）

とご理解ください。

②　その上で平成25年1月1日以降は，国税部分について，震災に伴う復興税が加算されています。これは平成49年12月31日までの長い特例措置ですが，復興税は本税部分の2.1％です。

　　したがって国税としてのトータルは，

　　15％のところは15％×（1＋0.021）＝15.315％

　　20％のところは20％×（1＋0.021）＝20.42％

となっています。

③　また，平成25年12月31日まで減税特例がありました。上場株式についてだけは，①ア）にある20％のところが10％（国税7％，地方税3％）とされておりました。

　　以上をまとめますと，図表1のとおりです。

Q13 利子・配当の源泉所得税の還付

ケース				1	2	3	4
対象期間				H24.12.31まで	H25.1.1から H25.12.31まで	H26.1.1から H49.12.31まで	H50.1.1から
上場 株式	国税	所得税	①	7.000%	7.000%	15.000%	15.000%
		復興所得税	②	−	0.147%	0.315%	−
	地方税	住民税	③	3.000%	3.000%	5.000%	5.000%
	合計(=①+②+③)		④	10.000%	10.147%	20.315%	20.000%
非上場 株式	国税	所得税	⑤	20.000%	20.000%	20.000%	20.000%
		復興所得税	⑥	−	0.420%	0.420%	−
	地方税	住民税	⑦	−	−	−	−
	合計(=⑤+⑥+⑦)		⑧	20.000%	20.420%	20.420%	20.000%

▲図表1：内国法人からの配当に関する源泉所得税

⑵ **預金利息や公社債利息に関する源泉所得税**

① これについては，国税15％となっています。

② その上で，平成25年1月1日以降（平成49年12月31日まで）は，復興所得税が加算されていることにより，国税部分が15％→15.315％となっています。

③ また，平成27年12月31日までは，これら①②の国税とは別に，地方税5％も控除されていました。

まとめますと，図表2のようになります。

ケース				1	2	3	4
対象期間				H24.12.31まで	H25.1.1から H27.12.31まで	H28.1.1から H49.12.31まで	H50.1.1から
預金・ 公社債 利息	国税	所得税	①	15.000%	15.000%	15.000%	15.000%
		復興所得税	②	−	0.315%	0.315%	−
	地方税	住民税	③	5.000%	5.000%	−	−
	合計(=①+②+③)		④	20.000%	20.315%	15.315%	15.000%

▲図表2：預金利息や公社債利息に関する源泉所得税

第3章　破産管財の税務にまつわる Q&A

(3)　具体的な源泉額の計算方法

①　まずは支払通知書を確認する

　(1)(2)にありますように，利子や配当の元になっているものが何か，また，いつの時期に受けるものかにより，源泉の額が変わります。したがって，年により，利子や配当の税引前金額が変わらなくても，源泉されている金額が変わり，その結果手取額が異なっていることがありますのでご注意下さい。

　実際の源泉額の計算におきましては，1で記しましたように，支払者から交付される明細（配当計算書等）により判断することが確実です。したがってまずはその明細を手配するようにしてください。

②　逆算による計算

　①に記したような配当計算書等が見当たらないときには，通帳に記載されている手取額から，自力で計算することになります。その際の方法は以下のとおりです。

　例えば，最も単純な例として，

　　・破産法人が非上場株式を保有
　　・その株式について平成24年に配当があり
　　・手取りが8,000円

であれば，その場合は，所得税20％が源泉されたあとの手取額が8,000円なので，源泉前の配当額としては10,000円です。

源泉の計算としては，

　　・配当10,000円×20％（国税）＝2,000円（源泉）
　　・配当10,000円－2,000円（源泉）＝8,000円（手取）

となります。

　つまり，源泉税率20％の場合ですと，

・配当額×（1－0.2）＝手取額

となりますので，手取額から逆算すれば，

・手取額÷（1－0.2）＝配当額

となります。
　以上から，このような例では

・手取額÷0.8＝配当額
・配当額×15％＝国税
・配当額×5％＝地方税

という流れで計算していきます。
　まとめますと，以下の流れで計算することになります。

1）手取額÷（1－源泉税率（注））＝支払額
2）支払額×所得税率＝所得税額
3）支払額×復興所得税率＝復興所得税額
4）支払額×住民税率＝住民税額
（注）　利子・配当支払時のトータルの源泉税率。年月により変わる。

　ここでややこしいのは，1）の（注）にあるトータルの源泉税率が，種類や年によって10％，10.147％，20％，20.315％，20.42％と違うことにあります。更に，端数処理の関係などにより単純計算が難しいケースが想定されます。
　したがって具体的な源泉所得税額の計算につきましては，配当計算書や利息計算書からの確認が望ましいところです。

165

第 3 章　破産管財の税務にまつわる Q&A

　　上記の計算については，手取額を入力すれば自動計算してくれるウェブサイトも存在しますので，活用してみてください。「利息　計算　源泉」などをキーワードに検索すれば，いくつかヒットします。

3　規定内容

(1)　税額控除

（法人税法68条）要旨
　内国法人が各事業年度において一定の利子及び配当等の支払を受ける場合には，これらにつき課される所得税の額は，政令で定めるところにより，当該事業年度の所得に対する法人税の額から控除する。
（中略）
3　第一項の規定は，確定申告書，修正申告書又は更正請求書に同項の規定による控除を受けるべき金額及びその計算に関する明細を記載した書類の添付がある場合に限り，適用する。
　　この場合において，同項の規定による控除をされるべき金額は，当該金額として記載された金額を限度とする。

　　この規定は例えば，

---

①　納付する法人税の額：30,000円
②　既に源泉徴収された所得税の額：8,800円
　とした場合，
③　納付する法人税の額：①－②＝21,200円

というふうに適用されるような状態のことを指します。

(2)　控除不足額の還付

　　上記(1)の例における②が①を超える場合，これを「控除しきれなかった場合」と呼ぶのですが，その超える部分の金額（控除しきれなかった金額：控除不足額と呼びます）が還付の対象となります。これが源泉所得税の還付というものです。

（法人税法74条）

内国法人は，各事業年度終了の日の翌日から2月以内に，税務署長に対し，確定した決算に基づき次に掲げる事項を記載した申告書を提出しなければならない。

一　当該事業年度の課税標準である所得の金額又は欠損金額

二　前号に掲げる所得の金額につき前節（税額の計算）の規定を適用して計算した法人税の額

三　第68条及び第69条の規定による控除をされるべき金額で前号に掲げる法人税の額の計算上控除しきれなかつたものがある場合には，その控除しきれなかつた金額

（法人税法78条）

確定申告書の提出があつた場合において，当該申告書に第74条第1項第3号（所得税額等の控除不足額）に掲げる金額の記載があるときは，税務署長は，当該申告書を提出した内国法人に対し，当該金額に相当する税額を還付する。

破産法人の法人税の申告については，納付する法人税額がゼロと計算されることが多いので，既に源泉徴収された所得税の額がある場合は，その金額が還付されることが多い，ということです。

上記(1)の例を一部使って具体的な数字を挙げますと，

① 納付する法人税の額：0円

② 既に源泉徴収された所得税の額：8,800円

とした場合，

③ ①－②＝▲8,800円……還付される

という状態のことを指します。

この規定の適用を受けるには，法人税の確定申告書を提出する必要があり（法人税法78条），黙っていても勝手に還付されるものではないので注意が必要です。

第3章　破産管財の税務にまつわるQ&A

4　着眼点

(1)　預金利子

　　預金利子の源泉所得税の還付は，管財人としては見落としてはいけないポイントなのですが，バブル期ならともかく，預金利率が低迷している最近は利息の額が少額であるのが通常であり，したがってあまり還付税額が大きくなることはないでしょう。

　　税務申告による財団増殖の要素がこの点しかない状態で，税理士に手間賃を払ってでも手続きすべきかというと，なかなか難しいところです。そのような状態では，財団に余程の多額の預金がある場合にのみ注意すれば十分，と考えていればよいでしょう。

　　なお，破産開始事業年度の申告をするというのが決まっているのであれば，数円でも数十円でもきちんと織り込むべきです。

　　「どうせ大した金額ではないから」などといって，その申告の際にこの分を織り込まないで計算する，ということは問題があると思います。

(2)　公社債の利子

　　破産法人が従前に公社債（国債・地方債・社債）を保有している場合には，金額にもよりますが，結構多めの利息が払われていることがあります。利息の額が多ければ，源泉徴収されている額もそれに伴い多額になっていることになります。

　　破産前の資産処分状況を確認し，直近で現金化や満期になっている社債等があれば，その源泉の処理がどうなっているかはチェックしておいてください。

(3)　配　当

　　配当の源泉所得税については，

・破産法人が内国法人の株を所有しているか否か

・所有しているならば当該内国法人が配当を行っているか否か

を確認した上で適用の有無を判断することになります。

　　①　信用組合や信用金庫の口座があるときはチェック

　　　株式の配当だけではなく，信用組合や信用金庫の出資金に対する配当についても源泉が行われています。破産法人の取引口座に信組や信

168

金が存在する場合には，出資金の有無を検討されることは当然のことかと思いますが，出資配当として授受している金額から源泉所得税相当額が控除されていないか否かもチェックしてみてください。

② 元本保有期間の確認

また，配当の受領がある場合の，その株式の所有期間も確認しておく必要があります。

控除または還付される所得税の額の計算にあたって，元本の所有期間が配当等の計算期間より短い場合には，一定の方法で期間按分をしたところの税額が対象となるように定められているからです。

5 具体的手続

(1) 法人税申告書の別表一と別表六(一)を使用します。

(2) 別表六(一)に，利子配当の区分ごとに計算した収入金額と源泉所得税額を記載します。

公社債の利子や利益の配当等の場合には，元本所有期間も記載することになります。

(3) (2)で計算された控除対象所得税額を，別表一の「42」欄に記載します。その結果還付される所得税額がある場合には同別表の「16」欄にその還付される金額を記入します。

第3章 破産管財の税務にまつわるQ&A

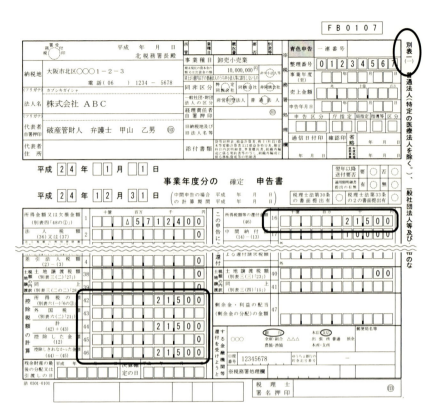

▲記載例1：別表一

Q13 利子・配当の源泉所得税の還付

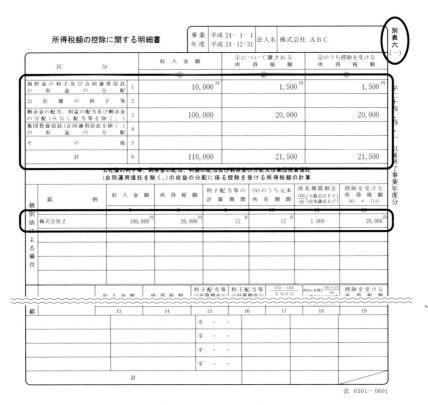

▲記載例２：別表六(一)

第3章 破産管財の税務にまつわる Q&A

Q14 外国税額控除

外国税額控除とはどういうものでしょうか？

Answer

1 概　要

　国外に支店や子会社を所有している場合などに，外国で得た所得に対してその外国での法律に基づき，税金が課される場合があります。

　内国法人は，外国で得た所得についても日本の法人税が課されますので，このままでは国外所得に対して日本と外国で二重課税が行われることになります。このような二重課税を排除しようという制度が外国税額控除と言われるものです。

　具体的な数字例を挙げてみますと，

---

(1)　法人Aの国外支店が，その国外で得た所得が100あった

(2)　その国外所得に20の外国税が現地にて課税された

(3)　法人Aの国内所得は900あり，その結果法人Aの全所得（国内＋国外）は900＋100＝1000である

(4)　その全所得に対して日本の法人税が250と計算された

というような場合に，

(5)　法人Aが実際に納めるべき法人税額は250－20＝230

と計算されることになります。

　ここで，仮に法人Aが国内事業において大赤字を計上し，全所得（国内＋国外）がマイナスとなった場合には，上記プロセスでは，

---

(3)　法人Aの全所得はゼロ

(4)　その全所得に対して日本の法人税はゼロと計算される

　　ことになりますので，従って

(5)　0－20＝▲20（還付）

172

となります。

2 手続・規定

この規定の適用を受けるには，法人税の確定申告書を提出する必要があります。

（法人税法69条：外国税額の控除）要旨

内国法人が各事業年度において外国法人税（外国の法令により課される法人税に相当する税で政令で定めるものをいう）を納付することとなる場合には，当該事業年度の所得の金額につき計算した金額のうち当該事業年度の所得でその源泉が国外にあるものに対応するものとして政令で定めるところにより計算した金額（以下この条において「控除限度額」という）を限度として，その外国法人税の額を当該事業年度の所得に対する法人税の額から控除する。

（法人税法74条：確定申告）

内国法人は，各事業年度終了の日の翌日から2月以内に，税務署長に対し，確定した決算に基づき次に掲げる事項を記載した申告書を提出しなければならない。

（中略）

三　第68条及び第69条の規定による控除をされるべき金額で法人税の額の計算上控除しきれなかつたものがある場合には，その控除しきれなかつた金額

（法人税法78条）

確定申告書の提出があつた場合において，当該申告書に第74条第1項第3号に掲げる金額の記載があるときは，税務署長は，当該申告書を提出した内国法人に対し，当該金額に相当する税額を還付する。

---

3 着眼点

この制度は，破産法人が国外支店や海外子会社を有している際に，適用の余地がないかを検討する事項です。したがって海外活動を行っていない法人であれば気にしなくてもいいでしょう。

173

第3章　破産管財の税務にまつわるQ&A

　また，この規定の適用を受けるには，所定の様式に必要事項を記入する必要があるのですが，この所定の様式というのが結構複雑でして，別表を何種類も作成する必要があったり，かつ計算過程も複雑だったりします。

　資料の収集作業にも手間がかかることが多いので，還付額と手間とのバランスを考え，この制度の適用を受けるかどうかを判断することになります。

Q15 中間申告・予定申告の必要性

　管財業務遂行中ですが，この度税務署から，中間申告の納付書が送付されてきました。法人税と消費税のようです。これは納付しないといけないものなのでしょうか？　できれば払いたくないのですが……。

Answer ....

1　法人税では，破産法人に中間申告義務なし

　破産法人の場合には，その破産手続中の事業年度に対しては，法人税の中間申告及び納付を行う必要はありません。

　ただ，タイミングの問題で，管財人のもとに納付書が届いてしまうケースというのは存在しますので，その場合にはその納付書の内容を確認してください。

　まず，中間申告についての法人税法の規定は次のとおりです。

（法人税法71条：中間申告）要旨

　内国法人である普通法人（清算中のものを除く）は，その事業年度が6月を超える場合には，当該事業年度開始の日以後6月を経過した日から2月以内に，税務署長に対し，一定事項を記載した申告書を提出しなければならない。

　ただし，第1号に掲げる金額が10万円以下である場合又は当該金額がない場合は，当該申告書を提出することを要しない。

一　当該事業年度の前事業年度の確定申告書に記載すべき確定申告に係る法人税額に掲げる金額で一定ものを，当該前事業年度の月数で除し，これに6を乗じて計算した金額

　この規定の意味合いとしては，「前期の6か月分相当の法人税額が10万円を超えたら今期に中間申告の必要があります」というものなのですが，同条の最初にまず「清算中のものを除く」とありますので，破産手続開始決定した後の事業年度については，中間申告及び納付の義務はありません。

175

第3章　破産管財の税務にまつわるQ&A

2　中間申告の納付書が管財人に届くケース

ただし，次のようなケースですと，中間申告の納付書が管財人宛に届くことになります。

（例）
・A法人（決算月は12月）
・平成23年1月1日〜平成23年12月31日の事業年度において，法人税を30万円納付している
・その後，平成24年7月15日に破産手続開始決定

この場合，平成24年1月1日から開始する事業年度について，平成24年6月30日の経過時点で中間申告の義務が発生し，前年の法人税額30万円の半額である15万円を納付しなければなりません。

この納期限は6月末から2か月後である平成24年8月31日です。その分の納付書は，6月末を経過してしばらくすると法人のもとに届きます。

ここで，平成24年7月15日に破産手続開始決定となったとしますと，ちょうど破産手続中のタイミングで納付書が届くわけです。事業年度としては7月15日でいったん区切られることになりますが，この納付書はあくまで，「平成24年1月1日から7月15日までの事業年度のうち，開始日から半年分」ということで課されているものです。

法人税法71条1項1号を読みますと，「前記の確定申告実績に基づいて，中間申告額の計算をしておくれ」という話になっています。

つまり6か月経過時点において，前期の確定申告実績というのは当然確定していますから，納める中間納付額というのは既に確定していることになります。

この規定に基づき，その中間申告時期になりますと税務署から封筒が届きます。その中に申告書兼納付書が入っており，あらかじめ数字が印字されていまして，それを使って税額を窓口で納めてねということになります。

3　届いた納付書の額は払わなければならないか？

ここで，この届いた申告書兼納付書を無視するとどうなるかということ

176

ですが，これについては次の規定があります。

(1) 無視した場合

（法人税法73条：中間申告書の提出がない場合の特例）要旨
　中間申告書を提出すべき内国法人である普通法人が，その中間申告書をその提出期限までに提出しなかった場合には，その普通法人については，その提出期限において，税務署長に対し第71条（前期の実績による中間申告書）に掲げる事項を記載した中間申告書の提出があったものとみなして，この法律の規定を適用する。

　　提出期限までに提出しなかった場合には，前期実績に基づいた中間申告書の提出があったものとみなす！　という，ある意味強引な規定があるわけです。

　　ということで，その分の納税義務が確定してしまい，期限内に払わないと，延滞税などが生じてしまいます。

(2) 仮決算による申告

　　そもそも(1)の「前期実績に基づいた中間申告」という規定は，法人が今期も前期同様の活動をし，同様の損益が生じていることを前提としているものです。

　　そんな中，特別な事情で売上が激減するなどの事態になり，そんなカネ払えませんよというふうになることは多々ありますから，仮に売上が激減したりして資金繰りが悪化しているような法人ですと，前期実績に基づいた中間納付額を勝手に決められるとそれは困りますねえということが起こりえます。

　　このようなケースを想定し，次のような規定もあります。

（法人税法72条：仮決算をした場合の中間申告書の記載事項等）要旨
　内国法人である普通法人が，当該事業年度開始の日以後6月の期間を一事業年度とみなして，当該期間に係る課税標準である所得の金額又は欠損金額を計算した場合には，その普通法人は，第71条第1項各号に掲げる事項に代えて，次に掲げる事項を記載した中間申告書を提出することができる。

ただし，同項ただし書の規定により中間申告書を提出することを要しない場合は，この限りでない。
　　　一　当該所得の金額又は欠損金額
　　　二　当該期間を一事業年度とみなして前号に掲げる所得の金額につき計算される法人税の額
　　　三　前二号に掲げる金額の計算の基礎その他財務省令で定める事項
　２　前項に規定する事項を記載した中間申告書には，同項に規定する期間の末日における貸借対照表，当該期間の損益計算書その他の財務省令で定める書類を添付しなければならない。

　この規定は，事業年度開始から６か月を一事業年度として，通常の確定申告と同じように計算すれば，その結果算出された税額を中間申告による税額としていいですよというものです。

　破産法人の場合ですとこの方法で税額を算定すれば，前期納税実績による中間納税額より少ない額で計算されることが多いので，余計な税負担を確定させたくないというのであれば，この「仮決算による申告」をするというのもひとつの策です。

　ただ，これは普通の決算を組むのと作業的には近いですので，手間がかかります。貸借対照表や損益計算書，科目明細，法人税の申告書一式の作成が必要です。

　なので，そこまで手間をかけてもやるべきかどうかというのは，まぁ何ともいえません。ケースバイケースでしょう。

(3)　**割り切った対応**

　もっと割り切った考え方をするならば，次のような方法も選択肢として想定されます。

　　納付書が届いても無視
　　──▶第73条の規定により税額が確定する。
　　──▶その納付はストップさせておく。
　　──▶そうすると滞納税額の通知は来るが，事情を説明して（破産中でどうしようもない……云々）やり過ごす。

Q15 中間申告・予定申告の必要性

> ──→ その後，確定申告の時期に再計算して，中間納付分を精算する形で滞
> 納税額を確定させる。

　現実的にはこのような手段もあるかとは思いますが，いずれにせよなか
なか難しい判断ではあります。

4　消費税は，破産中でも中間申告が必要

　消費税についての中間申告の規定は以下のとおりなんですが，法人税と
は若干趣が異なります。

> （消費税法42条6項）要旨
> 　事業者（免税事業者を除く）は，その課税期間（個人事業者にあつては
> 事業を開始した日の属する課税期間，法人にあつては6月を超えない課税
> 期間及び新たに設立された法人のうち合併により設立されたもの以外のも
> のの設立の日の属する課税期間を除く）開始の日以後6月の期間（以下
> 「6月中間申告対象期間」という）につき，当該6月中間申告対象期間の
> 末日の翌日から2月以内に，次に掲げる事項を記載した申告書を税務署長
> に提出しなければならない。
> 　ただし，第一号に掲げる金額が24万円以下である場合又は当該6月中
> 間申告対象期間が第1項若しくは第4項の規定による申告書を提出すべき
> これらの規定に規定する1月中間申告対象期間若しくは3月中間申告対象
> 期間を含む期間である場合における当該6月中間申告対象期間については，
> この限りでない。
> 一　当該課税期間の直前の課税期間の確定申告書に記載すべき確定消費税
> 　　額で当該6月中間申告対象期間の末日までに確定したものを当該直前の
> 　　課税期間の月数で除し，これに6を乗じて計算した金額
> 二　前号に掲げる金額の計算の基礎その他財務省令で定める事項

　ここでのポイントは，法人税のような「清算中の課税期間を除く」のよ
うな文言が存在しないことです。つまり，清算中であっても，課税事業者
である限りは，消費税の中間申告は必要になります。

　前期納税実績により中間の税額が確定するところは，法人税と同じです。
また，それを無視するとどうなるかとか（消費税法44条），仮決算による中

179

第 3 章 破産管財の税務にまつわる Q&A

間申告を行うことが出来るということも（消費税法43条）法人税と同様です。

5 道府県民税・事業税・市町村民税の予定申告

地方税である道府県民税（都税も同じ）・事業税・市町村民税についても，予定申告（中間の申告のことを指します）及び納付義務があります。

法人税で中間申告義務がある場合には，これらの地方税でも予定申告をする必要があると理解してください。

対応策としては法人税のところと同様です。

Q16 消費税のみの申告の可否

破産法人の大半は赤字決算なので，法人税は計算してもどうせゼロ。だったら，法人税の申告は無視して，消費税の申告のみを行うというのはどうなのでしょうか？

Answer

通常は法人税と消費税をワンセットにして申告を行うのですが，上記のような考え方も出てくることがあります。

管財人が税理士に申告の依頼をする場合によくある考え方で，「法人税＋消費税」分の申告よりは，「消費税のみ」の申告のほうが安く上がらないかな〜？　という感じでしょうか。

たしかに，その考え方は理解できますが，税務当局的には，非常に理解しがたいものです。

というのは，一般的な（税務署等の）考え方として，

(1)　法人の確定した決算に基づき法人税の申告を行う

(2)　その決算・申告を参考にし，消費税の申告を行う

という流れになっているからです。

したがって，消費税のみの申告をしたとすると，税務署からは「法人税の申告も行ってくれ」と言われるのが普通です。

どうも「法人税の申告を行わないと，消費税の申告が正しいかどうか判断できない」という考え方のようです。

とはいえ，「消費税の申告には，必ず法人税の申告が必要である」という税法上の規定はありません。したがって税務署から「法人税の申告もしてください」と言われたら，「税法上の根拠がないので消費税単独の申告でも問題ないと思う」といって突っぱねる考え方もあるかもしれませんね。

実際のところとしては，財産目録や換価一覧の資料を元に「消費税がかかる取引はこれだけです。だから消費税の申告内容はこうなります」と言って話をつけるというケースも存在するようです。

第3章　破産管財の税務にまつわるQ&A

Q17　消費税の課税売上

　そもそも消費税のかかる取引・かからない取引というのが
よくわかりません。モノを売ったら消費税をもらうし，モノ
を買ったら消費税を払う，くらいはわかるのですが，管財手
続上，消費税のあるなしについてはどのあたりに注意すれば
いいのでしょうか？

Answer

1　課税売上になるもの

消費税がかかるものとしては，次のように規定されています。

（消費税法4条：課税の対象）
　国内において事業者が行つた資産の譲渡等には，この法律により，消費
税を課する。

（消費税法2条：定義）
八　資産の譲渡等　事業として対価を得て行われる資産の譲渡及び貸付け
　並びに役務の提供（代物弁済による資産の譲渡その他対価を得て行われる資
　産の譲渡若しくは貸付け又は役務の提供に類する行為として政令で定めるも
　のを含む）をいう。

　大雑把な捉え方になりますが，間違ってはいけないのは，これは売上だ
けのことを指しているのではない，ということです。

　つまり，消費税法2条の定義における「対価を得て行われる資産の譲渡
等」というのが，売上だけを指すというわけではありません。なので「管
財業務では売上が存在しないから消費税はかからない」と考えてしまうの
は誤りです。

　破産管財業務上，消費税の課税取引を考えますと，基本的には「換価作
業における資産の売却」が該当することになります。

182

⑴ **建物，車両，機械装置，工具器具備品，棚卸資産等の換価**

　　このときは「回収額」を課税売上高として計上します。評価額ではありませんのでご注意ください。

　　破棄等により回収額がゼロの場合には，課税売上高もゼロです。

　　なお，資産の売却でも，土地の売却は課税取引にはなりません。土地の売上は非課税売上です。

⑵ **ゴルフ会員権（ゴルフ場が国内のもの）の換価（売却）**

　　これも課税売上となります。売却高が課税売上高です。

　　ゴルフ場が日本国内にあるものが対象になります。海外のものについては消費税の対象になりません。

⑶ **土地の貸付対価で，条件を満たすもの**

　　土地の貸付は原則として非課税売上（後述2）なのですが，以下のような短期貸付の場合とか，施設利用に伴いワンセットで貸付される場合には課税売上となります。

〔課税売上になる土地の貸付〕
・1か月未満の短期の貸付
・施設の利用に伴って土地が使用される場合のもの

⑷ **建物売却時の未経過固定資産税の精算額**

　　任意売却の際などによく生ずるのですが，売却の際に，買い主から預かる固定資産税の精算金があります。不動産を売却する際，固定資産税を売り主側と買い主側で日割りで精算して，その精算金を買い主から預かるという取引の慣行において生ずるものです。

　　この際に預かりました固定資産税は，税務上は譲渡対価を構成するものとして取り扱われます。つまり，建物に関して固定資産税の精算額を受領した場合には，その精算受領額も税込の譲渡対価を構成するという扱いになってますので，課税売上高に含めることになります。

第3章　破産管財の税務にまつわるQ&A

> （消費税法基本通達10-1-6）
> 　固定資産税，自動車税等（以下「固定資産税等」という。）の課税の対象となる資産の譲渡に伴い，当該資産に対して課された固定資産税等について譲渡の時において未経過分がある場合で，その未経過分に相当する金額を当該資産の譲渡について収受する金額とは別に収受している場合であっても，当該未経過分に相当する金額は当該資産の譲渡の金額に含まれるのであるから留意する。

　固定資産税という租税なのになぜこのような扱いになるのか，という疑問が生ずるところですが，これについては「このような精算金は，地方公共団体に対して納付すべき固定資産税そのものではなく，私人間で行う利益調整のための金銭の授受に過ぎないから，不動産の譲渡対価の一部を構成するものである」という理屈になっています。

2　課税売上にならないもの

(1)　土地の換価

　土地（借地権などの土地の上に存する権利も含みます）の売却は非課税取引です。課税売上には計上しません。

　ということで，土地の売買については消費税がかからないという認識で構わないのですが，若干の注意点があります。

①　建物と土地を一括で換価した場合

　土地付建物を換価した場合などでは，課税売上と非課税売上が混在することになります。この場合には，建物部分と土地部分の対価が明らかになるようにしておくことが必要であり，一般的には契約書にその内訳を記載することになります。

　ただ，契約書等においてその区分が明らかにならないというケースも存在するかと思います。その際の按分の方法としては，以下のような規定があります。

（消費税法施行令45条3項）要旨
　事業者が課税資産と非課税資産とを同一の者に対して同時に譲渡した場合において，これらの資産の譲渡の対価の額が，課税資産の譲渡の対価の額と非課税資産の譲渡の対価の額とに合理的に区分されていないときは，当該課税資産の譲渡等に係る消費税の課税標準は，これらの資産の譲渡の対価の額に，これらの資産の譲渡の時における当該課税資産の価額と当該非課税資産の価額との合計額のうちに，当該課税資産の価額の占める割合を乗じて計算した金額とする。

　　　対価の額を価額の割合で按分しなさい，という規定です。つまり時価による按分です。
　　　もう少し具体的に言いますと，国税庁のタックスアンサーで次のように記されています。

（タックスアンサー：建物と土地を一括譲渡した場合の建物代金）
Ｑ：建物と土地を一括譲渡した場合で，建物代金が区分されていないときは，建物代金はどのように計算したらよいでしょうか？
Ａ：土地とその土地の上に存する建物を一括して譲渡した場合には，土地の譲渡は非課税ですので，建物部分についてのみ課税されます。
　この場合，譲渡代金を
１　譲渡時における土地及び建物のそれぞれの時価の比率による按分
２　相続税評価額や固定資産税評価額を基にした按分
３　土地，建物の原価（取得費，造成費，一般管理費・販売費，支払利子等を含みます）を基にした按分
などの方法により土地と建物部分に合理的に区分する必要があります。
なお，それぞれの対価につき，所得税又は法人税の土地の譲渡等に係る課税の特例の計算における取扱いにより区分しているときはその区分した金額によることになります。

　　　要は，何らかの合理的な基準で按分しなさいという趣旨です。
　　　合理的な基準の例として，「時価」「相続税評価額」「固定資産税評価額」「取得価額」が挙げられています。このような例でそれぞれ按分したところの数値を算出し，最も有利になるものを使用するという

第3章　破産管財の税務にまつわる Q&A

ことになります。

　なお，競売のケースにおける裁決事例で，注意するものがあります。これについては，Q21の2を参照ください。

② 固定資産税の精算金がある場合

　固定資産税の精算金は，上記1⑷のように，税法上は取引価格を構成します。

　したがってこれが土地の売却に伴うものであれば，非課税取引として譲渡対価を構成します。精算金が土地建物の一括譲渡に伴うものであれば，前述①のように，一定の比率で按分計算することになります。

③ 古い建物付きの土地を売却する場合

　土地の上に古い建物が存在しており，処分後の利用を考えるとどうみても建物は取り壊しになるようなケースがあります。このような場合，原則としては①のような「建物と土地を一括で換価した場合」に該当するのですが，建物の時価がゼロであると判断されるような場合には，売却価格をすべて土地の売買価格として計算して構いません。

　ただ，建物の時価が本当にゼロなのかどうかは，事後的に指摘がある可能性もありますので，そのようなときに備えてゼロとして算出した根拠は控えておく必要があります。現場における古家の写真を保有しておくとか，売買契約書においては土地売買契約書としておき特記事項において古家の建物評価をゼロと記載しておくとか，そのような手当てを行っておくほうが望ましいところです。

⑵ **株式等の有価証券の換価**

　非課税取引です。

　ただしゴルフ会員権の売却を除きます（ゴルフ会員権の売却は課税売上です）。

⑶ **土地の貸付による賃借料**

　非課税取引です。

　ただし1か月未満の短期の貸付や，施設の利用に伴って土地が使用される場合を除きます（これらは前述1⑶にあるように課税売上です）。

(4) 売掛金の回収

　そもそも消費税法上の取引ではありません。消費税を計算する上では無視してかまいません。

　売掛金については，回収するときではなく，それが発生したとき（即ち，売上が計上されたとき）に消費税がかかります。その回収についても消費税をかけるとなると，一種の二重取りとなってしまうので，回収についてはノーケアでかまいません。

　ちなみに，回収額が当初の計上額より下がってしまったときについては別の論点が出てきまして，貸倒の性質を有するものとして，消費税が戻ってくる可能性がありますが，それはQ19で取り上げます。

(5) 敷金などの保証金の回収

　消費税法上の取引ではありません。預けていた金額を取り戻しただけだからです。

【コラム】非課税取引と不課税取引

　ところで，消費税がかからないものには，厳密に区分けすると「資産の譲渡等ではあるが，その性質上または政策上の観点から消費税を課さない」というものと，「そもそも資産の譲渡等ではないから消費税を課さない」というものに区分けされます。

　前者を「非課税取引」後者を「不課税取引」と呼んだりするのですが，実際にその区分が重要になるのは，申告の際に納める税額がどうなるかということを計算する際になりますので，ここではあまりその区分は気にしていません。

第3章　破産管財の税務にまつわる Q&A

Q18　管財人報酬は経費扱い

　管財人報酬って消費税が含まれていますよね。ということは，破産法人の消費税申告をする際に，納付する税額を計算するうえで経費扱いすることができるのでしょうか？　さらに，消費税が還付されるための要件みたいなものはあるのでしょうか？

Answer

1　経費扱いは可能

　管財人報酬を経費扱いすることは可能です。

　税務用語でいうと「仕入税額控除ができる」ということになります。

　管財人報酬は，「破産管財人（である弁護士）」が「事業者としての当該弁護士」に支払う報酬です。ですから考え方としては，通常の法人が，弁護士に顧問料等の報酬を支払う場合と同じです。

　この場合，管財人報酬を受取る側としての弁護士としては当然のように課税売上として扱うことになりますので，それを支払う側（である破産管財人）としては，課税仕入として取り扱えることとなります。

　ただし，管財人報酬を支払ったからといって，直ちにそれに係る消費税額が還付になるかというと，必ずしもそうとは言い切れません。

　実際にその管財人報酬を経費扱いし，納める消費税額を減らしたり消費税額の還付を受けたりするためには，まだ気を付けないといけない点がいくつか存在します。

2　課税売上の存在が必要

　まずは，何かしらの課税売上の存在が必要になります。消費税法上，仕入税額控除ができるための計算については所定の方法があるのですが（消費税法30条：Q19参照），ここで実際の納税額の計算プロセスを考慮するに，「管財人報酬が確定した課税期間において，何らかの課税売上が生じてい

188

なければ，この管財人報酬に係る消費税について，仕入税額控除となる額は算出されない」と読み取ることになります。

つまり，管財人報酬を仕入税額控除の対象とするためには，管財人報酬額が確定する課税期間に，破産法人として何か課税売上が発生する必要があります。具体的には，棚卸資産の売却などになるでしょう。

ただ，資産の売却タイミングを調整できればいいのですが，実際うまくいくかどうかは難しいところです。

換価状況をこまめに確認し，「この資産を売却するのは，できればこの時期に！」とマネジメントすることも必要となります。

3　管財人報酬額の確定および確定時期

(1)　未確定でも計上できるか？

管財人報酬がいくらになるかというのは裁判所次第というところですが，これが確定するのは通常かなり遅いので，その確定した段階の課税期間では売上が存在しないケースもあります。

「もう少し早く確定できれば，この課税期間の売上とぶつけて，仕入税額控除できるのになぁ」と思うことも多々あります。裁判所が「まずはこれだけ管財人報酬として決定する」など決定してくれれば有難いのですが，なかなか難しそうですね。

さて，そのような場合でもなんとか経費計上できないものだろうかと考えることは多々あります。

消費税法上の考え方からいきますと，「支払が確定しているけれどもその額が未確定である場合には，適正見積額でまず計上し，後日その差額が判明確定した時点でその差額を調整する」というものがあります。

（消費税法基本通達11-4-5）

事業者が課税仕入れを行った場合において，当該課税仕入れを行った日の属する課税期間の末日までにその支払対価の額が確定していないときは，同日の現況によりその金額を適正に見積もるものとする。この場合において，その後確定した対価の額が見積額と異なるときは，その差額は，その確定した日の属する課税期間における課税仕入れに係る支払対価の額に加

第3章　破産管財の税務にまつわる Q&A

> 算し，又は当該課税仕入れに係る支払対価の額から控除するものとする。

　この通達を拠り所として，「これくらいの財団規模なら管財人報酬は最低でも○○万円あるはず」と判断できるのであれば，何かしらの根拠を以て（文書は厳しいと思うので，例えば，裁判所の担当官からのコメント等により）適正見積額を課税仕入れとして扱ってもいいのではないかと思います。

　しかし，金額云々よりも「そもそも支払が確定しているといえるのか？」という点を突っ込まれますと，正直微妙なところです。この点については見解がわかれるところです。

(2)　中間配当の際や他の士業に報酬を支払う際

　中間配当が行われる案件であれば，その時点で一度管財人報酬が発生することもありますから，そのような場合はある意味チャンスです。

　また，これは管財人報酬ではありませんが，（税務申告を依頼した場合の）税理士報酬も，当然ながら仕入税額控除の対象です。これは比較的，支払時期を調整しやすいので，管財人としては良いタイミングで金額を確定させて支払うべきです。

4　課税事業者であること

　他の注意点として，課税事業者であることが必要です。

　管財人報酬を支払って，かつ何かしらの課税売上を発生させたとしても，その課税期間においてそもそも免税事業者となってしまっていた場合は，仕入税額控除の規定の適用を受けることができません。

　そのような場合に，課税事業者となって税還付を狙うのであれば，当該課税期間開始の日の前日までに，あらかじめ「課税事業者選択届出書」という届出書を提出しておく必要があります。

5　一般課税の適用期間であること

　課税事業者であっても，一般課税の適用期間であることが必要です。簡易課税の適用期間であれば，控除対象仕入税額は一定で計算されますので，どれだけ多額の管財人報酬が発生確定しようと，控除対象仕入税額の部分

からは，還付される消費税額というのは算出されません。

【コラム】管財人報酬の決定を行ってから換価完了とする考え

　以上のように，破産管財人報酬を仕入税額控除するのはなかなか難しい，というのが結論なんですが，絶対無理かというとそうでもありません。考え方の順番として，

(1)　まず，申告対象の課税期間において，4と5（課税事業者であり，かつ一般課税）の条件を満たしていることを確認する。

(2)　換価作業の中で課税売上になるものを，ひとつでも残しておく。例えば，少額の備品の売却や，会社残存の郵券（切手に限る）の買取りなど。

(3)　大半の換価作業が終了して，あとは軽微な処理（例：代表者への貸付金の債権放棄とか，預かり処理をしていた金額の財団組入など）だけを残すような状態で，裁判所に報酬の上申を行う。

(4)　裁判所から報酬決定が出る。

(5)　上記(3)の処理を行って換価完了とする。

　このような流れも考えられます。

　この処理ですと，課税期間中に管財人報酬額が確定した，という理屈が成り立ちます。すなわち仕入税額控除としての扱いが可能となります。

　事実に即しない経理処理というのは当然やってはいけませんが，このような流れで対応できないか，検討してみるのもよいでしょう。

第3章　破産管財の税務にまつわるQ&A

Q19　消費税の還付が期待されるとき

　破産法人のような会社であっても，消費税については還付となる申告ができる可能性が高いみたいですね。還付額があるかどうかをチェックするときに有益な視点があれば教えてください。

Answer

1　仕入が過大である場合

　売上に係る消費税よりも，仕入や経費に含まれる消費税額が多いときには，申告をすることにより消費税額が還付されることがあります。

　ただ，計算の結果，還付とはならないこともあるのが悩ましいところです。

(1)　条　件

　申告対象の課税期間において，次の両方を満たすことが必要です。

・課税事業者である

　　➡免税事業者ですと適用がありません。

・一般課税の適用となっている

　　➡簡易課税制度の適用期間ですと意味がありません。

(2)　還付額

　大きな捉え方としては，「売上に係る消費税額」から「仕入に係る消費税額」を差し引いた結果のマイナス金額が還付される，と考えてください。

　ただ，ここでの「仕入れに係る消費税額」（これを「控除対象仕入税額」と呼びます）については，消費税法上で3種類の計算方法が定められており，それぞれの方法よって控除対象仕入税額が変わってきます。

　それは①全額控除方式，②個別対応方式，③一括比例配分方式というものなのですが，どの方式を使用するか（しなければならないか）というのは，売上の規模や内訳によって変わってきます。

192

① 全額控除方式

〈計算方法〉

(A)＝売上に係る消費税額

(B)＝仕入に係る消費税額

　として，

(B)－(A)で計算された金額が還付されます。

（最も還付額が多くなるケースといえます。）

この方式が使用できる場合の条件として，

・その課税期間の課税売上割合が95％以上であること

・その課税期間の課税売上高が5億円以下であること

の2つを満たすことが必要です。

　課税売上割合とは，売上高の中に課税売上高が占める割合をいい，その算式は以下のとおりです。

$$課税売上割合 \ = \ \frac{税抜課税売上高}{税抜課税売上高 \ + \ 非課税売上高}$$

　課税売上割合が95％未満であるとか，または，課税売上高が5億円を超えるときには，①の全額控除方式は使用できません。この場合には，次の②・③のいずれかにより計算します。①に比べて計算式が煩雑になります。

② 個別対応方式

〈計算方法〉

ア）まず，課税仕入れ等の税額を3種類に分けます。

　a：課税売上にのみ要するもの

　b：非課税売上にのみ要するもの

　c：課税売上と非課税売上に共通して要するもの

第3章　破産管財の税務にまつわる Q&A

---

a　（課税売上にのみ要するもの）の具体例（消費税基本通達11‐2‐
　12）要旨
　・そのまま他に譲渡される課税資産の購入
　・課税資産の製造用にのみ消費し又は使用される，原材料，容器，包紙，
　　機械及び装置，工具，器具，備品等の購入
　・課税資産に係る倉庫料，運送費，広告宣伝費，支払手数料又は支払加
　　工賃等
b　（非課税売上にのみ要するもの）の具体例（消費税基本通達11‐2‐
　15）要旨
　・土地の造成に係る課税仕入（仲介手数料・販売手数料等）
　・賃貸用住宅の建築に係る課税仕入（建築費・仲介手数料等）
c　（課税売上と非課税売上に共通して要するもの）の具体例（ａｂ以外
　の課税仕入とお考えください）
　・事務所の地代家賃・水道光熱費・通信費
　・弁護士・税理士費用
　・その他の課税仕入

イ）ア）を区分した上で，以下の算式で計算します。

　　（B1）＝　控除対象仕入税額

　　　　　＝　a　＋　c　×　課税売上割合

　　これで算出された額を使用し，

　　（B1）－（A）で計算された金額が還付されます。

③　一括比例配分方式

〈計算方法〉

　　この方式は課税仕入等を区分する必要はなく，以下の算式で計算し
ます。

　　（B2）＝　控除対象仕入税額

　　　　　＝　課税仕入等の税額　×　課税売上割合

　　これで算出された額を使用し，

　　（B2）－（A）で計算された金額が還付されます。

(3)　**個別対応方式と一括比例配分方式との選択**

　　上記(2)における②・③の2種類の計算方法のどちらを使うかについて

は，基本的には任意です。両方計算して有利な方を選択しましょう。

　ただ，ちょっと面倒な規定があり，いったん③の方式で計算した場合には，2年連続してその方法を継続して適用しないと，②の方法で計算することはできないという内容になっております（消費税法30条5項）。

　したがって②の方式を適用しようとするときは，下表のケース1〜3に該当していること（下表のケース4に該当していないこと）を確認しておくことが必要です。

（課税期間が1年毎で，毎年の課税売上割合が95％未満の，一般課税が適用されている法人を想定）

ケース	前々課税期間	前課税期間	当課税期間
1	②個別	②個別	②個別か③一括
2	③一括	②個別	②個別か③一括
3	③一括	③一括	②個別か③一括
4	②個別	③一括	③一括のみ

　既に申告済の課税期間で，①〜③のどの方法を適用していたかを確認するためには，提出済の消費税の申告書の該当欄をチェックします。一般課税の申告書の右側に「参考事項」の欄があり，そこに「控除税額の計算方法」という箇所がありますのでそこを確認します（記載例1）。

第3章 破産管財の税務にまつわるQ&A

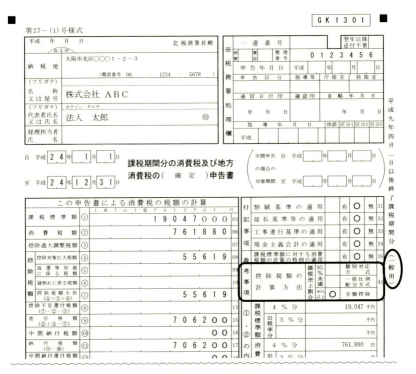

▲記載例1：該当箇所

(4) 注意点

① まずは申告をしようとする課税期間において，消費税の納税義務がある，すなわち課税事業者であることが必要です。破産法人の場合には意外と見落とすことがありますので注意が必要です。

② 課税売上割合が95％未満であり，かつ，一括比例配分方式を使用せざるを得ないときには，申告対象の課税期間中に，課税売上高がないと還付される税額は計算されません。

具体的には，建物・在庫商品・工具器具備品等の換価が行われることが必要です。

③ 課税売上割合が95％未満であり，かつ，個別対応方式を選択するときは，課税仕入れ等の税額を3種類に分ける必要があり，若干手間が

かかります。

　ただ，破産手続中ですとそれほど課税仕入の取引数としては多くありませんので，必要以上に心配する必要はないでしょう。

２　貸倒がある場合

　売掛金等の債権の全部又は一部が，貸倒その他の事情で回収不能であることが確定した場合に，その貸倒額に含まれる消費税額相当額が還付されます。

（消費税法39条）要旨

　事業者（免税事業者を除く）が国内において課税資産の譲渡等を行つた場合において，当該課税資産の譲渡等の相手方に対する売掛金その他の債権につき，更生計画認可の決定により債権の切捨てがあつたことその他これに準ずるものとして政令で定める事実が生じたため，当該課税資産の譲渡等の税込価額の全部又は一部の領収をすることができなくなつたときは，当該領収をすることができないこととなつた日の属する課税期間の課税標準額に対する消費税額から，当該領収をすることができなくなつた課税資産の譲渡等の税込価額に係る消費税額の合計額を控除する。

---

(1)　**条　件**

　申告対象の課税期間において，次の両方を満たすことが必要です。

・課税事業者である

　　──▶免税事業者ですと適用がありません。

・売掛債権につき貸倒であることが確定した

　　──▶貸倒の要件を満たしていないとＮＧです。

(2)　**還付額**

　その貸倒額に含まれる消費税額相当額です。

(3)　**注意点**

　①　課税事業者であることが必要です。

　　これは，申告をしようとする課税期間において必要であるのはもちろんのこと，貸倒の対象となる債権が発生した際の課税期間において

第3章　破産管財の税務にまつわるQ&A

も課税事業者であったことが必要となります。

　破産法人につき，従前に消費税の免税事業者である期間が存在しているときは注意が必要です。

② 売掛債権につき貸倒となったときに適用があります。

　債権といっても，貸付金債権が回収不能となったときは対象外です。これは，もともとの債権の発生時に消費税が含まれていないためです。

　誰かに金銭を貸し付けるという行為は消費税が含まれていませんし，受け取る利息についても消費税は含まれません。

③ その貸倒が，税法上の貸倒に該当するかどうかについての判断は重要です。

　この判断についてはかなり厳格に扱われていますので，本当に貸倒として扱っていいのか，貸倒のケースに該当するかを見極めたうえで申告することが必要です。詳細についてはQ23をご参照ください。

④ 申告対象の課税期間中に，課税売上高がなくても還付申告ができます。これは前述1とは異なる点です。

　貸倒の事実が顕在化するのは，破産手続中であることが多いので，財産目録の回収額が当初の評価額より少なくなった場合などには，積極的に適用を検討するのがよいでしょう。

(4)　**適用の着眼点**

① 申告する課税期間において，一般課税・簡易課税のいずれの場合でも適用可能です。

② 粉飾決算している場合は，還付できる可能性が高いといえます。

　過去の法人税申告書に添付している決算書や勘定科目明細書をよく確認し，「回収見込みが無い売掛債権が記載されていないか？」という視点で確認するのがよいでしょう（Q7参照）。

③ 連鎖倒産したような場合，破産会社が，連鎖の元となった会社に対する売掛債権（売掛金・約束手形）を有していることが多いので，その場合当該売掛債権の回収可能性は低く，したがって貸倒となる可能性が高いといえます。

④ 勘定科目明細書や売掛帳に，過去何期にも渡って残高が動いていな

い売掛債権が載っている場合は，回収見込がないとできる可能性が高いでしょう（ただし断定はできません。Ｑ７のコラム参照）。

3　売上に係る対価の返還がある場合

　商品の返品や値引や割戻しがあった場合には，これらの返品・値引・割戻しに係る金額に係る消費税額が還付されます。

（消費税法38条）要旨

　事業者（免税事業者を除く）が，国内において行つた課税資産の譲渡等につき，返品を受け，又は値引き若しくは割戻しをしたことにより，当該課税資産の譲渡等の対価の額の全部若しくは一部の返還又は当該課税資産の譲渡等の税込価額に係る売掛金その他の債権の額の全部若しくは一部の減額（以下「売上げに係る対価の返還等」という）をした場合には，当該売上げに係る対価の返還等をした日の属する課税期間の課税標準額に対する消費税額から，当該課税期間において行つた売上げに係る対価の返還等の金額に係る消費税額の合計額を控除する。

⑴　**条　件**

　申告対象の課税期間において，次の両方を満たすことが必要です。

・課税事業者である

　　→免税事業者ですと適用がありません。

・売上に係る対価の返還等が発生した

⑵　**還付額**

　その返還等の額に含まれる消費税額相当額です。

⑶　**注意点**

　課税事業者であることが必要です。

　これは前述２の場合と同様，申告をしようとする課税期間において必要であるのはもちろんのこと，返品・割戻の対象となる売上が発生した際の課税期間においても課税事業者であったことが必要となります。

　破産法人につき，従前に消費税の免税事業者である期間が存在しているときは注意が必要です。

第3章　破産管財の税務にまつわる Q&A

⑷　適用の着眼点

①　申告する課税期間において，一般課税・簡易課税のいずれの場合でも適用可能です。

②　破産後に商品の返品が多額になり，売上よりも返品・値引・割戻しが多額になったりすると，消費税の還付の可能性が高くなります。

4　中間申告により納めた税額がある場合

この納めた分の税額が還付されることがあります。

詳細はQ12を参照ください。

5　過去の申告内容が誤っており，税額の納めすぎである可能性が高い場合

更正の請求を行うことにより，還付される可能性があります。

詳細はQ11を参照ください。

6　還付申告を行う際の注意点

⑴　還付口座のアナウンス

管財人が銀行等で破産管財人口座を作成した場合，その口座名義は，

> 「破産者　株式会社ＡＢＣ　破産管財人　弁護士　甲山乙男」

となります。

これに対し，法人税や消費税の申告書に記載する納税者欄には，

> ・法人名：株式会社ＡＢＣ
> ・代表者：破産管財人　弁護士　甲山乙男

と記しています。

ここで何を言いたいかというと，申告書に記載する内容から判断すると，納税者としての名義は「法人名＋代表者」つまり

「株式会社ＡＢＣ　破産管財人　弁護士　甲山乙男」

となり，実際の破産管財人口座の名義である，

「破産者　株式会社ＡＢＣ　破産管財人　弁護士　甲山乙男」

と微妙に異なる，ということです。

　このことが原因で，還付申告を行った際，税務署からの還付金の振込がエラーとなり，税務署から「還付金の振込口座が存在しないんですが」と連絡を受けたことがあります。

　還付金の着金を急がないと最終の財産目録が作成できない，というような場合もありますので，こういう滞りはできるだけ防がないといけません。

　そもそも法人税や消費税の（所得税もそうですが）申告書においては，還付税額の振込先を記載する欄には

- 金融機関名＋支店名
- 預金種別
- 口座番号

しか記入する箇所がなく，

- 口座名義人の内容（表記）

を記載する箇所はありません。

　これは「本人名義の口座にしか還付しませんよ」という趣旨からのものであり，その際の口座名義人は，個人であれば個人名，法人であれば法人名（＋代表者氏名）となります。

　それはそれでいいのですが，還付金振込の際に税務署側がこのまま処理すると上記のようなエラーの原因となり，困ったことになる可能性が生じてくるわけです。

　その際の解決方法としてどうすればいいのかは悩ましいところです。

　一案ですが，還付申告書を提出する際は，添え状か何かを用意し「口

座名義人の頭に「破産者」が付くので間違えないようにしてください」という旨を念押しする方法がベターなのではないかと思っています。私の場合，以下の様な添え状を添付しています。

○○税務署　御中

　　株式会社ＡＢＣの申告における還付金受取口座（口座名義）について

　　提出した申告における還付金受取口座につきまして，還付を受けようとする金融機関・支店・口座番号は申告書記載のとおり（○○銀行　○○支店　普通預金　×××××××）ですが，口座名義人につきましては以下の通りです。申告書記載の納税者名とは一部異なりますので，念のため申し添えます。

破産者株式会社ＡＢＣ　破産管財人弁護士甲山乙男
（はさんしゃかぶしきがいしゃＡＢＣ　はさんかんざいにんべんごしこうやまおつお）
＊　商号の前に「破産者」が記載されております。

　　　　　　　　　　　　　　　　　　　　　　　　　　　　　　以上

　　この添え状を添付し始めて以来，振込口座名義相違でのエラーは今のところ生じておりませんので，それなりに効果はあるのかなと考えています。

【コラム】別紙記載とする方法もある

　　税務当局の方と，上記の関係で話をしたことがあります。趣旨は「納税者の名前と，振込口座の名義が違うときは，税務署はどういう処理をしているのか？」というものです。
　　これに対しては「税務署のシステムでは，還付金振込口座というのは，納税者毎に紐付けされてデータ登録されているので，それが変更になる場合には，改めて登録し直しています」という回答でした。
　　ということで「どのような記載方法をするのが，署としていちばんス

ムーズに作業が進むのか」と聞いてみたところ，税務署の振込担当部署
としては，円滑に振込手続を行うためには
　・申告書の還付金口座欄そのものには「別紙」と記載する
　・別紙（Ａ４サイズ）に，口座情報をすべて記入する
とするのがわかりやすい，との回答でした。
　そうすれば還付金の振込処理を行う際，誤ってもう使用できない旧デー
タ（旧登録口座）に振込をかけることもなくなります，との旨でしたの
で，これも処理方法のひとつとしてよいでしょう。

(2)　微妙な取引を含めて税務申告をする場合

　判断に迷う取引がある場合において，納税者有利に解釈して申告を行
うというケースが存在します。

　例えば「この取引については貸倒として捉えていいかどうかってのは
正直微妙ですが，まあダメモトで申告をしてみましょうか。認められた
ら正直儲けものですが……」という判断で税務申告を行うようなケース
です。

　このときに注意しておかないといけないのは，その後，税務調査等が
行われ，それが否定されてしまった場合には，納める税額が増えてしま
うこと（いわゆる本税の増加）と同時に，過少申告加算税等が課せられ
るということです。

　過少申告加算税は，納める税額が少なく申告されている場合にかかる
ものという感覚がありますが，還付申告の場合において，その後税務調
査が行われ，還付税額が当初の額より少なくなってしまった場合でも，
同じように課せられることを忘れてはなりません。

（国税通則法65条：過少申告加算税）
　期限内申告書（還付請求申告書を含む）が提出された場合において，修
正申告書の提出又は更正があつたときは，当該納税者に対し，その修正申
告又は更正に基づき期限後申告等による納付の規定により納付すべき税額
に100の10の割合を乗じて計算した金額に相当する過少申告加算税を課
する。

第3章　破産管財の税務にまつわるQ&A

　このようなリスクを避けるためには,

①　一度その微妙なところの取引部分を考慮しないところにおいての税務申告書を提出する。

②　その申告書の提出期限後（提出期限の翌日でも可）において「更正の請求」を行う。

という流れを取ることも検討する必要があります。

　こうすれば仮に更正の請求部分が却下されても，加算税を課せられることはありません。

　多額の還付税額が発生するような申告ですと，還付前に税務調査が行われるのが通常ですので，そのような場合には特に注意しておいたほうがいいでしょう。

204

Q20 消費税の申告義務の判断

　税務署もうるさいことだし，消費税の申告をしたほうがいいかと考えています。とりあえず，申告しないといけないのかどうか，申告したら納める税額があるかどうか，という点を確認したいのですが，どういうふうに判断すればいいのでしょうか？

Answer

1　納税義務の確認

⑴　納税義務は，当課税期間で決まるのではない

　消費税の申告義務があるかどうか，また，申告義務がある場合，納付すべき税額があるかどうか，これらを判定するのはなかなか難しいこともありますが，大まかな流れを説明すると次のとおりです。

　まず，消費税の納税義務があるかどうか，を確認します。

　消費税というのは，申告対象とすべき期間（これを課税期間といいます）に課税売上が発生したからといって，それを以て直ちに，その期間の課税売上について申告をしなければならないかというと，必ずしもそうではありません。

　つまり「今年2,000万円の売上があるのですが，今年は消費税を納める必要はあるのでしょうか？」という質問に対しては「それだけでは判断できませんね」となるわけです。

　その課税期間が「納税義務がない」すなわち「申告書を提出する必要がない」ということがありますから，まずその点を確認します。

　当然ながら，納税義務がなければ（その期間にどんなに売上があっても）申告する必要はありません。

205

第3章　破産管財の税務にまつわるQ&A

(2)　基準期間における課税売上高

（消費税法9条）
　事業者のうち，その課税期間に係る基準期間における課税売上高が1,000万円以下である者については，その課税期間中に国内において行つた課税資産の譲渡等につき，消費税を納める義務を免除する。ただし，別段の定めがある場合は，この限りでない。

　破産法人について，その事業年度（課税期間）において消費税の申告義務があるかどうかは，基準期間における課税売上高が1,000万円を超えるかどうかにより決まります。

　基準期間というのは1年決算法人の場合，その事業年度の前々事業年度を指します。約2年前というイメージです。

　例えば，

「平成24年1月1日〜平成24年12月31日の課税期間」

における消費税の納税義務の有無を判断する場合は，

「平成22年1月1日〜平成22年12月31日の課税期間（これが「基準期間」です）における課税売上高」

を確認します。この「基準期間における課税売上高」が，

・1,000万円を超える→当課税期間（平成24年）には納税義務あり
・1,000万円以下→当課税期間（平成24年）には納税義務なし

となります。

　破産前後の場合でもそれなりに事業を営んでいることが多いことから，通常はこの基準を下回ることはあまりないと思われます。つまり納税義務はあり続けることが多いわけです。

　しかしながら次のような場合には，免税事業者となるケースもあります。

・事業低迷期が長く，過去の決算期における売上高が1000万円前後で推移している時期がある

・売上高は余裕で1000万円を超えているものの，その大半が消費税の非課税となる売上（例えば土地の販売）である

　このような場合には，念のため，決算書を破産開始より前3期分はチェックしておくのがよいでしょう。

　この「基準期間における課税売上高」とは，先ほどの消費税法9条において，次のように定められています。

（消費税法9条）要旨
2　前項に規定する基準期間における課税売上高とは，次の各号に掲げる事業者の区分に応じ当該各号に定める金額をいう。
一　個人事業者及び基準期間が一年である法人　基準期間中に国内において行つた課税資産の譲渡等の対価の額（税抜）の合計額から，売上げに係る税抜対価の返還等の金額の合計額を控除した残額
二　基準期間が一年でない法人　基準期間中に国内において行つた課税資産の譲渡等の対価の額（税抜）の合計額から当該基準期間における売上げに係る税抜対価の返還等の金額の合計額を控除した残額を，当該法人の当該基準期間に含まれる事業年度の月数の合計数で除し，これに12を乗じて計算した金額

　この金額がいくらになるのかということについては，簡便的ですがいくつか確認する方法があります。
① 過年度申告書から確認する方法
　まずは，その破産法人についての前々事業年度（前々課税期間）の消費税申告書を用意し，その申告書上で該当する欄の数字を確認する方法です。
　その申告書上の，税額を計算するプロセスで⑮番の欄に書かれている数字が基準期間における課税売上高となります。これは基準期間において一般課税・簡易課税いずれを適用していても同じ番号の欄です（記載例1・2参照）。
② 直接税務署に聞く方法
　破産法人の納税地の所轄税務署に電話し「この法人の消費税の申告

第3章 破産管財の税務にまつわるQ&A

▲記載例1：消費税申告書（一般課税）

を検討しているのですが，××期における納税義務があるかどうかを教えてください」という質問をします。

「破産管財人であり，かつ，引継資料が散逸してしまっておりまして……」という形での質問であれば，税務署も問題なく回答してくれます（まれに「その旨の回答はできない。確認したければ，提出済申告書の閲覧（Q2参照）を行って，その中でこれまでの提出書類状況を確認してください」と言われることもあります）。

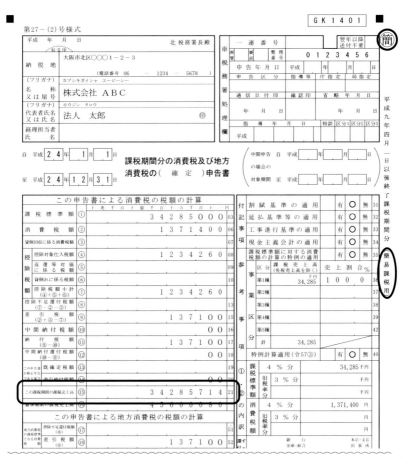

▲記載例2：消費税申告書（簡易課税）

③　申告書用紙の送付の有無にて確認する方法

　　納税義務がある場合，申告時期になれば自動的に申告書用紙が送付されてきます。

　　時期的には課税期間の末日が過ぎてから3週間～1か月頃，申告期限からいうと1か月強ほど前，のタイミングにて送付されますので，それを待って判断するというのでもよろしいかと思います。

第3章　破産管財の税務にまつわるQ&A

2　課税売上の有無の確認

　1の判定を行った結果，基準期間における課税売上高が1,000万円を超えていれば，当課税期間において納税義務があります。

　その場合には続いて，当課税期間に「消費税のかかる取引」があるかどうかを確認します。

　納税義務があっても，当課税期間に「消費税のかかる取引」がなければ，納付すべき税額は出てきません。

　この「消費税のかかる取引」についてはQ17を参照ください。

　ここまでの1・2が明らかにあてはまらなければ，消費税の申告・納付についてはノーケアでよいでしょう。

　ここのステップまでは，特に税理士の手を借りることなく，管財人自らでも判断できるのではないかと思います。

　これに対し，どうやら1・2両方があてはまりそうだということになれば，次のステップに進みます。

3　納付税額の確認

　「その課税期間に納税義務」があり，「消費税のかかる取引」があれば，次に「納付すべき税額があるかどうか」をチェックします。

　納付すべき税額の計算の大まかな流れは以下のとおりです。

---

(1)　売上にかかる消費税額を計算する
(2)　仕入や経費にかかる消費税額を計算する
(3)　既に中間で支払った税額があればそれを計算する
(4)　(1)－(2)－(3)を計算し，プラスなら納付です。

　この時点では特に(2)を注意しなければなりません。

　(2)の計算については，単純に「消費税がかかる支払の8％」として計算すればすべてOKというわけではないからです。

　つまり「税込で108万円の支払をしたからここにかかっている消費税が8万円。だから(2)で差引できる金額は8万円ね」とはならないケースも存

210

在する，ということです。

この点につきましてはQ19もご参照ください。

ややこしいたとえを出してしまいましたが，このステップでは税理士等の協力を得ながら，税額を算定していくことをお勧めします。

4　申告書の提出が不要の場合

（消費税法45条）要旨
　事業者（免税事業者を除く）は，課税期間ごとに，当該課税期間の末日の翌日から2月以内に，一定の事項を記載した申告書を税務署長に提出しなければならない。
　ただし，国内における課税資産の譲渡等がなく，かつ，確定消費税額がない課税期間については，この限りでない。
（後略）

(1)　免税事業者は提出する必要なし

消費税法45条では，まず最初に「免税事業者を除く」とありますので，納税義務のない事業者は申告書を提出する義務はありません。

(2)　取引も税額もいずれもなしならば提出する必要なし

同条但書きで「課税資産の譲渡等がなく，かつ，確定消費税額がない課税期間」については，この限りでない。すなわち申告書を提出する必要がないとされています。

納税義務はあるけれど，当該課税期間においてまったく取引が存在しないというようなケースです。破産期間中においては結構存在します。

(3)　ゼロ申告をするケース

同条但書きにおける「確定消費税額」というのは，上記3でいう(1)から(2)を引いた金額のこと指します。この金額がゼロになるという課税期間というのもあり得るわけですが，その際に申告書を提出しなければならないのという疑問が生じます。

このような「課税資産の譲渡等があるが，税額を計算した結果ゼロになった」という場合には，申告書は提出しなければなりません。「計算し

第 3 章　破産管財の税務にまつわる Q&A

た結果，納める税額はゼロ」という申告をするわけです。

　ただし，その場合には，実務上は申告書の提出が行われていないケース
も散見されます。税務署の対応次第かと思いますが，事情を説明して配慮
を求めることも可能かもしれません。

Q21 競売したときの消費税の取扱

土地建物を競売しました。この際の消費税について，消費税がかかるのかかからないのか，かかるとしたらどれくらいかかるのか，そしてその消費税をどのように納めるのか，について教えてください。

Answer

1 競売でも消費税はかかる？

まず，競売となったときに消費税がかかるか否かという点ですが，これはかかります。

その行為が消費税法における「事業として対価を得て行われる資産の譲渡等」に該当すれば，その原因を問わず消費税の課税対象となります。

（消費税法基本通達5-2-2）要旨

消費税法第2条第1項第8号（資産の譲渡等の意義）に規定する，事業として対価を得て行われる資産の譲渡は，その原因を問わないのであるから，例えば，他の者の債務の保証を履行するために行う資産の譲渡又は強制換価手続により換価された場合の資産の譲渡は，同号に規定する，事業として対価を得て行われる資産の譲渡に該当することに留意する。

上記の通達の後半に例示されているように，強制換価手続により換価されても，これは資産の譲渡等に該当するわけです。

そうすると，更に細かい話ですが，では競売が消費税法上「事業として」行われるものに該当するのか？　という考え方も出てきます。

つまり，消費税法における「事業として」とはなんぞや，ということになるのですが，これについても基本通達にて記されています。

第 3 章　破産管財の税務にまつわる Q&A

（消費税法基本通達 5 - 1 - 1）要旨
　消費税法第 2 条第 1 項第 8 号（資産の譲渡等の意義）に規定する「事業
として」とは，対価を得て行われる資産の譲渡及び貸付け並びに役務の提
供が，反復，継続，独立して行われることをいう。
（注）
　1　個人事業者が，生活の用に供している資産を譲渡する場合の当該譲渡
　は，「事業として」には該当しない。
　2　法人が行う資産の譲渡及び貸付け並びに役務の提供は，その全てが，
　「事業として」に該当する。

　ここでのポイントは（注）のところです。

　破産者が個人の場合には，それが「事業として」に該当するかどうかは
場合分けが存在します。

　これに対して法人の場合はすべてが該当する，ということになります。
法人はそもそも営利目的で存在するものだから，という理由によるものな
のでしょう。

　したがって，破産者が法人である場合には，競売により建物を売却した
場合には，消費税がかかるという理解になります。

2　消費税はいくらかかっている？

⑴　土地建物を一括で売却した場合

　土地建物を売却した場合，消費税がかかるのは建物部分のみです。土
地の譲渡は消費税法上，非課税です。一般的には，土地建物を一括売却
する場合に，売却する側にとって消費税の負担をできるだけ少なくした
いというのであれば，土地の割合を増やすようにするというのがセオ
リーです。

　例えば，建物については老朽化が進んでおりその価値はほぼゼロ，と
いうのであれば，売却価額はすべて土地の対価としている，つまり建物
の売却価格はゼロである（したがって消費税もゼロ）と売買契約書におい
て明示しておくことも有効です。

　土地建物を一括で売却した場合に，土地と建物の価格がそれぞれいく

214

らであるかということについて（契約書等において）明示されていない
ときがあります。このときには，実際の売却価格を土地と建物に区分し
なければなりません。

　課税売上と非課税売上の価額が明示されていないときには，一括売却
価額を土地と建物の合理的な割合で按分しなさい，という規定がありま
す。規定の詳細についてはQ17にて記していますので併せて参照してく
ださい。

　その合理的な基準の例としては，「時価」「相続税評価額」「固定資産
税評価額」「取得価額」が挙げられています。実務的には，これらの例
でそれぞれ按分したところの数値を算出し，最も有利になるものを使用
するということになります。選んだ方法に経済的合理性があれば，特に
問題は生じません。

【コラム】土地と建物の価格区分が明示されていないとき

　売買契約書で，土地と建物の価格区分が明示されていないときがあり
ます。
　そのようなときは，上記のように合理的な基準で按分することになり
ますが，その按分した結果は，同一取引における売買当事者間で一致さ
せる必要はありません。（もちろん，一致させるほうが望ましいのではありま
すが）
　つまり，ひとつの売買契約で，売る側と買う側でその区分による金額
が異なることがあります。
　具体的には，土地建物を5億円で売買した場合において，売買契約書
にその内訳が明示されていないとき，売る側で「土地4億円・建物1億
円」，買う側で「土地3億円・建物2億円」という処理をしているような
ケースです。そのような状態であっても，それぞれが合理的な判断基準
で区分されていると認められるのであれば，当事者両者のそれぞれの認
識は是とされます。

⑵　**競売のケースでの留意点**

　競売のときも，上記⑴の考え方と同じです。土地建物一括譲渡の場合
には，合理的な方法により按分することになります。

第3章　破産管財の税務にまつわる Q&A

　なおここで国税不服審判所の裁決事例で注意すべきものがあります（平成15年11月21日裁決，裁決事例集№66，322頁）。

　このケースでは，裁判所評価額で建物7千万円，土地3千万円とされていた物件が競売で一括して5億円で落札されたという事実に対し，建物の課税売上としてカウントするものはいくらかということについて争われました（数字はデフォルメしています）。

　この際の納税者側と課税庁側の考え方は以下のとおりです。

（納税者側）

　5億円というのは裁判所評価額と余りにも異なる。特殊事情が存在しており，本来の建物のからかけ離れており不当。
・建物の譲渡価格：7千万円
・土地の譲渡価格：5億円－7千万円＝4億3千万円

（課税庁側）

　競売は適正な手続きによって成立しており，5億円という落札価額は妥当。

　落札価額を合理的な比率で按分する必要があり，それは建物：土地の裁判所評価額による比率である7千万円：3千万円で按分すべき。
・建物の譲渡価格：5億円×7／10＝3.5億円
・土地の譲渡価格：5億円×3／10＝1.5億円

　国税不服審判所では，課税庁側の主張を認めました。譲渡価格をそれぞれの評価額による比率で按分しなさい，という意味合いです。

【コラム】控除方式による按分もある

　ところで，もともと納税者側の考えとしては「土地建物トータルの金額から建物の価額を差し引いて，残った金額を土地の価額とする」というものなのですが，実務上は，このように「トータル金額から一方の価格を差し引いて，残額をもう一方の価格とする」という方法も「合理的な方法により区分されたもの」として捉えられています。「控除方式」などと呼ばれたりします。

　土地建物の対価の内訳をどう区分するかということについては，控除方式で計算したり，(1)のように定められている按分方式で計算したりして，

216

> それぞれの値を求め，その中から最も有利なものを選択したり，場合によっては平均値を求めたりして，最終的に対価を区分しているという流れになります。

そういう状況を理解したうえで，この裁決事例からは「競売の場合には，裁判所評価額における土地建物の価額比率による按分を行うのが，最も税務否認リスクが低い」と考えておくのがよいことになります。

ただし，その比率で按分した方法でないと認められないかというと，そこまでは踏み込まれていません。合理的な比率を計算する際の有力な一方法，として捉えていただければ大丈夫でしょう。

また併せて，「裁判所評価額の建物価額はそのままにしておき，土地建物トータルの落札価額からその建物の裁判所評価額を控除した価額を土地の価額とする，というのは認められにくい」ということを認識しておくことになります。

(3) 内税方式の際の本体価格と消費税額の計算

例えば，競売で土地が6,000万円，建物が3,000万円とて落札された場合において，建物3,000万円が内税方式であるときは，その3,000万円を本体価格と消費税額に区分する必要が出てきます。

この際の区分方法ですが，建物3,000万円が税込価格とされ消費税率が8％としますと，「本体＋本体×8％＝3,000万円」という算式が成り立ちますので，本体は3,000万円÷1.08＝27,777,777円となり，3,000万円から本体価格を引いた2,222,223円が消費税額ということになります。

消費税率が8％の場合は，税込価格を1.08で割った金額が本体価格になります。消費税率が5％のときは1.05で，10％になれば1.10で割れば本体価格が算出されます。

3 財団に含まれる建物を競売した場合の消費税の申告納付

(1) あくまで通常の申告プロセスで計算する

破産財団に含まれる建物が競売されたときのその消費税についての申告は，通常の換価処分における申告と同様です。

第3章　破産管財の税務にまつわるQ&A

納付については，当該消費税は財団債権として扱うものですので，申告を行い，税務署から交付要求を受け，それにしたがって納付することになります。

実際に税務署に申告納付する消費税額を計算する際は，消費税の申告において課税期間が定められている関係上，競売が行われた日の属する課税期間中の課税取引分をトータルして計算します。つまり，その課税期間中に競売以外の課税資産の譲渡等があればその分をプラスします（競売部分だけを切り取ってその消費税だけを納めればよいという考えは誤りになりますのでご注意下さい）。

また，その課税期間において課税仕入が発生しているのであれば，控除対象仕入税額を計算し，納める消費税額から控除することになります。簡易課税の適用を受ける課税期間であれば，自動的に控除対象仕入税額が計算されます。

(2)　**納税額は競売で預かった消費税とは必ずしも一致しない**

(1)の計算を行った結果，申告納税額は，単純に建物の競売価格に消費税率を乗じたものになるかと言われると必ずしもそうとは言い切れませんのでご注意ください。

申告納税額をわざわざ算出するのは手間がかかるからということで，税務署に「建物売買価格の，単純に8％分の金額を納めるから受け取ってくれ」と頼んでも「それはできない。きちんと計算して申告してくれ」と言われます。

(3)　**まずは課税事業者であることを確認する**

競売のあった日の属する課税期間において免税事業者であるのならば，そもそも消費税を納める義務はありません。競売が行われて消費税相当額の財団組入があったとしても，税務所への消費税を申告する必要もありませんので，その点は最初に確認しておくことになります。

4　財団から放棄した建物を競売した場合の消費税の申告納付

(1)　**基本的にはノータッチ**

管財人が財団から放棄した建物がある場合において，その後抵当権者等

の利害関係人からの競売の申立が行われ，当該建物が競落されたときのその分の消費税の申告納付をどうするか，という話があります。

競売の落札価格で，建物部分について消費税がかかるということで，その分の金額を受領しているから，その預っている消費税をどうしたものかという話です。

管財人が不動産を財団から放棄した段階で，その不動産は破産法人そのものに管理処分権が移ります。その後，当該不動産に競売が申し立てられるとなると，その法人に裁判所から清算人が選任され，その清算人が処分を進めますので，申告納税に関してはその清算人が手続するべきである，と解釈されることになります。

その意味で，財団から放棄された不動産に関しての消費税について破産管財人はノータッチでかまわないというのが実務でしょう。

このことから「財団形成に効果がないと思われる不動産については，余計な消費税を負担させないためにも，早めに財団から放棄したほうがいい」とされているところです。

(2)　税務署から照会が来ることもありえる

とはいえ，法人が建物を売却したということには変わりがないので，消費税の納税義務者が本来的に誰かというと，それは破産法人です。となると税務署側から，破産法人の名前で税務申告をしなさいという指摘が来たり，また，当該消費税部分について納付の交付要求が来たりすることになります。これらが管財人宛に届くこともあり得るわけです。

このような「財団から放棄された不動産の競売等による消費税」について，さてどうしたものかと考えることになることもありますが，当該消費税については，財団債権には該当しません（敢えていうなら劣後的破産債権でしょう）ので，仮に管財人側に通知が来たとしても，粛々と処理するだけということになります。

個人的には，上記理由により，回収の可能性がかなり低いということで税務署としても申告納付をそれほど強くは求めていない（配当順位にしたがって処理してくれればよい）のではないか，と感じています。

219

第3章　破産管財の税務にまつわるQ&A

Q22 延滞税の免除

「管財人が破産法人に関する税金を納める場合には，延滞税が免除される」という話を聞きました。しかしながら「延滞税は絶対免除されるわけではない」という話も耳にしています。この点，法令上はどのように規定されているのでしょうか？

Answer

1 規定の流れ

延滞税の免除については，まず，国税通則法に次のように規定されています。

（国税通則法63条6項）要旨

国税局長，税務署長等は，次に該当する場合には，当該国税に係る延滞税につき，それぞれに定める期間に対応する部分の金額を限度として，免除をすることができる。

一～三（略）

四　政令で定める場合　政令で定める金額

これだけでは何のことだかわかりません。では，次に進みます。

国税通則法施行令には，次のようにあります。

（国税通則法施行令26条の2）要旨

国税通則法第63条6項四号に掲げる場合とは，次の場合とする。

一　国税徴収法に規定する交付要求により交付を受けた金銭を，当該交付要求に係る国税に充てた場合　当該交付要求を受けた執行機関が強制換価手続において当該金銭を受領した日の翌日からその充てた日までの期間

ということでここまでを読むと，どうやら，交付要求に基づき，「執行

220

機関」がカネを受領すれば，延滞税が免除される，ということになりそうです。

　ここで，破産管財人は，国税徴収法上，執行機関であると定義されています（国税徴収法2条（定義）13）。

　したがって以上をまとめると，

　「破産管財人が交付要求を受けた国税の金額を管財人口座に組み入れている場合において，その国税を納付したときは，その国税についての延滞税については，免除を受けることができる」

と読めることになります。

　つまり，延滞税免除の趣旨は，

　「破産管財人は国の機関としての扱いであり，そこの口座に入金があった時点において，国庫金のようなものになってしまっているから，その時点からは，延滞税がかかることはない」

ということです。

2　「国税に充てる」とは？

　国税通則法施行令26条の2に「当該交付要求に係る国税に充てた場合」とあることから，厳密にいうと延滞税の免除は，「破産管財人の口座に入金があった時点」で確定するわけではありません。「国税に充てた時点」で確定します。

・破産管財人口座に入金された時点で判断するのではなく，
・破産管財人から国に国税相当額が納付された後に，
・その相当額をいつ管財人が受領していたか（＝いつ管財人口座に入金されていたか）を確認し，
・その受領日が法定納期限等より前であることが確認されれば，
・延滞税が免除される

という流れになります。

　ですから交付要求に記載されている滞納税額について，「もう管財人口座に入っているから，現時点で延滞税を免除してください」と税務署に

第3章　破産管財の税務にまつわるQ&A

言ったとしても,「それはダメです。まずはサッサと(本税を)納めてくださいね」と言われるわけです。

3　交付要求後に別の還付申告を行う場合の注意

延滞税の免除については1・2程度の理解で十分と思われるのですが,実務上は,もう少し細かい話を経験したことがあります。それは次のようなことです。

国税通則法施行令26条の2に記されている「一.国税徴収法に規定する交付要求により交付を受けた金銭を,当該交付要求に係る国税に充てた場合」においていう「交付要求により交付を受けた金銭」とは,破産管財人等からの支払により税務署に支払われた金銭をいいます。

ここで「交付要求により交付を受けた金銭」とは,税務署側が「交付要求受入金」として処理した金銭をいう模様です。

これだけだとごくごく当たり前のことを言っているだけですが,ここでひとつ注意点があります。何かというと,「交付要求が出されたあとに,別の還付申告が行われた場合」です。

未納(滞納)税額がある場合に,別の還付申告が行われた場合には,その還付税額は滞納国税に充当されます。

ということは,この充当された還付税額は,当然ながらこちらから税務署に納めたものと同じように扱われるものだと思います。

ところが,この場合の充当は,上記規定中の「交付要求により交付を受けた金銭」には該当しないようです。つまり税務署側は,「交付要求受入金」として処理しない模様です(交付要求に従って納められたものではない,という趣旨のようです)。

したがって,このような充当があって滞納目録に記載されている国税が減額・消滅した場合においても,延滞税相当額については免除が行われないことになります。

よって破産管財人としては,

222

Q22 延滞税の免除

> ・納付申告を先に出す　……交付要求により本税を発生させる
> 　　　↓
> ・交付要求に記載された本税を先に納付する
> 　　　↓
> ・延滞税の免除を受ける
> 　　　↓
> ・還付申告を提出する　……還付金がまるまる還付される

という流れをとるのが，最も財団の減少を防止する方法，ということになります。

　上記の流れを優先すると，法定申告期限内に申告書が提出できないケースも有り得ますが，財団の減少を防止するためには止むを得ないところかもしれません。

　しかし，期限内に申告書を提出しない場合には，税務署等から問い合わせが来る可能性が高くなりますので，その際は割り切った対応が必要になります。

　なお，還付税額がある場合の充当については，充当「しなければならない」規定（国税通則法57条）になっています。

　したがって，「この還付額を滞納税額に充当したら延滞税が免除されないので，還付額は滞納国税に充当せず，別途管財人口座に還付してください」という要求は通りません。

　結論としては，

「事業年度や課税期間の異なるごとに，納付申告や還付申告が混在する際には，申告書の提出タイミングについて注意が必要である」

ということです。

223

第 3 章　破産管財の税務にまつわる Q&A

【コラム】地方税の免税

　地方税（道府県民税（都税も含む）や市町村民税，事業税）については，各自治体が独自の条例制定権を有しますから，破産手続開始前の延滞金を免除してくれる場合もあります。通常は免除が認められない，破産手続開始決定「前」の延滞金についても，ダメもとで免除申請してみるのもアリかもしれませんね。

Q23 貸倒の規定

　破産管財人です。先日債権者から「うちの持ってる売掛金については，貸倒処理していいのでしょうか」という問い合わせがありました。

　この管財案件については配当がほとんど見込めない状況なのですが，何と回答すればいいものなのでしょうか？　「配当は厳しいので，貸倒処理していいと思いますよ」と回答してかまわないですか？

Answer ....

1　貸倒の状態とは

　管財人としてはあまり考えなくていい論点だと思うのですが，そういう質問が来ないとも限らないでしょうね。

　「そんな質問は管財人に聞くのではなく，税務署か顧問税理士に聞いてください」というのがひとつの回答かと思います。

　……と言ってしまっては元も子もないので，破産と貸倒についての話をします。

　破産の場合と限定せずに，ひとまず一般的なイメージの話としてですが，売掛金や貸付金などの金銭債権が回収できないことが確定したら，「貸倒損失」という損失を計上します。そうすることにより，法人税や所得税，消費税において，その債権を有していた人（法人や個人事業者）の税金が安くなります。

　ここで注意しないといけないのは，この損を税務上損失として認められるようにするためには，タイミングと方法について，一定の要件が求められているということです。

　ではその要件とは何かということですが，この点については法人税法の通達に載っています。この通達を基に，税務署側からアナウンスされているタックスアンサーがありますのでご紹介します。

（タックスアンサー：貸倒損失として処理できる場合）要旨

　法人の金銭債権について，次のような事実が生じた場合には，貸倒損失として損金の額に算入されます。

(1)　金銭債権が切り捨てられた場合

　次に掲げるような事実に基づいて切り捨てられる金額は，その事実が生じた事業年度の損金の額に算入されます。

①　会社更生法，金融機関等の更生手続の特例等に関する法律，会社法，民事再生法の規定により切り捨てられる金額

②　法令の規定による整理手続によらない債権者集会の協議決定及び行政機関や金融機関などのあっせんによる協議で，合理的な基準によって切り捨てられる金額

③　債務者の債務超過の状態が相当期間継続し，その金銭債権の弁済を受けることができない場合に，その債務者に対して，書面で明らかにした債務免除額

(2)　金銭債権の全額が回収不能となった場合

　債務者の資産状況，支払能力等からその全額が回収できないことが明らかになった場合は，その明らかになった事業年度において貸倒れとして損金経理することができます。ただし担保物があるときは，その担保物を処分した後でなければ損金経理はできません。

　なお，保証債務は現実に履行した後でなければ貸倒れの対象とすることはできません。

(3)　一定期間取引停止後弁済がない場合等

　次に掲げる事実が発生した場合には，その債務者に対する売掛債権（貸付金などは含みません）について，その売掛債権の額から備忘価額を控除した残額を貸倒れとして損金経理をすることができます。

①　継続的な取引を行っていた債務者の資産状況，支払能力等が悪化したため，その債務者との取引を停止した場合において，その取引停止の時と最後の弁済の時などのうち最も遅い時から1年以上経過したとき。ただし，その売掛債権について担保物のある場合は除きます。

②　同一地域の債務者に対する売掛債権の総額が取立費用より少なく，支払を督促しても弁済がない場合

（法人税法基本通達9-6-1～3）

内容をざっと見ますと,「いわゆる倒産のような状態になれば損失としていいんだな」というイメージが湧いてくることでしょう。

2 破産の場合

では上記の税務上の扱いについて「破産手続開始・手続中の場合はどうなるか?」というところに視点を置いてみますと,もう少し話が続きます。前述タックスアンサーの該当箇所を参照しながら確認してください。

(1) 金銭債権が切り捨てられた場合

金銭債権が切捨てられた場合として,「①会社更生法,金融機関等の更生手続の特例等に関する法律,会社法,民事再生法の規定により切り捨てられる金額」とあります。しかしながら,ここには「破産法」という文言はありません。というか,そもそも破産手続中においては債権の「切捨て」という考えはありません。

ですから①には該当せず,「破産手続になったからといって,それだけ(破産手続開始)をもって,債権者側で債権切捨てとして貸倒損失処理をしてもそれは認められませんよ」ということになります。

加えて,破産手続中という状態の場合だけでは,「切り捨てられる金額」はまだ存在していませんので,②にも該当しないということになります。

続いて③ですが,「債務者の債務超過の状態が相当期間継続し,その金銭債権の弁済を受けることができない場合」とありますので,これは破産の場合においても該当すると考えていいでしょう。

ただ一点問題があります。それは何かというと「書面で明らかにした債務免除額」とあるように,「書面で債務免除しないといけない」ということです。

書面で債務免除というなら,具体的には,内容証明を送って債権放棄をする必要があります。実際は,いくら回収の見込がほとんどないとはいえ,債務免除の通知をするのはどうも……,というケースが大半かと思います。破産になったとはいえ回収の可能性は残しておきたい。だから債務免除通知なんてするわけない。ということもあるでしょう。

第3章　破産管財の税務にまつわるQ&A

　以上より，債務免除の通知をするまで至らなければ，貸倒損失の計上は認められないという結論になります。

(2)　金銭債権の全額が回収不能となった場合

　ここで注意することは，「金銭債権の"全額が"回収不能となった場合」とあることです。

　となると，破産手続の場合，全額が回収不能であることが確定するのは，配当額が確定し，破産手続が終了した時点であると考えるのが普通ですので，破産手続の開始決定や換価作業中の段階では，貸倒処理はできないということになります。

(3)　一定期間取引停止後弁済がない場合等

　これは破産手続開始とはあまり関係がないので，参考程度にということになります。

　破産手続開始決定時にたまたま，債務者との関係がこのケースにあてはまるものであれば，貸倒損失を計上できることになります。

(4)　結　論

　以上より，破産法人に金銭債権を有する債権者は，破産の「手続開始決定」「手続中」の段階では，それだけを以て貸倒処理することは難しいと考えておいたほうが無難です。

　貸倒処理をしてそれを基に法人税や消費税の申告をしますと，税務調査があった際には，その点の根拠や処理について質問があるのが通常です（税務調査まで至らなくても，電話で税務署から「この決算書に記載されている貸倒の部分について根拠を教えてください」という質問をされることもあります）。

　その際に立証する書類をきちんと残しておくことが重要なのですが，破産手続開始決定の通知というだけでは根拠としてはかなり弱い，ということになります。

3　法令上の根拠は？

　上記のタックスアンサーの内容は，法人税法基本通達です。

　では法人税法の本法や施行令では，貸倒損失はどう規定されているのか

228

と考えてみますと,「貸倒損失」そのものについてズバリ規定している箇所はありません。

法人税法22条第3項において「損金の額に算入すべき金額は,……原価・費用・損失の額とする……」という旨だけ規定されているのみです。

ということで,

「実際に破産になったら債権の回収なんてほとんど見込めない（あっても数％程度）から,もう実質的には損失なんだし,そうであれば損金の額に算入すべきなんじゃないの？」

「通達で定められていても,それはあくまで税務署側の言い分のはず。納税者に対する拘束力はないんじゃないの？」

という考え方が出てくることもあるでしょう。このような点を根拠として,国税不服審判所や裁判で争われている論点であるのは確かです。

4　貸倒引当金の計上

以上1～3のような説明をしますと,債権者としては,

「じゃあ破産手続の開始決定の段階では何もすることはできないのか？ほとんど回収が見込めないのに……」

という考えにもなろうかと思います。これについては,

「そのような債権については貸倒引当金の設定対象になりますよ。債権額の50％ですが,損金に算入できます」

という話をできる場合があります。

貸倒引当金というのは,所有する金銭債権の将来的な回収不能に備えてあらかじめ計上しておく損失の見込額です。この計上の際の繰入額のうち,繰入限度額までの金額が,法人税法上損金算入できます。

繰入限度額は金銭債権の額の50％になります。

なお現在,貸倒引当金が適用できる法人は,中小法人等（資本金1億円以下）,銀行,リース会社等に制限されています（法人税法52条）。

また,貸倒引当金を計上することは,消費税の関係する取引ではありません。したがって,消費税の計算上では何も影響はありませんので,その点も注意点として挙げられます。

第3章　破産管財の税務にまつわるQ&A

5　管財人としての理解

⑴　破産法人が有する債権について回収可能性を検討する場合

　　これまでは破産法人が債務者，という立場での話でしたが，逆のケースもありえます。つまり，破産法人の財産の換価作業において，破産法人が有している債権について回収可能性を検討するケースです。

　　そのようなケースで回収不能額が確定すれば，その際は破産法人の税務申告において影響が出てくることが想定されますので，いずれにせよこの論点について，税務上の取扱はどうなっているかを理解しておくことは，管財人として必要となるでしょう。

⑵　貸倒損失の計上のタイミングと方法

　　前述1のとおり，債権者が保有する金銭債権について貸倒を計上する場合に，その計上が税務上の損金として扱えるようになるためには，タイミングと方法について，一定の要件が求められています。

　　例えば，1⑵金銭債権の全額の回収ができなくなった場合を基に貸倒処理をするときは，

> ・回収不能が明らかになった事業年度において
> ・損金経理することができる

とありますので，

> ・破産手続が終了した時点の事業年度とは別の事業年度で貸倒処理することはダメ
> ・損金経理（費用または損失として経理）していないと貸倒処理はダメ

ということになります。

　　細かい論点ではありますが，間違いのないように処理することが必要になります。

230

Q24 地方税の申告および種類

　税務署からだけではなくて，都道府県とか市町村からも申告書の用紙が送られてくるんです。「申告してください」という電話もよくかかってくるし。これって何とかなりませんか？　できるだけ手間をかけたくないのですが……。

　あと，そもそも破産法人に対しての地方税って，いろいろあってややこしいですよね。どんな種類のものがあるのでしょうか？

Answer ....

1　申告の必要性

　たしかに，地方税の申告先は税務署ではありませんので，その気持ちもわからなくはないです。

　しかしながら，地方税の申告は法人税のそれとリンクしており地方税法にも定められていることなので，申告は行う必要があるでしょう。

　破産手続中の法人であっても，通常の清算中の会社と同様，地方税の申告をする必要がありますので，一般的には無視するわけにはいかず，税務署（国）に法人税・消費税の申告をするのと同じタイミングで，都道府県・市町村への申告を検討することになります。

2　地方税の種類

　さて，どのようなものが申告の対象となる地方税として挙げられるのでしょうか？　これには以下のものがあります（地方税に含まれるものはこれら以外にも数多くありますが，破産管財人として申告手続を行うことを求められるものは以下のものであろう，という趣旨です）。

231

第3章　破産管財の税務にまつわる Q&A

> ・法人の道府県民税（都税も同じ）
> ・法人の市町村民税
> 　→上記2税を総称して「法人住民税」とも呼びます。
> ・法人の事業税及び地方法人特別税
> ・事業所税

3　道府県民税および市町村民税

　まず道府県民税（都税も同じ）および市町村民税についてですが，これは「（国税である）法人税を納める法人」に対して課せられるものです。提出先が前者は都道府県，後者は市町村であることが違いますが，性格的にはほぼ同じものです。

　それぞれその中身として「法人税割」と「均等割」があります。

(1)　法人税割

　「法人税割」は，法人税の金額を元に計算される額です。

　法人税というのは所得（もうけ）に対して課される税金です。所得がなく，法人税そのものがゼロのときは法人税割は生じません。

　したがって，破産手続中の法人については，法人税割は発生しないことが多い，と考えてかまわないでしょう。

(2)　均等割

　これに対して「均等割」は，地方自治体の区域内に事務所等を有することに対し課税される，いわゆる場所代のようなものです。

　均等割は，法人税がいくらかということとは関係なく課税されます。赤字法人でも課せられます。

　均等割の額は，

・その法人の所在地
・その法人の規模（資本金等・従業員数）
・当該自治体の区域内に事務所を有していた期間（月数）

により決まります。

　破産手続が開始されると，もともとの法人としての事業所は廃止されるので，もはや事務所を有しているとはいえず，したがって均等割の支

232

払については免除されるのが普通です（一般的には，明確に「免除される」というわけではなく，「払わなくても何も言われない」というイメージですが）。

　また，破産の場合の均等割に関しては，別の論点もあります。詳細は27頁（第1章第2の1(9)におけるコラム）をご参照ください。

（補足）
　なお「破産の場合は均等税は免除」という条例を定めている自治体もあります。気になるようであれば個別に確認しておくのもアリだと思います。

4　事業税および地方法人特別税

　いずれも提出先は都道府県になります。

(1)　法人事業税

　事業税については，会社の資本金が1億円を超えるか否かで税計算に違いがあります。

①　資本金が1億円以下の場合

　この場合には「所得割」といって，所得（もうけ）に対して所定の税率をかけて税額を計算します。

　ということは，所得がないときは所得割は生じません。したがって，破産手続中の法人については，所得割は発生しないことが多いと考えてかまわないでしょう。

②　資本金が1億円超の場合

　このような法人を外形標準課税の適用法人と呼びます。このときは，税額の計算方法が異なります。

　上記①にある「所得割」の他に，「付加価値割」と「資本割」というものを併せて計算し，これらを合計した金額が事業税の額となります。

　「付加価値割」は，その法人がどれだけ給与や支払利子や賃借料を払っているかを根拠として，「資本割」はその法人の資本金の額を根拠として，それぞれ課せられるものです。これらで何を判定しようとしているのかといいますと，一言でいうとその法人の規模です。

第3章 破産管財の税務にまつわるQ&A

　外形標準課税の趣旨としては，（所得がない法人であっても）それなりの規模であれば応分の税負担をしておくれというものです。したがって，外形標準課税の適用法人は，その法人の最終的な所得（もうけ）とは関係ないところで税負担が発生することになります。

　以上のように，破産法人の資本金が1億円を超えているときは確認事項が多くなりますのでご注意ください。

【コラム】破産手続と地方税法～資本割・付加価値割～

　地方税法では，清算中の法人には資本割の額はないものとみなされています（地方税法72条の21第1項但書）ので，破産手続中の事業年度において資本割はかかりません。

　また，付加価値割の対象となる経費の支払についても，破産手続中はそれほど発生しないというのが私の個人的な感想です。

⑵　**地方特別法人税**（平成29年度から廃止）

　これは法人事業税の一種とお考えください。もともと法人事業税であったものを，政策的事情から一部を分離したものです。

　名称からは判断しにくいのですが，これは国税です。ただし，徴収は都道府県が行います。

　なんでこんな面倒くさいものが存在しているのかというと，これは平成20年の税制改正において，都道府県間における税源格差を是正するためのものとして導入されたからです。この税は"税の抜本的改革"が行われるまでの暫定的措置として導入するものとして扱われていましたが，税制改正により平成29年度から廃止となり，もとの⑴法人事業税へ復元されました。

　現在は存在しませんが，過去の一定期間において存在したものとご理解いただければOKです。

　地方特別法人税の額は，法人事業税の税額を基に，所定の税率をかけて計算します。だから，事業税がかからない場合には地方特別法人税もかかりません。

234

5 事業所税

(1) 内 容

まずこの「事業所税」は，上記4の「事業税」とは異なりますので間違えないようにご注意ください。

これは東京23区や政令指定都市，その他一定規模以上の都市（趣旨的には人口30万人以上の都市）において，その都市環境の整備改善に関する費用に充てるため，これらの自治体に所在する事業者に対して課せられる税金です。どの都市が該当するかについては政令で定められています。

課税の対象となるのは，上記都市内で事業を行い，一定規模の事業所面積（事業所面積1000平米超）・従業員（従業者数100人超）を抱える法人または個人が対象です。

ですので，それなりの規模の法人が対象となるとお考えください。したがって，破産従前において課税されていない法人というのも存在します。

(2) 破産後の手続

破産前において事業所税を課せられていた法人であっても，破産の場合には，事業所を廃止し，従業員も解雇していることが多いので，その後は事業所税の対象となることはほとんどありません。

破産手続開始決定となり事業廃止をした場合には，その旨を届出することにより，それ以降は税金がかからなくなります。

逆に言うと，届出をしないままだと，「申告して税金納めてね」という連絡が来ることがありますので注意が必要です。

申告書や届出書の提出先は，都税事務所や市などです。

(3) 更正の請求

ごく稀に，事業所税の算定根拠を誤って申告納付しているケースがあります。具体的には，事業所面積の計算誤りです。

事業所税の額の計算対象となる「事業所」には，従業員の慰安・娯楽・保養等を主たる目的とする施設は含まれませんので，例えば，工場施設の中にそのような福利厚生施設が含まれるケースにおいて，その福利厚生施設部分を含めて事業所税の計算をしているときには，税額を過

第3章　破産管財の税務にまつわるQ&A

大に計算していることになります。

　このようなときには更正の請求を行うことにより，還付税額が生ずることもありますので，破産法人がそのような施設を保有しているのであれば，計算に誤りがないかをチェックしてみるのもいいでしょう。

6　全体的な捉え方

(1)　作業の流れ

　以上，諸々見てきましたが，破産法人の場合，地方税の申告として必要になるものはそう多くはないと思われます。

　破産手続開始決定により，従前の本店所在地や事業所では業務を行わなくなるのが普通なので，事業所は廃止となります。

　したがって，破産手続開始決定時点より後には，住民税の均等割とか，事業所税がかかることはないと考えるのが通常です。

　また，破産法人そのものの所得が生じるケースというのが存在しないことも多いので，そのような場合ですと，住民税や事業税における法人税割も所得割も通常生じません。

　実際の地方税の申告としては，

---

①　破産開始決定後，速やかに事業所の廃止届（廃業届）を提出。
②　期首〜破産開始決定までの確定申告の申告を行う。
　＊この事業年度で所得がない場合には，均等割だけ申告納付となる。
③　それ以降の期間については無視する。

という流れになるのが一般的です。

(2)　地方税当局から照会を受けることもある

　(1)のような流れでいうと，破産開始後においては，国税（法人税や消費税）については申告しているものの，地方税については無申告という期間が存在します。その場合，地方税当局から「申告してください」という案内が届くことがあります。

　事業を営んでおらず課税所得も存在しない，また，事業所が存在していないため均等割の負担も生じない，という事情があれば，その旨で応

対することで，申告作業についてはそれ以上のことは求められていません。

　その際，稀に「事業を営んでいない」という旨を表すものとして，損益計算書の提出を求められたり，勘定科目の内訳について質問を受けたりすることがあります。このときは紙ベースもしくは口頭での説明により，「財産の換価によって資産の動きはあるものの，事業を営んでいるものではなく，単に換価処理を行っているだけ」ということを説明すれば，それ以上のことは求められていません。

【コラム】固定資産税と自動車税

　破産財団のうちに，固定資産（土地や建物）や自動車が存在する場合には，それぞれ，固定資産税や自動車税が課税されます。

　固定資産税は1月1日現在の不動産所有者に対し，自動車税は4月1日現在の所有者に対し，それぞれ課税されます。

　破産手続開始決定以降に課せられる分についてはいずれも財団債権として取り扱われるので，それは粛々と取り扱うことになるのですが，既に譲渡や取壊しが行われているにも係わらず税額が課せられている場合には，取消しを申し出ることも必要になるでしょう。

　そのような誤った賦課が行われていた場合には，更に年をさかのぼって，誤った課税がされていないかのチェックを行うことも大切です。具体的には，Q35を参照ください。

第3章　破産管財の税務にまつわるQ&A

Q25 管財人報酬からの源泉の要否

　管財人報酬からは源泉しないといけないものなのでしょうか？　自分から自分への報酬のようなものだし，その後の手間もかかるし，正直，源泉なんてしたくないのですが。

Answer

1　源泉は必要か？

　自分から自分への報酬。たしかにそのようなものなのですが，源泉は「必要」と考えたほうが無難です。

　「管財人（破産者の代理人である弁護士）」と「報酬を受ける弁護士」は別人格と考えたほうがいいでしょう。

　管財人報酬は「弁護士に対する報酬」となるので，源泉徴収すべき報酬に該当します（所得税法204条1項2号）。

2　源泉が必要になる管財人報酬

　ここで「すべての管財人報酬について源泉が必要か？」と言われると，必ずしもそうではありません。

　源泉所得税の徴収をしなければならない者のことを「源泉徴収義務者」といい，「源泉徴収義務者が支払う弁護士報酬については，（その源泉徴収義務者が）源泉所得税を徴収しなければならない」というのが税法上のルールです。

　上記ルールについては所得税法のいくつかの条文で記されているのですが，この点に関しては国税庁のタックスアンサーが参考になります。

238

（タックスアンサー：源泉徴収義務者とは）要旨

　会社や個人が，人を雇って給与を支払ったり，税理士などに報酬を支払ったりする場合には，その支払の都度支払金額に応じた所得税を差し引くことになっています。そして，差し引いた所得税は，原則として，給与などを実際に支払った月の翌月の10日までに国に納めなければなりません。

　この所得税を差し引いて，国に納める義務のある者を源泉徴収義務者といいます。

　源泉徴収義務者になる者は，会社や個人だけではありません。給与などの支払をする学校や官公庁なども源泉徴収義務者になります。

　しかし，個人のうち次の二つのいずれかにあてはまる人は，源泉徴収をする必要はありません。
(1)　常時二人以下のお手伝いさんなどのような家事使用人だけに給与や退職金を支払っている人
(2)　給与や退職金の支払がなく，弁護士報酬などの報酬・料金だけを支払っている人（例えば，給与所得者が確定申告などをするために税理士に報酬を支払っても，源泉徴収をする必要はありません）

　なお，会社や個人が，新たに給与の支払を始めて，源泉徴収義務者になる場合には，「給与支払事務所等の開設届出書」を給与支払事務所等を開設してから1か月以内に提出することになっています。

　この届出書の提出先は，給与を支払う事務所などの所在地を所轄する税務署長です。

　ただし，個人が新たに事業を始めたり，事業を行うために事務所を設けたりした場合には，「個人事業の開業等届出書」を提出することになっていますので「給与支払事務所等の開設届出書」を提出する必要はありません。

（所得税法6条，183条，184条，200条，204条，229条，230条）

　「管財人報酬を源泉しなければならない場合」というと，
(1)　事業者（源泉徴収義務者である事業者）が，
(2)　弁護士に報酬を支払った場合
ということになります。

　したがって，破産管財の場合には，
・破産者（事業者）の事務を担う破産管財人が，

第3章　破産管財の税務にまつわるQ&A

・弁護士へ報酬を支払う場合に，
源泉徴収義務が発生する，ということになります。

　ここで，そもそもの破産者が(1)に該当しない場合だと（例：単なるサラリーマン），その破産者（の管財人）が弁護士に報酬を支払ったとしても，その報酬は源泉をする必要はありません。

3　破産管財人は源泉徴収義務者か？

　この点で論点があるとすれば，破産管財人は所得税法183条に規定する「源泉徴収義務者」に該当するかどうか？　という点になるのでしょう。確かにこの点については緒論があるようです。

　破産管財人の源泉徴収義務については平成23年1月に最高裁で判決が出ており，これを踏まえて，現在では国税庁ウェブサイトにこの点の質疑応答事例が掲載されております。ここでは「源泉必要」とされています。

（国税庁ウェブサイト）
ホーム＞税について調べる＞質疑応答事例＞源泉所得税目次一覧＞破産管財人報酬

【照会要旨】
　A社は，裁判所から破産手続開始の決定（破産宣告）を受け，弁護士Bがその破産管財人に選任されました。その後，裁判所が破産管財人の報酬を2000万円と決定しましたので，Bは，その支払決定に基づき，破産財団からその破産管財人報酬の支払を受けます。
　この破産管財人報酬は，所得税法第204条第1項第2号に規定する弁護士の業務に関する報酬又は料金に該当するとして源泉徴収の対象となるのでしょうか。
【回答要旨】
　破産管財人報酬は，弁護士の業務に関する報酬又は料金として，源泉徴収の対象となります。
　破産管財人の業務は，弁護士法第3条第1項に規定する「一般の法律事務」には該当しませんが，同法第30条の5の業務を定める法務省令（弁護士法人の業務及び会計帳簿等に関する規則）第1条第1号にいう業務に該当するとともに，弁護士は，正当の理由がなければ，法令により官公署

240

の委嘱した事項を行うことを辞することができないものとされています（弁護士法第24条）。

　したがって，弁護士法は，弁護士の使命及び職責にかんがみ，弁護士が破産管財人の地位に就きその業務を行うことを予定しているものと考えられます。

　また，所得税法第204条第１項第２号に規定する「弁護士の業務」を弁護士法第３条第１項に規定する「一般の法律事務」に限定すべき理由はなく，弁護士としての専門的知識をもって行う業務も同号にいう「弁護士の業務」に含まれると考えられます。

　以上のことから，弁護士が破産管財人として行う業務は，「弁護士の業務」に該当し，破産管財人報酬は，弁護士の業務に関する報酬又は料金に該当することとなります。

【関係法令通達】
所得税法第204条第１項

4　破産者が源泉徴収義務者であるかをどう判定するか？

　破産者が，破産従前に源泉徴収義務者であったか否かということについては，その破産者が破産以前に下記のケースであれば該当するということになります。

・法人であった
・個人事業者であり，人を雇って，支払う給与から源泉をしていた

　したがって，破産者が法人の場合だと，管財人報酬は源泉の対象となりますが，破産者が個人の場合には必ずしもそうではなく，ケースバイケースということになります。

5　翌年の予定申告との関係

　それでも「源泉はちょっとなぁ〜」と思う管財人の方もいるかもしれませんのでもう一言付け加えます。

241

第３章　破産管財の税務にまつわるQ&A

　管財人報酬を受ける弁護士としての立場では，「納税資金の資金繰り」のことを考えると，次の理由から，源泉徴収したほうが後々の資金繰りが楽になることも想定されます。

(1)　源泉徴収しなくても，翌年３月の確定申告の際には支払わなければなりません。

　　まとめて多額の納税を行うよりは，先にある程度納めておいたほうが後々楽になるでしょう（翌年３月まで資産運用で増やす予定の方には当てはまらないと思いますが……）。

(2)　源泉徴収しておいたほうが，翌年に予定納税がある場合，その金額が低くなります。

　　予定納税基準額の計算をする際に，前年年税額から源泉徴収額がマイナスされ，そのマイナス後の金額が予定納税基準額となるからです。

　具体的な例を挙げますと，
・平成24年８月にＡ弁護士が管財人報酬として400万円受領
・上記を含め，平成24年のＡ弁護士の所得が1,200万円
・平成24年のＡ弁護士の所得税の年税額が460万円
　というような場合に，管財人報酬400万円について源泉70万円をしている場合（ケース１）と，していない場合（ケース２）を考えてみます。

（ケース１）
予定納税基準税額：（460万円－70万円）÷３＝130万円
　→平成25年７月と11月に，それぞれ130万円を予定納税

（ケース２）
予定納税基準税額：450万円÷３＝150万円
　→平成25年７月と11月に，それぞれ150万円を予定納税

　管財人報酬という一種のスポット報酬が，年間収入のうちに大きな割合を受けていればいるほど，源泉の有無で翌年の予定納税の際に響いてくることになります。

242

の委嘱した事項を行うことを辞することができないものとされています（弁護士法第24条）。

　したがって，弁護士法は，弁護士の使命及び職責にかんがみ，弁護士が破産管財人の地位に就きその業務を行うことを予定しているものと考えられます。

　また，所得税法第204条第1項第2号に規定する「弁護士の業務」を弁護士法第3条第1項に規定する「一般の法律事務」に限定すべき理由はなく，弁護士としての専門的知識をもって行う業務も同号にいう「弁護士の業務」に含まれると考えられます。

　以上のことから，弁護士が破産管財人として行う業務は，「弁護士の業務」に該当し，破産管財人報酬は，弁護士の業務に関する報酬又は料金に該当することとなります。

【関係法令通達】
所得税法第204条第1項

4　破産者が源泉徴収義務者であるかをどう判定するか？

　破産者が，破産従前に源泉徴収義務者であったか否かということについては，その破産者が破産以前に下記のケースであれば該当するということになります。

・法人であった
・個人事業者であり，人を雇って，支払う給与から源泉をしていた

　したがって，破産者が法人の場合だと，管財人報酬は源泉の対象となりますが，破産者が個人の場合には必ずしもそうではなく，ケースバイケースということになります。

5　翌年の予定申告との関係

　それでも「源泉はちょっとなぁ～」と思う管財人の方もいるかもしれませんのでもう一言付け加えます。

241

第3章　破産管財の税務にまつわるQ&A

　管財人報酬を受ける弁護士としての立場では，「納税資金の資金繰り」
のことを考えると，次の理由から，源泉徴収したほうが後々の資金繰りが
楽になることも想定されます。

⑴　源泉徴収しなくても，翌年3月の確定申告の際には支払わなければな
　りません。

　　まとめて多額の納税を行うよりは，先にある程度納めておいたほうが
　後々楽になるでしょう（翌年3月まで資産運用で増やす予定の方には当て
　はまらないと思いますが……）。

⑵　源泉徴収しておいたほうが，翌年に予定納税がある場合，その金額が
　低くなります。

　　予定納税基準額の計算をする際に，前年年税額から源泉徴収額がマイ
　ナスされ，そのマイナス後の金額が予定納税基準額となるからです。

　具体的な例を挙げますと，
　・平成24年8月にA弁護士が管財人報酬として400万円受領
　・上記を含め，平成24年のA弁護士の所得が1,200万円
　・平成24年のA弁護士の所得税の年税額が460万円
　というような場合に，管財人報酬400万円について源泉70万円をして
　いる場合（ケース1）と，していない場合（ケース2）を考えてみます。

　（ケース1）
　予定納税基準税額：（460万円－70万円）÷3＝130万円
　　→平成25年7月と11月に，それぞれ130万円を予定納税

　（ケース2）
　予定納税基準税額：450万円÷3＝150万円
　　→平成25年7月と11月に，それぞれ150万円を予定納税

　管財人報酬という一種のスポット報酬が，年間収入のうちに大きな割合
を受けていればいるほど，源泉の有無で翌年の予定納税の際に響いてくる
ことになります。

242

多額の管財報酬が出た時には，翌年の資金繰りに意外と大きな影響を与えることになりますのでご注意ください。

【コラム】源泉所得税の納付からの視点

徴収した源泉所得税額をどう納めるか？　という観点から考えますと，別の見方が出てきます。

源泉所得税は所定の納付書で納めるのですが，その納付書は税務署に作成を依頼するのが通常です。

税務署から発行される納付書には，破産法人についての所轄税務署名と整理番号と法人名が印字されており，納付の際はこの納付書を使用するように求められます。

この意味では，破産者が源泉徴収義務者であるかどうかというのは，その破産者が従前に税務署にて「源泉徴収義務者として整理番号が付与されているか否か」による，という見方もあります。整理番号が付与されていれば，源泉所得税の納付書が作成できるということになります。

別の言い方をすると，税務署で「源泉徴収義務者」として登録されていないと，源泉所得税の納付書を作成するのが難しい，というのが現状です。

ということで，「設立以来一度も税務署に申告書や届出書を提出したことがない法人」というのは，税務署に「納付書作成してください」と言っても簡単には作成できないかもしれません（あまりないかとは思うのですけどね）。

破産申立代理人の視点：破産申立代報酬からの源泉徴収及び納付

以上は破産管財人報酬の話でしたが，破産前の法人から，申立代理人報酬として弁護士報酬が支払われる際の話になりますと，もう少し別の視点があります。

結論からいうと，源泉の要否については「源泉徴収しておくべき」になります。というのは，源泉なしで弁護士報酬を受領していると，破産手続開始決定後，破産管財人より，源泉徴収税額相当額を請求されることがあるからです。

破産前の法人が，申立代理人へ弁護士報酬を支払う場合，当然ながら源泉徴収を行わなければなりません。これは源泉徴収の基本です。したがって，後日「この報酬からは源泉していませんでしたね」ということが判明

第3章　破産管財の税務にまつわる Q&A

　しますと，法人としては預かっておくべき金額が少なかったということに
なりますので，その分を申立代理人に請求することがあります。

　破産管財人が，破産法人の財団をチェックする際，当該金額（申立代理
人報酬における源泉徴収不足額）が存在することが判明した場合には，財団
増殖のために，この金額を申立代理人に請求する。そのような事例によく
接します。

　その意味では，申立代理人としては，源泉徴収したあとの額を報酬とし
て受領し，可能であれば期限内に当該源泉所得税額を所定の手続で税務署
宛に納付しておくほうがよいでしょう。

Q26 源泉所得税の納付・納付書作成・支払調書の作成

この度，管財人報酬額が確定したので，源泉して納付します。それで，いくら源泉すればいいのでしょう？

また，どうやって納めるのでしょう？　現金を持って銀行窓口に行けばいいのでしょうか？

源泉を納めたらそれで作業は終了，ということでいいのでしょうか？

Answer

1　源泉所得税の額の計算

(1)　計算方法

弁護士が受ける管財人報酬は「弁護士報酬」になりますので，源泉所得税は

・100万円までの金額については10%

・100万を超える場合は超える部分について20%

となります。

　例：管財人報酬300万円の場合

・100万円×10％＝10万円

・（300万円－100万円）×20％＝40万円

・よって10万円＋40万円＝50万円

となるのですが，下記の点に注意が必要です。

平成25年1月1日以降に徴収する源泉所得税としては，通常の所得税の他に復興特別所得税を併せて徴収する必要があります。これは平成49年までの措置ですが，源泉所得税の額は通常の2.1％増になると定められています。

したがって源泉所得税は，

①100万円までの金額については10.21％

②100万円を超える場合は超える部分について20.42％

245

第3章　破産管財の税務にまつわるQ&A

となります。

　上記の例の数字を使用すると，管財人報酬300万円の場合

①100万円×10.21％＝102,100円

②(300万円－100万円)×20.42％＝408,400円

③よって①＋②＝510,500円

となります。

(2)　税率をかけるのは税込？　税抜？

　裁判所からの管財人報酬決定通知書で記載されている金額は，厳密にいうと税込金額です。このような場合において，源泉所得税の額を計算するときに，報酬の額を税抜にしなければならないのですかと聞かれることがあります。

　税率を乗ずるのは税込の額ですか税抜のそれなのですかという趣旨です。

　結論から言いますと，税込・税抜どちらでも構いません。つまり，源泉の額を計算をするときには，通知書に記載されている金額を一旦税抜にしても構いません。

　(1)の具体例の数字を使うと，消費税率8％の時期に「管財人報酬が300万円」と決定通知された場合には

①3,000,000円÷1.08＝2,777,777円（税抜報酬額）

②1,000,000円×10.21％＝102,100円

③(2,777,777－1,000,000)×20.42％＝363,022円

④よって②＋③＝465,122円

と計算してもOKであるということです。

　細かいところを言いますと，このような処理は，破産法人が税抜経理をしていることが必要条件にはなるのですが，そこまで厳密な判断を求められるかというとそれほどでもありません。

(3)　税込と税抜どちらが有利か？

　上記(2)の判断をする場合にどちらが有利なのですかと聞かれることもあります。

246

管財人報酬決定額につき，税込の額に源泉税率を乗じても，決定額を一旦税抜きにして源泉税率を乗じても，受け取る管財人側では，弁護士としての申告納付所得税を計算する際，最終的には確定申告にて精算されます。

したがって，どちらが有利という話ではなく，間違ったからといってそれほど大きな問題にはならないところですが，受領する弁護士側の資金繰に影響することはあり得ますので，必要に応じて選択すればよいでしょう。

2　源泉した所得税の取扱

報酬額が確定し，実際に報酬を収納した時点で源泉所得税額を計算・徴収します。具体的な流れとしては，

(1)　管財人口座から報酬額（源泉後）と源泉所得税額を引き出す
　　　↓
(2)　前者を弁護士口座へ預入れる
　　　↓
(3)　後者を納付書を用いて銀行等の窓口で納付する

ということになるでしょう。

ここで(3)の徴収した源泉所得税額は，原則として翌月10日までに納付しなければなりません。納付が遅れた場合は不納付加算税（源泉額の10％）のリスクが有るので要注意です。

ということで私の場合には，(2)と(3)を同時に行うことをおすすめしています。

3　納付書の作成方法

(1)　作成の際に必要なデータ

実際の納付にあたっては所定の納付書を使用するのですが，この納付書は税務署に依頼して作成します。作成そのものは最寄りの税務署で可

能（本店所在地の所轄税務署でなくても可能）であり，作成手数料はかかりません。

　税務署から発行される納付書には，破産法人についての所轄税務署名と整理番号と法人名が印字されており，納付の際はこの納付書を使用するように求められます。

　税務署に納付書の作成を依頼する際は，次の項目を教えてくださいと求められますので，データを準備しておいてください。

・所轄税務署（本店所在地により決まります）
・整理番号（法人税の確定申告書に記載されています）
・正式な商号

　法人税の申告書別表一の最上部に，所轄税務署と整理番号が記載されているので，直近の申告書を確認するのが一番早いと思われます。

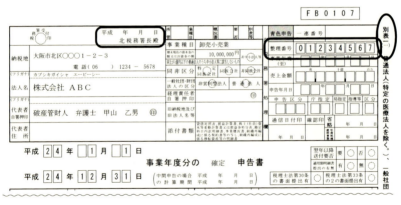

▲記載例１：別表一の該当箇所

　破産法人の場合でも，使用する整理番号は破産前の従前の番号となります。破産により新たな番号が付与されるというわけではないのでご注意ください。

(2) **整理番号が不明の場合**

　書類散逸の場合で整理番号がわからないというのであれば，破産管財人として税務署へ照会を行えば回答してくれます。

　本店所在地を所轄する税務署の法人課税部門に電話をし，「○○という法人の破産管財人です。源泉所得税を納付するにあたり，整理番号を教えて欲しいのですが」と質問すればOKです。本店所在地と正式な社名を聞かれますので，それを伝えて回答を得ます（折り返しの回答になるかもしれません）。

　稀に登記上の本店所在地が実際の本店所在地と異なるケース（例えば代表者の自宅にしているケースなど）がありますが，その場合には実際の本店所在地を所轄する税務署に照会することになります。

　所轄税務署が分からない場合には，最寄りの税務署に質問するか，国税庁のウェブサイトから探すことができます（ホームページ＞国税局・税務署を調べる）。

(3) **税務署窓口にて作成する場合**

　最寄りの税務署に足を運んで作成を依頼する際は，窓口で「源泉の納付書作って欲しいのでお願いします」と言えば即日交付してくれます。必要なデータを準備していれば，特に本人確認等は求められないでしょう。通常は受領印なども求められません。

　さてその際，納付書が欲しいので作ってくださいと依頼すると，税務署からは「どの（種類の）源泉ですか？」と聞かれます。源泉所得税の納付書には何種類かあるからです。

　その場合は，「管財人の弁護士報酬の分です」と答えればOKです。

（補足）

　ここで「管財人の弁護士報酬の分」としたのは，正式には「給与所得・退職所得等の所得税徴収高計算書」といいます。この納付書には「一般用（毎月納付）」と「納期特例用（半年納付）」がありますが，前者を選べばOKです。

　したがって，より万全を期すならば「給与報酬のモノで，毎月納付のやつでお願いします」といえばいいでしょう。

第3章　破産管財の税務にまつわるQ&A

　　納付書を発行する際，税務署によっては独自の依頼書様式を定めているところもあり，窓口に行って作成を依頼する際，「発行依頼するならこれに記入してください」といわれることもあります。必要に応じて適宜ご対応ください。

⑷　郵送で作成を依頼する場合

　　郵送で作成を依頼する場合は，税務署へ文章にて依頼します。破産法人の本店所在地の所轄税務署への依頼になります。

（依頼文書例）

　＊＊税務署長殿

　　　　　　　　　　　　　　　　株式会社ＡＢＣ
　　　　　　　　　　　　　　　　　破産管財人　弁護士　甲山乙男

　　下記の破産法人に係る管財人報酬の源泉所得税を納付しますので，納付書の作成をお願い致します。

　　　　　　　　　　　　　　　記
　　　・所轄税務署：　＊＊税務署
　　　・整 理 番 号：　01234567
　　　・法 　人 　名：　株式会社ＡＢＣ
　　　・納付書の種類：　給与・税理士等の報酬（毎月納付分）
　　　・作 成 部 数：　3部

　　　　　　　　　　　　　　　　　　　　　　　　　　　以上

　　依頼書には返信用封筒（切手貼付）を同封します。その郵送代は納付書の作成部数にもよりますが，1〜4枚なら82円，5〜9枚なら92円というところです。

　　書き損じや複数回使用することを想定し，作成部数は3〜4枚とするのがいいでしょう。

　　上記依頼書については，税務署によっては独自の様式を定めているところもありますが（前述⑶参照），それを使用しないと作成してくれない

という訳でもないので，それほど気にしなくてもいいでしょう。

(5) 税理士等に依頼する場合

　知り合いの税理士等があれば，そこに依頼するのでもよいでしょう。別に破産法人がその税理士の顧問先でなくてもかまいません。

　会計業界人としては慣れた行為なので，アッサリ手配してくれると思われます。

4　手配した納付書への記載

　以上のいずれかの方法で入手した納付書には，徴収義務者（納付する者）の欄に，住所および商号しか記載されません。したがって納付の際は，商号の下に，「破産管財人　弁護士　＊＊＊＊」の名称を補記するとよいでしょう。

　この用紙に支給日・報酬額・源泉所得税額を記入の上，金融機関の窓口にて納付することになります。

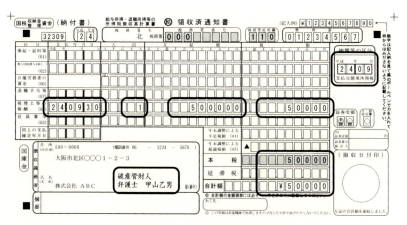

▲記載例2：源泉所得税納付書
（平成24年9月30日に管財人報酬50万円を支払い，5万円の源泉徴収をした場合）

5　納付後の手続

　さて，以上のような流れで管財人報酬の支払の際はひとまずOKなので

第3章　破産管財の税務にまつわるQ&A

すが，税務署への手続としては，それ以外に「支払調書」と「合計表」の
作成をする必要があります。

⑴　**支払調書**

　　支払調書とは，弁護士報酬のような，所得税法で定められている一定
の支払を行う者が，その内容について税務署に報告しなければならない
書類です。

　　弁護士報酬を支払う者は，その内容を支払調書にて税務署に報告しな
ければなりません。管財人報酬は，破産法人が弁護士に払う報酬ですの
で，その内容を支払調書の形で税務署に報告しなければならないという
わけです。

　　弁護士の先生は支払調書を受領する立場が多いので，支払調書そのも
のについては馴染みがあるかと思います。あれと同じフォームで，「支
払を受ける者」の欄に自分の名前が記載されており，「支払者」の欄が
破産法人名になっているものを作成し，それを税務署に提出するわけで
す（記載例3参照）。

　　その用紙そのものは税務署で入手することができます。フォームは国
税庁のウェブサイトでもダウンロード可能です。それに手書きで記入す
れば事は足ります。

　　作成に関してはエクセルのフリーソフトウェアが諸々存在しますので，
手書きはどうも，というのであればそういうものを利用してもいいかも
しれません。

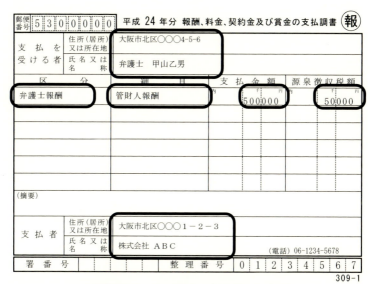

▲記載例３：支払調書（破産管財人報酬）

　作成した支払調書の税務署への提出期限は，支払のあった日の属する年の翌年１月末になります。年間分をまとめて翌年１月末までに提出するというイメージになります。

　来年になると忘れてしまう可能性がある場合には，作成の都度税務署に郵送してもOKです。別に文句は言われません。

　提出先は破産法人の所轄税務署になります。弁護士の申告を行う際の税務署ではありませんのでご注意ください。

(2) **合計表**

　続きまして合計表です。正式には「給与所得の源泉徴収票等の法定調書合計表」と呼びます。

　これは様々な支払調書の内容について金額をまとめて，年間分を合計したものとお考えください。Ａ４サイズのOCR様式のものになります。

　ここには前述(1)の支払調書につき，支出報酬の種類ごとに区分したところの件数・金額・源泉所得税額について，それぞれ合計額を記載します。対象期間は１月１日から12月31日までの分です。

　この合計表の提出期限は，先ほどの支払調書と同じく，支払年分の翌

第3章　破産管財の税務にまつわるQ&A

年1月末になります。ということで実務的には，支払調書の提出と一緒に行うことになっています。合計表の添付書類として支払調書を添え，税務署へ提出するという流れになります。

　合計表については，破産管財報酬だけの分を記載すれば十分というわけではありません。暦年1年間の間の弁護士報酬・税理士報酬などの所定の報酬をすべて記載するようになっていますのでご注意ください。

　またその合計表には，支払報酬だけではなく，同じ1年間にその会社が支払った給与や退職金，不動産等の使用・売買等のうち所定のものについての合計金額について記載するようになっています。併せて所定の明細書（支払調書や源泉徴収票）の添付も必要とされます。

　特に破産手続開始決定があった日の属する年については，破産以前のデータを拾う必要が出てくるケースもあり，集計に手間取る可能性が高くなります。

【コラム】合計表は必ず提出するもの？

　以上のような事情から，合計表を正しい内容で作成しようとすると，破産管財の場合には正直難しいところがあります。この作成提出まで破産管財人の業務として捉えるべきかということについては，微妙なところでしょう。

　仮に合計表の提出がなかったとしても，管財人報酬に係る支払調書さえ作成提出していれば，報酬等の支払状況は税務署で補足できますので十分ではないかと考えています。

　この点については，管財人として状況に応じて対応すればいいのではないかと思います。

254

Q26 源泉所得税の納付・納付書作成・支払調書の作成

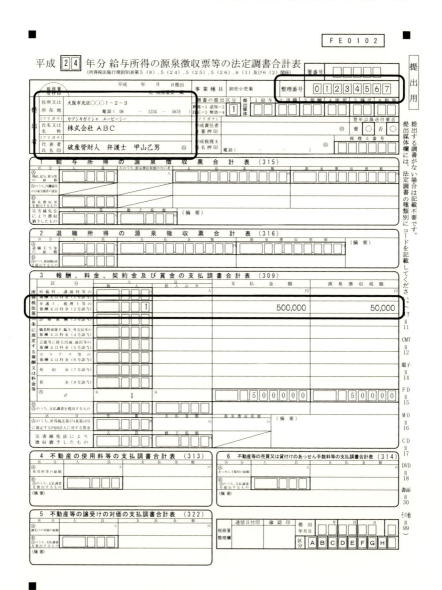

▲記載例4：法定調書合計表

第3章　破産管財の税務にまつわるQ&A

Q27 履行補助者への給与・報酬の源泉

　税理士に破産法人の税務申告を依頼し，報酬を支払います。また，履行補助者として元従業員やその他のアルバイトを雇って作業をさせる予定にしています。このような場合，報酬や給与を払うときには源泉をしなければならないのでしょうか？

Answer

> 【注意】　ここで述べるのはQ28にある，破産法人の従前の従業員に対する，配当としての未払給与の支払とは異なりますのでご注意ください。

1　源泉徴収

　破産管財人が，自らの破産管財報酬とは別に，履行補助者としての者に給与や報酬を支払うことがあります。その場合，破産管財人は，その給与や報酬の支払について，源泉徴収義務と納付義務を負うことになります。

　ここでいう履行補助者とは，

・弁護士

・税理士

・破産会社の元従業員

などが考えられます。

　いずれも，破産管財業務の遂行のために必要であるとして依頼した人になります。

(1)　弁護士や税理士に対する報酬

　弁護士・税理士に対する報酬については，10％源泉（100万円を超える部分は20％）となります。管財報酬の場合と同じですので，手続の詳細はQ26をご参照ください。

256

(2) 雇用した個人への給与

① 所定の源泉徴収税額表を使用する

　　履行補助者を雇用した際に，その者に対し払う金額は「給与」になります。雇用する者が破産管財人，される側が履行補助者というわけです。その場合，給与の額に応じて所定の源泉所得税額を徴収しなければなりません。

　　この徴収する金額がいくらかになるかについては，税務署が作成する所定の表にあてはめた金額になります。この表を源泉徴収税額表といいまして，給与の支払をする都度この表にあてはめて計算します。

　　税額表には「月額表」「日額表」「賞与」の３種類があるのですが，通常使用するのは「月額表」でしょう（日給や週給の場合には「日額表」，臨時の給与は「賞与」を使います）。

② 源泉徴収税額表の見方

　　さて，税額表を見ますと，大きく分けて「甲欄」と「乙欄」というものが存在します。両者の違いが何かというと，「甲欄」では扶養親族の有無および数を考慮しますが，「乙欄」ではそのような点を考慮しないという点にあります。

　　甲欄のほうが源泉所得税の額が少ないので，こちらの方法により計

（税額表より一部抜粋）

月額給与の額 (社会保険料控除後)		甲欄					乙欄
		扶養親族等の数					
		0人	1人	2人	3人	……	
以上	未満	税額					税額
167,000	169,000	3,550	1,960	380	0	……	11,200
169,000	**171,000**	**3,620**	2,030	450	0	……	**11,500**
171,000	173,000	3,690	2,100	520	0	……	11,800
173,000	175,000	3,760	2,170	590	0	……	12,100
175,000	177,000	3,830	2,240	660	0	……	12,400

例えばこの表では月額170,000円の人の場合，「甲欄・扶養親族0人」だと源泉が3,620円であるのに対し，「乙欄」だと11,500円となります。

第3章　破産管財の税務にまつわるQ&A

算してあげたいところなのですが，甲欄で計算するには所定の用紙（扶養控除等申告書といいます）を給与を受ける者から提出していただく必要があり，またその用紙を提出することができるためには若干の要件があります。

したがって，破産管財人が履行補助者を雇用する際には，通常，その用紙の提出を求めることはありません。

結論としては，破産管財人は履行補助者に給与を支払うときには，税額表の「乙欄」により源泉所得税額を計算することになります。

（補足）

　源泉徴収税額表については，年ごとに，使用する税額表が定められています。毎年内容が必ず変わるというわけではありませんが，念のため該当年のものを利用するようにご注意下さい。

参照：国税庁ホームページ

　ホーム＞税について調べる＞パンフレット・手引き＞源泉所得税関係

2　徴収した源泉所得税の納付

⑴　納期限に注意

源泉徴収した金額は，原則として翌月10日までに，所定の納付書をもって税務署に納付します。

期限内にこの納付がない場合には，当該源泉税額のほかに，不納付加算税が課されることになるので注意が必要です。

⑵　使用する納付書

使用する納付書は，管財報酬に関する源泉所得税を納付する際に使用するものと同じものです。報酬と給与の源泉については同じ用紙の別の欄に記入するようになっています。

納付書用紙の具体的な手配方法についてはQ26を参照ください。

納付書の記載方法ですが，給与の支給日・支給人数・支払総額・源泉徴収税額を所定の欄に記入すればOKです。この納付書を使用し，源泉徴収税額と共に，金融機関の窓口にて納付します。

Q27　履行補助者への給与・報酬の源泉

(2)　雇用した個人への給与

①　所定の源泉徴収税額表を使用する

　　履行補助者を雇用した際に，その者に対し払う金額は「給与」になります。雇用する者が破産管財人，される側が履行補助者というわけです。その場合，給与の額に応じて所定の源泉所得税額を徴収しなければなりません。

　　この徴収する金額がいくらかになるかについては，税務署が作成する所定の表にあてはめた金額になります。この表を源泉徴収税額表といいまして，給与の支払をする都度この表にあてはめて計算します。

　　税額表には「月額表」「日額表」「賞与」の３種類があるのですが，通常使用するのは「月額表」でしょう（日給や週給の場合には「日額表」，臨時の給与は「賞与」を使います）。

②　源泉徴収税額表の見方

　　さて，税額表を見ますと，大きく分けて「甲欄」と「乙欄」というものが存在します。両者の違いが何かというと，「甲欄」では扶養親族の有無および数を考慮しますが，「乙欄」ではそのような点を考慮しないという点にあります。

　　甲欄のほうが源泉所得税の額が少ないので，こちらの方法により計

（税額表より一部抜粋）

月額給与の額 （社会保険料控除後）		甲欄					乙欄
		扶養親族等の数					
		0人	1人	2人	3人	……	
以上	未満	税額					税額
167,000	169,000	3,550	1,960	380	0	……	11,200
169,000	171,000	3,620	2,030	450	0	……	11,500
171,000	173,000	3,690	2,100	520	0	……	11,800
173,000	175,000	3,760	2,170	590	0	……	12,100
175,000	177,000	3,830	2,240	660	0	……	12,400

例えばこの表では月額170,000円の人の場合，「甲欄・扶養親族０人」だと源泉が3,620円であるのに対し，「乙欄」だと11,500円となります。

257

第3章　破産管財の税務にまつわるQ&A

算してあげたいところなのですが，甲欄で計算するには所定の用紙（扶養控除等申告書といいます）を給与を受ける者から提出していただく必要があり，またその用紙を提出することができるためには若干の要件があります。

したがって，破産管財人が履行補助者を雇用する際には，通常，その用紙の提出を求めることはありません。

結論としては，破産管財人は履行補助者に給与を支払うときには，税額表の「乙欄」により源泉所得税額を計算することになります。

（補足）

　源泉徴収税額表については，年ごとに，使用する税額表が定められています。毎年内容が必ず変わるというわけではありませんが，念のため該当年のものを利用するようにご注意下さい。

参照：国税庁ホームページ

　ホーム＞税について調べる＞パンフレット・手引き＞源泉所得税関係

2　徴収した源泉所得税の納付

(1)　納期限に注意

源泉徴収した金額は，原則として翌月10日までに，所定の納付書をもって税務署に納付します。

期限内にこの納付がない場合には，当該源泉税額のほかに，不納付加算税が課されることになるので注意が必要です。

(2)　使用する納付書

使用する納付書は，管財報酬に関する源泉所得税を納付する際に使用するものと同じものです。報酬と給与の源泉については同じ用紙の別の欄に記入するようになっています。

納付書用紙の具体的な手配方法についてはQ26を参照ください。

納付書の記載方法ですが，給与の支給日・支給人数・支払総額・源泉徴収税額を所定の欄に記入すればOKです。この納付書を使用し，源泉徴収税額と共に，金融機関の窓口にて納付します。

258

Q27 履行補助者への給与・報酬の源泉

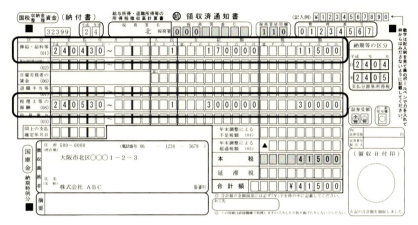

▲記入例：源泉納付書

3 報酬の支払調書の作成

履行補助者である弁護士や税理士に「報酬」を支払った場合には，「報酬の支払調書」を作成しなければなりません。

内容としては，管財人に管財人報酬を支払ったときと同じ様式のものになります。「支払を受ける者」の欄に履行補助者である弁護士や税理士の所在地・氏名を記入すればOKです。

この支払調書は，税務署に提出しなければなりません。

また便宜上，同じものをもう一部作成し，履行補助者本人へ送付してあげるとよいでしょう。

【コラム】報酬の支払調書の本人送付

ちなみに，報酬の支払調書は，税務署への提出が義務ですが，報酬を受領した履行補助者本人への交付は義務ではありません。しかしながら，実務的には履行補助者本人へも送付していることが多いのが実情です。

259

第3章 破産管財の税務にまつわるQ&A

▲記入例：支払調書（履行補助者である税理士への支払）

4 給与の源泉徴収票の作成

次は履行補助者に「給与」を支払った場合です。

その場合には，給与を受領した者に対して「給与所得の源泉徴収票」を作成しなければなりません。集計の対象は1年分で，同一人物につき暦年の1月から12月までの支給合計額および源泉徴収票，その他所定の事項を記載する必要があります。

この「給与所得の源泉徴収票」（単に「源泉徴収票」とも呼びます）の様式については，国税庁のウェブサイトに記載されています。また，税務署に4連複写の用紙も用意されていますので，必要に応じて利用してください。

給与所得の源泉徴収票がなぜ複写様式になっているかといいますと，提出する先が複数あるからです。

作成した源泉徴収票は前述3の「報酬の支払調書」の場合とは少々扱いが異なりまして，これについては，

(1) 給与を受領した者には「必ず」交付する（1枚）
(2) 同じものをその受給者の住所の市区町村に提出する（2枚）

(3)　給与額が一定額を超えるときは税務署にも提出する（1枚）

となっています。

　報酬の場合と異なり，給与を受領した履行補助者本人への交付は義務になります。忘れないように手続ください。

---

　(3)の一定額とは，乙欄で給与源泉を計算した人に対しては，年間支給額が50万円以上の人が対象になっています。

　なお，データの収集及び源泉徴収票の記入方法，源泉徴収票の様式例については，Q29に記しています。

5　報酬の支払調書・給与所得の源泉徴収票の作成時期

　これはQ26と同様のタイミングです。支払のあった日の属する年の翌年1月末になります。年間分をまとめて翌年1月末までに提出するというイメージになります。

　ただし，実務上は，年末まで待たずとも，業務や雇用が終了した時点で速やかに作成して交付するほうが望ましいでしょう。特に，破産管財人としての職務終了が間近であるような場合は尚更です。

第3章　破産管財の税務にまつわるQ&A

Q28　元従業員に未払の給与・退職金を支払ったとき

　元従業員に破産債権の配当として給与・退職金を支払ったときはどう考えればいいのでしょうか？　給与の支払として，源泉などをしなければならないのでしょうか？

Answer ···

　破産法人において破産以前に未払の給与や退職金が存在した場合において，それが破産債権として配当されたときに，配当を行った破産管財人について源泉徴収の義務があるかと問われると，答えはNOです。

　そもそもは給与や退職金として支払われるべきものなのだから源泉徴収しなさい，という考え方も存在はしています。これは下記の所得税法の規定を拠り所としています。

> （所得税法183条）
> 　居住者に対し国内において第28条第1項（給与所得）に規定する給与等（以下この章において「給与等」という）の支払をする者は，その支払の際，その給与等について所得税を徴収し，その徴収の日の属する月の翌月10日までに，これを国に納付しなければならない。
>
> （所得税法199条）
> 　居住者に対し国内において第30条第1項（退職所得）に規定する退職手当等（以下この章において「退職手当等」という）の支払をする者は，その支払の際，その退職手当等について所得税を徴収し，その徴収の日の属する月の翌月10日までに，これを国に納付しなければならない。

　この条文における「国内において給与等・退職手当等の支払をする者」に，破産管財人が含まれるのか否かというのが従来より争点になっていました。

　この争点については最高裁の判決（平成23年1月14日）があり，破産管財人に源泉徴収義務はない，とされています。

262

破産管財人が未払給与や退職金を支払った場合，破産管財人と元従業員との間の関係は，使用者と労働者との関係に準ずるとはいえない。また，破産管財人は「給与や退職金を支払っているのではなく，破産債権を配当しているだけ」といえる。したがって，破産管財人は所得税法で定められる「支払をする者」には該当しない。という理屈です。

したがって，配当表に基づいて未払給与や退職金が支払われるときには，源泉徴収については無視していただいてかまいません。

第3章　破産管財の税務にまつわるQ&A

Q29 元従業員から源泉徴収票の発行を依頼されたとき

　破産法人の元従業員から，解雇日までの源泉徴収票の発行をしてほしいと依頼されました。管財人が作成する義務はあるのでしょうか？　また，もし作成するとしたら，どのように作ればいいのでしょうか？

Answer

1　作成発行は義務か

　このような依頼があった際に，破産管財人がその源泉徴収票を作成しなければならないかと言われると，微妙なところです。

　従業員に対して給料を支払う者は通常，1月1日から解雇日までの給与についての源泉徴収票を作成する必要があるのですが，管財人がその業務の一環として，元従業員全員にこのような作成をしているかと問われると，積極的には行われていないように感じます。

　源泉徴収票の作成交付についての規定は以下のとおりです。

> （所得税法226条）
> 　居住者に対し国内において給与等の支払をする者は，財務省令で定めるところにより，その年において支払の確定した給与等について，その給与等の支払を受ける者の各人別に源泉徴収票2通を作成し，その年の翌年1月31日まで（年の中途において退職した居住者については，その退職の日以後1月以内）に，1通を税務署長に提出し，他の1通を給与等の支払を受ける者に交付しなければならない。ただし，財務省令で定めるところにより当該税務署長の承認を受けた場合は，この限りでない。

　ここでは「給与の支払をする者は，源泉徴収票を作成して交付しなければならない」とあります。

　しかし，破産管財人が「給与の支払をする者」に該当するとはいえないので，これにより「管財人にはそこまでする義務はありません」と回答し

264

てもかまわないと思います。

　ただ，元従業員としては離職後，再就職先で前職の源泉徴収票の提出を求められることがありますし，再就職しなくても個人で確定申告を行うことがあります。

　そのような事情でどうしても作成せざるを得ないという状況になることも想定されますので，そんなときは以下のような対応をとることになります。

2　具体的な作成方法

(1)　破産法人の経理担当者に依頼する

　従前に，その会社の総務経理部門などで自力で源泉徴収票を作成しているような場合に限られますが，従前の担当者が協力的なときには，その方にお願いするというやり方があります。

(2)　税理士等に依頼する

　賃金データを用意し，税理士等に作成を依頼するというやり方です。

　破産法人の引継書類の中に給与台帳が含まれており，解雇までの賃金データが揃っているときには，依頼すれば，これまた比較的簡単に作成してもらえるでしょう。おそらく，コストもそれほどかかりません。

(3)　管財人自身が作成する

　以上のような他人に依頼する方法がちょっと難しく，では破産管財人側で作成しますか，という状況になったとき（実際はこれが多いと思いますが）には，次の3の手順で進めることになります。

3　源泉徴収票（給与所得の源泉徴収票）の作成と送付

(1)　データの用意

　まず，該当する社員の賃金データを用意します。

　ここでの賃金データで必要になるものは，

・給与支給額（残業手当・諸手当含む）

・通勤交通費

・控除された社会保険料の額（健康保険・厚生年金・雇用保険）

・控除された源泉所得税の額

以上の項目です。

最終的に必要なのはそれぞれ年間のトータルの金額なのですが，毎月の支給額を表にして，それを一覧にして集計を取るのがいいでしょう。

毎月の給与明細の控えなどのデータを参考に，個人別に，月毎の一覧表を作成してください。これで簡単な賃金台帳が完成します（記載例1参照）。

⑵ **数値の算出**

次に，⑴のデータから，個人別に，以下の数値を算出します。

① **年間の給与総支給額**

これには残業手当や諸手当も含みます。

ただし，通勤交通費は含みませんので注意してください。

② **控除された社会保険料の金額（年間合計）**

社会保険料の従業員負担分を給与から差し引かれている従業員の場合には，この差し引かれた（天引きされた）金額の合計額を計算しておきます。具体的な項目としては，健康保険料・介護保険料・厚生年金保険料・雇用保険料です。

同じ天引き額とはいっても，源泉所得税の額はここには含めません。次の③で集計しますので注意してください。

③ **控除された源泉所得税の金額（年間合計）**

毎月源泉されている所得税の額の合計額です。

⑶ **用紙の用意**

次に，源泉徴収票の用紙を用意します（記載例2参照）。

所定様式が国税庁のウェブサイトにありますのでダウンロードしてください。もしくは税務署窓口で4連複写の様式が入手できます。

源泉徴収票の様式は，平成27年分までのものと，平成28年分以降のものとで，様式が大きく異なっていますので，所定の年度に合わせたものを使用するようにしてください。記載内容そのものには大きな変化はないのですが，サイズに大きな変更があります。

Q29 元従業員から源泉徴収票の発行を依頼されたとき

⑷ **必要事項の記入**

次に，源泉徴収票に必要事項を記入します（記載例2参照）。

記載は手書きでかまいません。⑵①②③の数字を必要な箇所に記入します。併せて，住所氏名・生年月日・退職日を記入し，摘要欄に「年調未済」と記入します。

支払者の欄は破産法人名となります。その法人名の後に破産管財人名を記載してもかまいません。

	給　与 支給額	通　勤 交通費	社会保険料			源　泉 所得税
			健康保険	厚生年金	雇用保険	
1 月	180,000	9,600	9,080	15,300	1,080	2,700
2 月	185,000	9,600	9,080	15,300	1,080	2,900
3 月	180,000	9,600	9,080	15,300	1,080	2,700
4 月	187,000	9,600	9,200	15,300	1,080	2,900
5 月	182,000	9,600	9,200	15,300	1,080	2,850
6 月						
7 月						
8 月						
9 月						
10月						
11月						
12月						
合計	914,000	48,000	45,640	76,500	5,400	14,050

徴収票	914,000	-	127,540	14,050

▲記載例1：集計表の例

第3章 破産管財の税務にまつわるQ&A

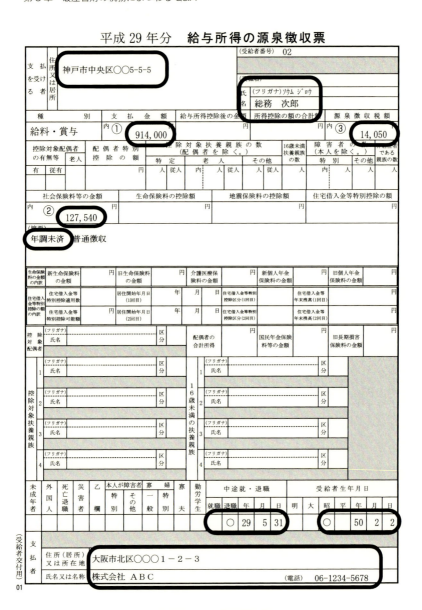

▲記載例2：源泉徴収票

(5) **元従業員への送付**

完成した源泉徴収票を元従業員へ送付します。

送付の際には「各自で必要に応じ確定申告（現在勤務先がある方については年末調整）を行うように」という旨のコメントを添えておくとよいでしょう。

また，作成した控えは，(1)の台帳と共に管財人の手許に置いておきます。

(6) **市区町村への送付**

最後に，(5)と同じ物を，元従業員の住所の市区町村へ送付します。これは住民税の報告になります。「給与支払報告書（個人別明細書），市区町村提出用」とあるものを2枚，市区町村へ郵送すればOKです。宛先としては「○○市役所御中（個人住民税報告）」と記せば十分です。

実務的には(5)と同じタイミングにて，ワンセットで行えばよいでしょう。

4 未払賃金・解雇予告手当・退職金の支給があるとき

(1) **未払賃金があるとき**

この場合には，支払金額および源泉徴収税額の記載において注意が必要です。

上記3(2)の①③の欄における支払額・源泉徴収税額には，この未払賃金にかかる部分を含めて記載する必要があるのですが，その際は

・未払金額を含めての全体額を所要の欄に記し

・そのうち未払部分の金額を内書きとしてその上段に記す

というルールになっています。

また，未払部分の判定は，給与所得の源泉徴収票の作成日時点で判断します。

(2) **解雇予告手当があるとき**

解雇予告手当については，税法上，退職所得として扱います（所得税基本通達30-5）。したがってこの金額は，給与所得の源泉徴収票には記載しません。

第3章　破産管財の税務にまつわるQ&A

この金額については，次の(3)の退職金の支給額に含めて計算すること
になります。

(3)　退職金の支給があるとき

退職金の支給があるときには，原則として所得税・住民税の源泉徴収
が必要になります。あわせて「退職所得の源泉徴収票」の作成が必要に
なります。

これまでに説明してきた「給与所得の源泉徴収票」とはまったく別の
ものとして扱いますのでご注意下さい。

① 退職所得の計算方法

退職金に対しての課税は，給与に対するとそれと，計算方法がまっ
たく異なります。まずは「退職所得」というものを計算するのですが，
以下のような算式になります。

退職所得の額＝(収入金額－退職所得控除額)×1／2

退職金としての収入金額から，退職所得控除額というものを引き，
その控除後の金額を更に2分の1にするということになります。

この算式の各要素に関しては，次のような注意点があります。

② 収入金額

収入金額は源泉徴収される前の金額になります。また，上記(2)の解
雇予告手当があるときは，その金額を含めます。

その他，未払賃金の立替払事業において支払われる金額もこの収入
金額に含まれることになりますが，この部分については基本的に国
（労働者安全機構）が処理することになります。

③ 退職所得控除額

退職所得控除額というのは「まあこれくらいなら税額をかけなくて
もいいでしょう」と予め税法が予定している額のことを指します。

この額はどうやって決まるかというと，受給を受ける人の勤続年数
によります。計算方法としては

退職所得控除額

・勤続20年まで＝年40万円

・勤続20年超を超える部分＝年70万円

として計算されます。

　具体的な数字を当てはめますと，以下のとおりです。

例１：勤続３年の場合

　40万円×３年＝120万円

例２：勤続30年の場合

　・40万円×20年＝800万円

　・70万円×（30年－20年）＝700万年

よって800万円＋700万円＝1500万円

　なお勤続年数のカウントにおいては

・１年未満の端数は切り上げる（例：３年３ヶ月→４年）

・勤続２年未満の場合には２年とする（つまり最低でも退職所得控除は40万円×２＝80万円ある）

というルールがあります。

　ということで，一般的な従業員の退職の場合には，③退職所得控除額が②の収入金額を超えることはそれほどありません。したがって実際に源泉徴収される税額が出てくることはあまりないのかな，というところです。

④　退職所得の受給に関する申告書

　以上で分かるように，③の退職所得控除額を超える退職金の支給がない限り，それに対しての課税は生じないということになります。

　ここでもうひとつ，「退職所得控除額」を認めるために，事務上のルールがあります。「退職所得の受給に関する申告書」という様式（記載例３）

第3章　破産管財の税務にまつわる Q&A

を，退職日までに，退職する従業員から手配しなければなりません。

　この様式は，宛先は税務署と市区町村になっていますが，退職金支払者（事業者）が代わりに保管しておくこと，というルールになっています。手配後，必要事項を記入し，その記載内容から判断されるところで退職所得控除額を計算しなければなりません。

⑤　様式を手配して管財人の手許で保管しておく

　これまでの内容で分かるように，一般的に，退職所得に関する税負担は生じないことが多いのですが，その裏付けのために，④の様式（退職所得の受給に関する申告書）の手配は確実に行って，破産管財人の手許で保管しておいてください。既に支給済であっても，様式の取付が可能であれば，事後的にでも手配しておくほうが望ましいところです。

　国税庁のウェブサイトではパソコンから入力可能な様式も用意されています（ホーム＞申告・納税手続＞税務手続の案内＞源泉所得税関係＞[手続名] 退職所得の受給に関する申告（退職所得申告））。

　制度上は，退職金の受給者から同様式の提出がない場合には，退職所得の計算において，退職所得控除額そのものが認められません。この場合には源泉徴収すべき額が算出されます。

　後日の確認が税務署等からあったときに，源泉徴収漏れを指摘されると面倒です。この点はご注意ください。

⑥　退職所得の源泉徴収票

　退職所得に関しては，支給者は，記載例4のような源泉徴収票を作成する必要があります。

　作成したあとの交付提出については，次のように定められています。

・受給者本人に対しては
　→全件交付します
・税務署や市区町村に対しては
　→受給者が法人の役員であるものについてのみ提出します（受給者が従業員の分については提出する必要はありません）

272

Q29　元従業員から源泉徴収票の発行を依頼されたとき

年　月　日 税務署長 市町村長　殿	29 年分	退職所得の受給に関する申告書 退 職 所 得 申 告 書	支払者受付印

退職手当等の支払者の	所在地 （住所）	〒 大阪市北区○○○1-2-3		あなたの	現住所	〒 神戸市中央区○○5-5-5
	名　称 （氏名）	株式会社ABC			氏　名	総務　次郎　㊞
	法人番号 （個人番号）	※提出を受けた退職手当等の支払者が記載してください。			個人番号	
					その年1月1 日現在の住所	同　上

A	このA欄には、全ての人が、記載してください。（あなたが、前に退職手当等の支払を受けたことがない場合には、下のB以下の各欄には記載する必要がありません。）					
	① 退職手当等の支払を受けること となった年月日	29 年 5 月 31 日	③ この申告書の提出先から 受ける退職手当等について の勤続期間	自 25 年 4 月 1 日 至 29 年 5 月 31 日	5 年	
	② 退職の区分等 （一般） 障害	生活 の 有 ・ 無 扶助	うち 特定役員等勤続期間	有 無	自 年 月 日 至 年 月 日	年
			うち 重複勤続期間	有 無	自 年 月 日 至 年 月 日	年

B	あなたが本年中に他にも退職手当等の支払を受けたことがある場合には、このB欄に記載してください。					
	④ 本年中に支払を受けた他の 退職手当等についての勤続期 間	自 年 月 日 至 年 月 日	⑤ ③と④の通算勤続期間		自 年 月 日 至 年 月 日	年
	うち特定役員等勤続期間	有 自 年 月 日 無 至 年 月 日	うち 特定役員等勤続期間	有 無	自 年 月 日 至 年 月 日	年
			うち 重複勤続期間	有 無	自 年 月 日 至 年 月 日	年

C	あなたが前年以前4年内（その年に確定拠出年金法に基づく老齢給付金として支給される一時金の支払を受ける場合には、14年内）に退職手当等の支払を受けたことがある場合には、このC欄に記載してください。					
	⑥ 前年以前4年内（その年に確定 拠出年金法に基づく老齢給付金と して支給される一時金の支払を受 ける場合には、14年内）の退職手 当等についての勤続期間	自 年 月 日 至 年 月 日	⑦ ④又は⑤の勤続期間のう ち、⑥の勤続期間と重複して いる期間		自 年 月 日 至 年 月 日	年
			⑦ うち特定役員等勤続 期間との重複勤続期間	有 無	自 年 月 日 至 年 月 日	年

D	A又はBの退職手当等についての勤続期間のうちに、前に支払を受けた退職手当等についての勤続期間の全部又は一部が通算されている場合には、その通算された勤続期間について、このD欄に記載してください。					
	⑧ Aの退職手当等について の勤続期間（③）に通算され た前の退職手当等について の勤続期間	自 年 月 日 至 年 月 日	年	⑩ ③又は⑤の勤続期間のう ち、⑧又は⑨の勤続期間だけ からなる部分の期間	自 年 月 日 至 年 月 日	年
	うち 特定役員等勤続期間	有 自 年 月 日 無 至 年 月 日	年	⑩ うち 特定役員等勤続期間	有 無	自 年 月 日 至 年 月 日	年
	⑨ Bの退職手当等について の勤続期間（④）に通算され た前の退職手当等について の勤続期間	自 年 月 日 至 年 月 日	年	⑪ ⑦と⑩の通算期間	自 年 月 日 至 年 月 日	年
	うち 特定役員等勤続期間	有 自 年 月 日 無 至 年 月 日	年	⑪ うち ⑦と⑩の通算期間	自 年 月 日 至 年 月 日	年

E	B又はCの退職手当等がある場合には、このE欄にも記載してください。								
	区分	退職手当等の支 払を受けること となった年月日	収 入 金 額 （円）	源 泉 徴収税額 （円）	特別徴収税額 市町村民税　道府県民税 （円）　　　　（円）	支払を 受けた 年月日	退職 の区 分	支払者の所在地 （住所）・名称（氏名）
	B	一般	・ ・					・ ・	一般 障害	
		特定 役員	・ ・					・ ・	一般 障害	
	C		・ ・					・ ・	一般 障害	

（注意）　1　この申告書は、退職手当等の支払を受ける際に支払者に提出してください。提出しない場合は、所得税及び復興特別所
　　　　　　得税の源泉徴収税額は、支払を受ける金額の20.42％に相当する金額となります。また、市町村民税及び道府県民税につい
　　　　　　ては、延滞金を徴収されることがあります。
　　　　　2　Bの退職手当等がある人は、その退職手当等についての退職所得の源泉徴収票（特別徴収票）又はその写しをこの申告書に
　　　　　　添付してください。
　　　　　3　支払を受けた退職手当等の金額の計算の基礎となった勤続期間に特定役員等勤続期間が含まれる場合は、その旨並びに
　　　　　　特定役員等勤続期間、年数及び収入金額等を所定の欄に記載してください。

（規格A4）

27.06 改正

▲記載例3：退職所得の受給に関する申告書

273

第3章 破産管財の税務にまつわる Q&A

　なお，こちらも国税庁のウェブサイトではパソコンから入力可能な様式も用意されています（ホーム＞申告・納税手続＞税務手続の案内＞法定調書関係＞［手続名］退職所得の源泉徴収票（同合計表））。

平成 29 年分 退職所得の源泉徴収票・特別徴収票

支払を受ける者	個人番号						
	住所又は居所	神戸市中央区○○5-5-5					
	平成29年1月1日の住所	同上					
	氏　名	(役職名) 神戸　次郎					

区　　分	支払金額	源泉徴収税額	特別徴収税額	
			市町村民税	道府県民税
所得税法第201条第1項第1号並びに地方税法第50条の6第1項第1号及び第328条の6第1項第1号適用分	1000000	0	0	0
所得税法第201条第1項第2号並びに地方税法第50条の6第1項第2号及び第328条の6第1項第2号適用分				
所得税法第201条第3項並びに地方税法第50条の6第2項及び第328条の6第2項適用分				

退職所得控除額	勤続年数	就職年月日	退職年月日
200 万円	5 年	平成25年 4月 1日	平成29年 5月31日

(摘要)

支払者	個人番号又は法人番号	9 9 9 9 9 9 9 9 9 9 9 9 9 (右詰で記載してください。)	
	住所(居所)又は所在地	大阪市北区○○○1-2-3	
	氏名又は名称	株式会社 ＡＢＣ	(電話) 06-1234-5678

01	署番号		整理番号	0 1 2 3 4 5 6 7

316

▲記載例４：退職所得の源泉徴収票

5　合計表の作成

　源泉徴収票発行に付随して，年末時点で合計表を作成して税務署に提出する（Q26参照）という業務も想定されるのですが，これを行うかどうかは正直微妙です。

　管財人報酬があって源泉した所得税があり，それに対して合計表を作成するのであれば，その際に，今回のような源泉徴収票部分の数字を織り込んでもいいかもしれません。

　ただ，元従業員への源泉徴収票交付だけの場合ですと，そもそも管財人が支払った給与というわけではありませんので，その分について合計表の作成義務があるかというと何ともいえないところです。

274

Q30 住民税の特別徴収から普通徴収への切替方法

Q30 住民税の特別徴収から普通徴収への切替方法

私は法律事務職員です。破産法人の従業員に対する住民税を，特別徴収から普通徴収に切替えておくように，と指示を受けたのですが，どういうふうに行えばいいのでしょうか？

Answer ....

1 特別徴収とは

(1) 内 容

給与を受領する人の住民税については，原則として「特別徴収」という方法により納めることになります。

これは給与の支払者が，その給与を従業員に支払う際に，その従業員の住民税額を徴収（天引き）し，従業員に代わって，その徴収した住民税を自治体に納めるという方法のことをいいます。

その前段階として，自治体が給与の支払者に対し通知書を送付し，「あなたの事業所で働いている○○さんの住民税は年間＊＊＊円です。これを分割して徴収して，それぞれの期限内に○○さんに代わって納めてください。納付書はこれです」というように指示しているわけです。

これに対し，従業員自身が自分で，自治体から個人宛に交付された納付書を使用して住民税を納めることを「普通徴収」と呼びます。

(2) 原則は特別徴収

「特別徴収」と「普通徴収」の言葉だけ見ますと，普通徴収が原則で，特別徴収が特例のように感じられますが，制度上はそうとは言い切れず，給与所得者が住民税を納付する際には，特別徴収にて納付することが原則となっています。

特別徴収の場合，その年分の住民税は年間分を12分割し，毎年6月～翌年5月の期間で順次（給与の支払毎に徴収して，給与支払者が）納める，ということになっています。この場合の徴収する者のことを「特別徴収義務者」といいます。

275

第3章　破産管財の税務にまつわるQ&A

2　普通徴収への切替

⑴　なぜ切替手続をするか

　さて，法人が破産して，その法人がもう給与の支払を行わないということになりますと，破産後の従業員の給与を支払うことは通常なくなりますので，住民税を徴収する機会がなくなります。

　とはいっても，従業員の住民税については，上記1⑵の通り年間12分割で徴収・納付している関係上，破産手続開始決定時において未徴収の分が存在しているのが通常です。そのような場合にそのまま何も手を付けないでいると，特別徴収義務者である破産法人に対し「(元)従業員の住民税が納められていません。早く預かって納付してください」という連絡が来ることになります。

　それでは管財業務遂行において具合が悪いので，住民税の納付方法を従業員が直接支払うように変更しなければなりません。これが「特別徴収から普通徴収への切り替え」というものです。

⑵　手続方法

　この手続を行う際は，まず，住民税の納付先である自治体に連絡します。連絡先は，従業員の住所地の市区町村になりますので，複数の従業員がいる場合には連絡先も複数になることがあり得ます。

　そこの個人住民税の担当部署へ連絡し「特別徴収している従業員につき，給与支払者である法人が破産しましたので，普通徴収に切替えてください」と依頼すればOKです。

　電話のみで対応してくれることもありますが，ここで市区町村の担当の人から「給与所得者の異動届を提出してください」と言われたら，下記の記入例のような書類を提出します。

　給与所得者異動届に記載する内容としては，

・給与支払者のデータ

・従業員個人の住所・氏名・生年月日のデータ

・住民税の額として年間に徴収すべき税額（特別徴収税額）

・既に徴収・納付済みの金額

・普通徴収に切替になった日および事由

を記載すれば十分でしょう。

　用紙の手配については，各自治体から送付してもらうか，自治体のウェブサイトから入手することになります。

　場合によっては所定の様式に管財人の記名捺印等を求められるかもしれませんので，それは指示に従ってください。

3　対象自治体の確認

　破産法人が特別徴収義務者となってどの市区町村に住民税を納めているかどうかを確認する方法として，一番簡単なのは，総務経理関係の引継書類の中に，住民税の通知書が存在しているかを確認することです。

　1で前述した12分割の納付書については，毎年4月前後に，6月から翌年5月までに使用する分が一括で送付されているのが通常です。従って総務経理関係の引継書類の中に，未納付分の納付書が存在しているのが一般的です。

　その納付書が存在しない場合には，従業員の住所地の市区町村に問い合わせを入れて確認します。「法人の破産管財人なのですが，もし特別徴収の対象となっている個人がいれば，普通徴収への切替をお願いします」という旨の照会をすることになります。

4　手続終了後の住民税の納付

　以上のような流れで手続が完了しますと，その後は，破産法人として徴収納付する住民税額はありません。

　未納付分の住民税については普通徴収扱いとなり，市区町村から直接，元従業員に納付書が届き，所定の期限で納めるように指示が来ます。元従業員はそれをもって，直接住民税を納めることになります。

5　そもそも特別徴収を行っていない場合もある

　ここまでは破産法人において，破産前に特別徴収を行っているという前

第3章　破産管財の税務にまつわるQ&A

提で話をしました。ただ，すべての破産法人において特別徴収をしているものかというと，必ずしもそうではありません。

引継書類の中に特別徴収の納付書が存在しない場合には，特別徴収そのものを行っていない可能性もあります。

そのような場合には従前の給与明細の控えなどを確認して，毎月の給与から住民税が控除されていないかどうか，または，従前の経理担当者等に確認し，住民税の控除を行っていたか否か，等を確認してください。

小規模な会社では，そもそも住民税の特別徴収を行っていないこともあります。その場合には今回のQ全体については無視していただいてかまいません。

▲記入例：給与所得者異動届

第3章　破産管財の税務にまつわるQ&A

Q31　税理士への申告依頼費用

　税理士に申告書の作成を依頼しようと思うのですが，相場としてどれくらいかかるものなのでしょうか？

Answer

　税理士に申告書の作成を依頼する場合，税理士報酬としていくらかかるかはケースバイケースです。

　具体的な金額を記すのはどうだろうとも思うのですが，最も安くて20万円くらい，高い場合は数百万円というところでしょうか？

　税理士側からいうと，スポットで会社の決算を行い申告書を作成する場合は，通常の顧問先と比べて勝手がわかりづらいことなどもあり，ちょっと多目にほしいなと考えるのが普通です。その場合，「安くても数十万円くらい」というのが相場でしょうか。

　あとは，決算と申告書を作成するための資料がどこまで揃っているかにより，コストが増減します。

　結構しっかりと経理をしていたケース，例えば，

・破産開始時点で，未提出の申告書がない
・破産申立直前までの試算表がある
・会計書類がきちんと揃っている

というのであれば，それほど手間とコストはかかりません。
これに対し，

・資料が揃っていない
・資料を揃えようにも手間がかかる
・直近の事業年度末までに未申告の期間がある

というような場合だと，かなり時間と手間がかかるので，それなりにコストがかかるでしょう。

また「申告により多額の消費税の還付が見込まれる場合」は，還付前に通常，税務調査が入ります。その場合，申告書の作成とは別に，調査立会コストが別途かかる可能性が有ります（日当＊＊万など）。

それと，多額の還付が見込まれる場合は，「還付された額の＊＊％を税理士報酬とする」という決め方もあるかもしれません。大型の案件だと，数千万円の還付になり，税理士報酬が数百万円，ということもあります。

可能であれば，複数の税理士からの見積を取ってみるのもいいかもしれませんね。

【コラム】税理士にとっての管財税務

以上のように費用については色々ありますが，実際は，財団の規模や，管財人としていくらくらいまでなら払えるか，ということなどが影響し，このようなイメージどおりにいくことはあまりないです。

私もこれまでに「ぶっちゃけ10万円しか税理士報酬に使える額がないんです。これで何とか申告してもらえませんか」と管財人から言われて「まぁそれならしょうがないですね。何か別のところでまたよろしくお願いします」といって引き受けたこともあります。

そういうイレギュラーさもこの業務の特徴です。

第3章　破産管財の税務にまつわるQ&A

Q32　決算をどう組むか

　破産法人の申告を行うにあたり，その前提となる決算を自力で行いたいのですが可能でしょうか？　可能であるとすればどうすればいいのでしょうか？

Answer ....

1　破産手続開始決定日までの事業年度

　自力で決算を組む！　素晴らしいですね。しかし，現実的にはなかなか困難かもしれません。要は，破産法人の貸借対照表と損益計算書，加えて株主資本等変動計算書と勘定科目明細書を作成するということになるのでしょうが，ここを真面目に説明するとキリがありません。ここではエッセンスだけ説明しようと思います。

(1)　経理ソフトの使用

　自力で決算を行うとした場合に，最も現実的な方法というのは経理ソフトを使用する方法でしょう。

　期間中の取引内容を入力すれば，ボタンひとつで決算書一式の作成が可能ですので，まずはこの方法でトライすることになります。

　弁護士としての確定申告を自ら会計ソフトを使用して記帳しているという事務所であれば（法人決算に対応しているソフトであることが前提になりますが），使用している会計システム上に新たに事業所データを作成し，そのデータを破産法人の経理用に使用する，という流れで行えばいいでしょう。

　破産手続開始時の引継書類の中に，直前期の事業年度の法人税申告書・決算書が含まれているのが通常ですので，そのデータを期首データとして入力し，期首日以降の取引を入力していくことになります。預金通帳や現金出納帳のデータを基に入力すればそれなりに整った決算書を作成することができるでしょう。

　もし，破産直前のどこかの月における月次試算表が作成されているの

282

であれば，そこの数値を会計データに入力してしまうという方法もあります。そうすると事務作業は省力化できます。

（補足）

試算表というのは「決算までいかないまでも，それまで作成された仕訳データを集計したもの」とお考えください。これを毎月作成している法人であるならば，このような方法も採り得るという意味です。

ここでその直近の試算表作成時から破産手続開始決定日まで，会計取引が追加されていないというのであれば，その試算表を決算書代わりに使用しても実質問題は生じません。

消費税の集計データについても，経理ソフトを使用すると，消費税の取引についても同時に入力していくケースが多いので，その場合には消費税の申告データも一発で作成することが可能になります。

(2) 手計算

これは税理士としては正直オススメではないのですが，期間中の売上と経費の一覧から，無理やり損益を計算するという方法です。

法人税は事業年度単位課税であり，以下のように計算します。

---

① 期間中の収益から費用を引いて会計上の利益（又は損失）を計算し，
② そこから更に税務調整（税務上の所定の調整）を行ったうえで，
③ その法人の所得を計算します。
④ 計算された所得に税率をかけて，法人税額を算出します。

したがって，売上と諸経費のデータを拾い，また資産処分における処分損益（帳簿価額より高く換価すれば処分益，低く換価すれば処分損）を把握すれば，①の会計上の損益は把握できます。

ここまで計算し，あとは②の税務調整の段階というところで税務署窓口に相談に行けば，最終の所得の計算までは税務署の方が相談に乗ってくれるのではないでしょうか（あくまで推測ですが）。

283

消費税の集計については少し状況が異なります。

期間中の消費税がかかる取引をピックアップし，その集計値を取ってから相談に伺うという流れになるでしょう。

2　破産手続中・換価完了時の事業年度

破産手続開始決定後については，経理処理が必要となる取引数としてはそれほど多くはならないでしょう。換価作業毎に会計上の取引が発生すると考えればOKです。

資産換価においては換価額がそのまま収益となるわけではなく，帳簿価額との差により利益や損失を認識することになります。その点を注意しながら法人としての損益を認識していくことになります。

そこまで計算し，あとは税務調整の段階というところで税務署窓口に相談に行って処理するというのは前述1の内容と同様です。

具体的には，財産目録や換価状況がわかる書類と，直前期の申告書を持参の上，税務署窓口に相談に行けば何とかなるのではないでしょうか。

消費税についても前述1同様，期間中の消費税がかかる取引をピックアップしてから相談に伺うという流れになるでしょう。

3　最後は税務署と相談

自力で決算という言葉とは正反対の意味合いになるかもしれませんが，申告書を完成させる前には，税務署の担当部署の人に相談するといいでしょう。

手間はかかりますが，そのほうが申告書受付およびその後の反応について，スムーズに事が進むことが期待できます。

税務署へ訪問して相談することができます。事前予約が必要と考えておいたほうがいいでしょう。

Q32 決算をどう組むか

（国税庁ウェブサイト）要旨
　税務署でのご相談は，電話での事前予約をお願いします。
　具体的に書類や事実関係を確認する必要がある場合や税金の納付相談など，ご相談内容により電話での回答が困難な場合には，所轄の税務署に電話で事前に相談日時等を予約いただいた上で（**注**），相談をお受けしております。
（**注**）予約の際には，お名前・ご住所・ご相談内容等をお伺いいたします。

　納税者本人が（税理士に依頼せずに）税務申告を行うというのは，税務行政的には本来あるべき姿ですので，「自分で申告を行いたいので相談に乗ってください」という依頼を断られることはありません。

　でき上がっている資料を基に，「ここまで資料はできています。どういう内容で決算書，申告書，その他書類を作成すればいいですか？」と相談するのがお勧めです。

　注意点としては，相談を破産法人の所轄税務署で行うことになる点です。所轄税務署が遠方で訪問が難しいときには電話での相談になりますが，電話だと回答困難として相談に乗ってくれない可能性があります。

　このような際に（税理士等に依頼せず）どうしても自力で申告する場合には，ある意味強引なやり方になってしまいますが，「先に申告書を提出してしまったうえで，税務署担当部署からの返事を待って話を進める」という方法も選択肢となるでしょう。

285

第３章　破産管財の税務にまつわる Q&A

Q33 法人税・消費税・地方税の申告書の内容・見方

税務申告書についてもう少し教えてください。申告書はそもそもどんな構成になっており，何が書かれているのでしょうか？

Answer ··

1 法人税

(1) 構　成

法人税の申告は，申告書を提出することにより行います。これは当然のことです。それでは，法人税における「申告書」とは，具体的には何を指すのでしょうか。

これについては条文上記されてはいないのですが，税務署に「法人税の申告書用紙をください」というと所定の用紙がもらえます。国税庁のウェブサイトからもダウンロードできます。

その申告書は「別表」と呼ばれる様々な様式のもので構成されています。別表には一から十九まであるのですが，それぞれに更に明細書が細分化されていまして，様式の数でいうと100種類以上あります。

とはいっても実際の申告書では，最低限必要なものは４種類，よく使うものを含めて10種類前後ですので，慣れてしまえばそれほど煩雑さは感じません。

ちなみに「別表」があるから「本表」というのがあるのですか？　という質問を受けることがあるのですが，それは存在しません。

別表の構成として一から十九まであるといいましたが，その中で別表一が本表の役割を果たしています。ですからイメージとしては，別表一が本表で，別表二以下が明細書であると考えればよいでしょう。

(2) 具体的な別表の内容

重要度の高いものから説明していきます。

① 別表一

「各事業年度の所得に対する申告書」です。

先ほど説明したとおり，これが最終的な本表の役割を果たしており，これはその法人が納めるべき法人税額がいくらですよと計算するものです。

税額の算出式は簡単に言うと「法人税額＝所得金額×税率」なのですが，ここでは次の②別表四で計算された「所得金額」を元に，最終の税額を計算しているところと考えてください。

② 別表四

「所得の金額の計算に関する明細書」です。

ここでは所得金額を計算しています。所得金額というのは，その事業年度における法人の税務上の儲けを表すものです。

別の見方をすると別表四は「税務上の損益計算書」を作成していると考えてください。

税務上の儲けといいましたが，これは会計上の儲けである損益計算書上の利益金額とは異なります。

しかしながら，両者は別個バラバラなものではなく，会計上の儲け（損益計算書で計算された利益）を元に，法人税法のフィルターを通して所定の損益調整（加算・減算といいます）を行ったうえで，税務上の儲けである所得金額を導いていきます。このフィルターを通す作業を，この別表四で行っています。

別表四の末尾と別表一の最初の数字がつながっていますから，別表四は非常に大事なものであると考えてください。

③ 別表五㈠

別表五には㈠と㈡がありまして，まず別表五㈠です。名称としては「利益積立金及び資本金等の計算に関する明細書」とあります。

利益積立金額とは税務上の社内留保金額と大きく捉えていただければOKなんですが，結論からいうと，ここでは「税務上の貸借対照表」を作成していると考えてください。

とはいっても，会社法でいう貸借対照表とは様式もかなり異なりま

第3章　破産管財の税務にまつわるQ&A

して，個別の資産負債について金額がひとつひとつ記されているわけ
ではありません。

　この別表五㈠を見ると，利益積立金額が期首時点にいくらあり，そ
れが期中にいくら増減し，その結果期末時点でいくらになっていると
いうことがわかります。

④　別表五㈡

　これは「租税公課の納付状況に関する明細書」です。

　租税公課には法人税・住民税・事業税・印紙税・固定資産税・消費
税など諸々ありますが，これらについては税務上損金に算入されるも
のやされないものがあったり，会計処理に違いがあったりしてややこ
しいことが多いので，この様式で，その事業年度中における租税公課
の発生状況や納付状況について記すよう求めているものです。

＊

　これまでに説明した別表の一，四，五㈠，五㈡の4種類が，法人税
の申告において必ず作成しなければならないもので，この4種類を総
じて「常用別表」と呼んだりもしています。

　①〜④以外の別表は，その法人の申告状況において必要に応じ作成
しなければならないものです。破産法人の申告において，財団形成の
ために必要な申告をすることを考えた場合に作成が想定される別表に
ついて以下に記します。

⑤　別表六㈠

　「所得税額の控除に関する明細書」です。

　法人税には「所得税額控除」という制度があり，これは法人税額を
低くする効果があるのですが，その制度の適用を受けようとするとき
に作成する別表です。制度の詳細はQ13を参照してください。

⑥　別表六㈡

　「外国税額の控除に関する明細書」です。

　法人税には「外国税額控除」という制度があり，これも前述⑤所得
税額控除と同様，法人税額を低くする効果があるのですが，その制度
の適用を受けようとするときに作成する別表です。制度の詳細はQ14

288

を参照してください。

⑦　別表七㈠

「欠損金又は災害損失金の損金算入に関する明細書」です。

法人税では，ある事業年度に生じた一定の赤字を翌事業年度以降の黒字と相殺（通算）することが出来るのですが，そのために必要な別表です。制度の詳細はＱ8を参照してください。

⑧　別表八㈠

「受取配当等の益金不算入に関する明細書」です。

法人が受ける一定の配当収入については，法人税の所得を計算する上でもうけ（所得）にカウントしなくてもいいですよという規定があるのですが，その適用を受けるために必要な別表です。

＊

その他に，財団形成には直接影響はないのですが，一般法人の申告では必ずといっていいほど使用し，破産管財税務関係でもときどき作成するものとして，次のような別表が挙げられます。

⑨　別表十五

「交際費等の損金不算入に関する明細書」です。

交際費の額のうち一定の限度額を超えるものについては損金にされないのですが，その金額を計算するための別表です。

⑩　別表十六

法人が固定資産の償却（いわゆる減価償却）を行ってその償却費を損金算入しているときに，その明細を記すために作成する別表です。

別表十六には㈠から㈦までありまして，固定資産の償却方法や種類に応じて別表を使い分けるのですが，よく使うのは十六㈠「定額法による計算の明細」十六㈡「定率法による計算の明細」です。

2　消費税

⑴　申告書の記載内容

消費税の申告書の構成は，法人税とは異なっています。

まず，「申告書」において納税額計算までの取りまとめがされており，

289

第3章　破産管財の税務にまつわるQ&A

その後に「付表」呼ばれるものが続いています。

　申告書にどういう内容が記載されているのかをまとめますと，以下のとおりになります。

---

① 　売上にかかる消費税額
　　消費税がかかる売上がこれだけあって，預かった消費税額はこれだけである。
② 　売上返還や貸倒にかかる消費税額
　　①に対し，売上返還や貸倒の金額がこれだけあり，その額にかかる消費税額がこれだけある。
③ 　支払にかかる消費税額（控除対象仕入税額）
　　また，消費税がかかる経費がこれだけあり，支払った消費税はこれだけである。
④ 　①－②－③＝差引消費税額
　　③までの結果，差引で納付するべき消費税額はこれだけとなる。
⑤ 　中間納付税額
　　その他に課税期間の途中に先払いしている税額がこれだけある。
⑥ 　④－⑤＝納付税額（マイナスの場合には還付税額）
　　今回の申告で最終的に納付する消費税額はいくらいくらである。

　この内容を一枚の用紙に記載します。これが「申告書」です。 OCRでの所定様式となっていますので，その用紙を使用します。

(2)　申告書の種類は2種類ある

　この申告書の様式には「一般用」と「簡易課税用」の2種類が存在します。ある課税期間でどちらの用紙を使用するかは，申告をする課税期間開始の時点において既に決まっているのが原則です。

　ですから申告時期になって税務署から送付される書類においては，上記2種類のいずれかが同封されておりますので，それをそのまま使用すればまず間違いないでしょう。

　用紙を自ら手配するような場合などは，特に確認を行ったうえで，使用するものを間違えないようにしてください。用紙右側に申告書種類が記されているのですが「簡」の文字が○で囲まれているマークが存在するものが簡易課税用の申告書です。

290

Q33 法人税・消費税・地方税の申告書の内容・見方

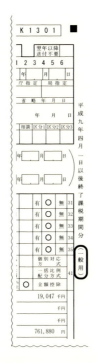 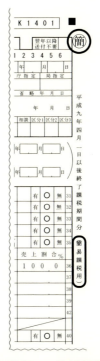

▲記載例1：一般課税用　　　▲記載例2：簡易課税用

(3) 付　表

　続いて付表ですが，ここには，申告書には記載できない一定事項を記載するようになっています。付表という名前ではありますが，申告の際は，申告書と一緒に提出する必要があります。

　現在は付表1から付表6まであるのですが，主に使用するのは付表2と付表5です。

① 付表2

　一般課税用の申告書に添付し，一般課税方式における課税売上割合や控除対象仕入税額の計算などの計算内訳を記していきます。

② 付表5

　簡易課税用の申告書に添付し，簡易課税方式における控除対象仕入税額の計算として，事業区分別の課税売上高を記したりしています。

291

第3章　破産管財の税務にまつわるQ&A

⑷　申告書用紙は法人税の申告書に同封されている

以上説明した「申告書」「付表」については，申告期限前のタイミングで税務署から用紙が送られてきます。法人税の申告書と一緒に，ひとつの封筒で送付されてきます。

この際，先ほど説明した「一般用」と「簡易課税用」については，その課税期間において使用すべきものが同封されてきますので，それをそのまま使用すれば大丈夫です。

⑸　取引の詳細は記さない

消費税の申告書においては，あくまでその課税売上や課税仕入れ等のトータル金額しか記されていないところに注意してください。

どういう資産をいくらで売却したかという個別の内訳についてまでは申告書や付表では明らかになりません。それについては法人税申告書に添付してある決算書や勘定科目明細書，または経理資料である総勘定元帳などから確認していくことになります。

3　道府県民税・事業税・市町村民税

道府県民税（都税も同様。以下3において同じ）・事業税・市町村民税の申告書の様式については，法人税や消費税などの国税とは呼び方が異なっており，「第〇号様式」「第〇号様式　別表×」というような呼び方の書類で構成されています。

道府県民税と事業税と市町村民税についての申告書は，提出先別に理解したほうがわかりやすいと思われます。

⑴　都道府県への申告分

都道府県へは，道府県民税と事業税をまとめて申告するようになっています。提出先が同じということで，申告書の用紙としてはこの2税については1枚の様式にまとめられています。

①　第六号様式

道府県民税と事業税の申告書になります。この様式で最終の納付する税額が計算されています。

292

② 第六号様式　別表九

欠損金額等の控除明細書です。法人税法でいう別表七㈠と同じ趣旨のものです。

事業税については法人税同様，欠損金の繰越控除の制度がありますので，その適用を受けるときに必要となります。

③ 第十号様式

課税標準の分割に関する明細書です。この様式は，2以上の都道府県に事務所等を有する法人が使用します。

2以上の都道府県に事務所等を有する法人の場合には，事業税の課税標準である所得金額を，一定の基準に従って各都道府県に配分しなければならず，その際に使用する明細書です。

④ 第六号様式　別表四の四 （廃止済の様式）

利子割額の控除・充当・還付に関する明細書です。法人税法でいう別表六㈠と同じ趣旨のものです。

利子割額に関して源泉されている税額は，国税である所得税の他に，地方税である道府県民税もありますので，後者部分につき，法人の道府県民税額を計算するうえで控除を受ける際に必要となる書類です。

⑵ **市町村への申告分**

対象は市町村民税です。

① 第二十号様式

市町村民税の申告書です。最終の税額が計算されています。

事業所所在地が1か所である法人ならば，市町村民税の申告書についてはこの第二十号様式のみであることが大半です。

② 第二十二号の二様式

課税標準の分割に関する明細書です。この様式は，2以上の市町村に事務所等を有する法人が使用します。

第 3 章　破産管財の税務にまつわる Q&A

Q34　個人の破産

　破産者が個人の場合の税務申告についてはどう考えればいいのでしょうか？

Answer ··

1　基本的な考え方

(1)　**基本的には申告が必要**

　　まず，申告そのものが必要なのかどうかという点については，法人税の場合と同様，「個人が破産したからといってそれをもって税務申告の義務が消滅する」という旨の規定は存在しません。

　　したがって「確定申告は行わなければならないのですか？」と問われれば，「その破産者の暦年（1月1日〜12月31日）単位で考えた時に，確定申告を行う必要がある場合に該当すれば，申告は必要です」と答えることになります。

　　申告の期間単位は，あくまで暦年単位で考えることになります。法人税のように，破産手続の開始により税申告の対象期間が区切られることはありません。

　　したがって，個人の所得税の申告をするのであれば，1月から12月までの分を翌年の期限までに申告するという流れになります。

(2)　**破産管財人がどう関わるか？**

　　ただし，「その申告を破産管財人が行わなければならないのですか？」と問われますとこれは微妙なところです。

　　破産管財人は破産者の権利義務を包括的に承継するものではありませんので，「申告作業そのものは破産管財人にとって，義務とはいえない」と解釈するのが相当でしょう。

　　そういう意味では「申告については破産者自身が（必要に応じて）行うものである」として運用している管財人も多いところです。

　　また還付税額があるときには，その税額が破産財団に組み入れること

294

が可能なものであるならば，本人に申告をさせるか，管財人側で申告するかして，積極的に申告すべきです。

2　譲渡所得の非課税

(1)　譲渡所得の申告作業は不要

破産財団に属する不動産を処分した際には，原則的には譲渡所得の対象となります。通常の譲渡等ですと，取得価額を超える価額での処分となったときは，譲渡益が発生し所得税の対象となるのですが，管財業務遂行上の譲渡所得については，所得税は非課税です。

（所得税法9条：非課税所得）
次に掲げる所得については，所得税を課さない。
（一〜九：略）
十　資力を喪失して債務を弁済することが著しく困難である場合における国税通則法第2条第10号（定義）に規定する強制換価手続による資産の譲渡による所得その他これに類するものとして政令で定める所得
（以下略）

（国税通則法2条：定義）
十　強制換価手続　滞納処分（その例による処分を含む），強制執行，担保権の実行としての競売，企業担保権の実行手続及び破産手続をいう。

破産者は「資力を喪失して債務を弁済することが著しく困難」であることに疑いはなく，「強制換価手続」には破産手続を含みますので，結論としては非課税です。

非課税ですから，申告作業そのものを省略することになります。

何らかの税務申告を行うことにより税額がゼロになる，というものではありませんので，税務申告は無視していただいてかまいません。

(2)　税務署から照会が来ることもある

ただ，税務署から問い合わせが来るケースがあります。

一般的な話として，不動産の登記が動いた場合にはその情報が法務局

295

第3章　破産管財の税務にまつわるQ&A

から税務署へ流れるようになっていますので，「あなたの所有不動産の登記が動きましたが，譲渡所得の申告が必要なケースではありませんか？　もしそうだとしたら申告してくださいね」という旨の「お尋ね」が届くことがあります。

破産管財案件であってもこの流れに沿って，税務署から文書が届くケースというのが存在します。もしそうなったら，その際は電話で「破産管財人による換価です。だから非課税だと思います」と回答すればOKです。

文書回答するときは破産手続開始決定通知書のコピーを同封することになります。

3　債務免除を受けたときの税金

⑴　個人の場合，税負担は発生しない

破産者が債務免除を受けると，それにより経済的利益が発生することになりますので，何らかの税金はかかるのか？　という疑問が生ずることがあります。

結論から先にいうと，個人である破産者が受ける債務免除について，税負担は発生しません。

大きな流れとしては，法令や通達等において，「債務者が資力を喪失して，債務を弁済することが著しく困難である場合に受けた経済的利益に対しては，税負担はなし」という旨にて定められています。

破産者が債務免除を受けた場合，個人が対象になる税目ということで，所得税や贈与税，または消費税の視点から考えることになるのですが，いずれの場合でも税負担が生じないようになっています。

⑵　所得税の規定

（所得税法44条の2）
　居住者が，破産法に規定する免責許可の決定又は再生計画認可の決定があつた場合その他資力を喪失して債務を弁済することが著しく困難である場合にその有する債務の免除を受けたときは，当該免除により受ける経済的な利益の価額については，その者の各種所得の金額の計算上，総収入金

額に算入しない。

（注）　以前は，所得税法基本通達36-17（債務免除益の特例）だったのですが，平成26年税制改正で条文化されました。

　所得税では，上記本文で「資力喪失時の債務免除益は収入にあらず」とされています。収入にはあたらない，と定めているわけです。

(3)　贈与税の規定

（相続税法8条）要旨
　対価を支払わないで，又は著しく低い価額の対価で債務の免除，引受け又は第三者のためにする債務の弁済による利益を受けた場合においては，当該債務の免除，引受け又は弁済があつた時において，当該債務の免除，引受け又は弁済による利益を受けた者が，当該債務の免除，引受け又は弁済に係る債務の金額に相当する金額（対価の支払があつた場合には，その価額を控除した金額）を当該債務の免除，引受け又は弁済をした者から贈与（当該債務の免除，引受け又は弁済が遺言によりなされた場合には，遺贈）により取得したものとみなす。
　ただし，当該債務の免除，引受け又は弁済が次の各号のいずれかに該当する場合においては，その贈与又は遺贈により取得したものとみなされた金額のうちその債務を弁済することが困難である部分の金額については，この限りでない。
一　債務者が資力を喪失して債務を弁済することが困難である場合において，当該債務の全部又は一部の免除を受けたとき。
二　債務者が資力を喪失して債務を弁済することが困難である場合において，その債務者の扶養義務者によつて当該債務の全部又は一部の引受け又は弁済がなされたとき。

　贈与税では，上記本文で「原則は贈与により取得した財産である」，ただし書きで「資力喪失時の債務免除益はこの限りではない」とされています。

第 3 章　破産管財の税務にまつわる Q&A

(4)　消費税の規定

> (消費税法基本通達12−1−7：債務免除) 要旨
> 　事業者が，課税仕入れの相手方に対する買掛金その他の債務の全部又は一部について，債務免除を受けた場合における当該債務免除は，仕入れに係る対価の返還等に該当しないことに留意する。

　消費税においては少々ニュアンスが異なります。

　そもそも仕入債務（買掛金等）のマイナスがあった場合に，それが値引や返品によるものであれば，それは消費税の計算上，仕入からマイナスしなければならないという規定があります。これを「仕入に係る対価の返還等」と呼びます。

　債務を免除された場合，その効果としては上記の値引・返品も近いものがあり，この債務免除も「仕入れに係る対価の返還等」に該当するのだろうか？　という考え方も出てくるのですが，それに対しては上記通達で「それには該当しませんよ」と示しているわけです。

　また，仕入債務でない借入金債務については，その消滅については消費税がかかる取引ではありませんので，消費税の計算上に影響が出るものではありません。

4　個人の消費税の申告

　消費税の申告についての考え方は，基本的には法人の場合と同じです。Q16〜Q21を参照してください。

　個人の場合に注意する点として以下のものが挙げられます。

(1)　納税義務者であるか？

　もともと個人事業を行っていない人，例えば単なるサラリーマンが破産者となった場合には，その管財人が仮に消費税の課税取引（例えば建物の売却）を行ったとしても，それについては消費税の申告は不要です。

(2)　課税期間はどうなっているか？

　個人の場合には1月1日から12月31日までを課税期間とし，その分の消費税の申告を翌年の3月31日までに行います。つまり暦年単位の税計

298

算が原則となります。

ただし，あらかじめ課税期間を短縮しているケースもありますので，その際は短縮の届出の内容に応じ，1月1日から3か月毎，または1月1日から1か月毎を課税期間として申告を行うことになります。

5　還付が期待されるケース

(1)　消費税の還付

破産者個人が消費税の課税事業者である場合には，申告を行うことにより還付税額が生ずることがあります。詳細はQ19を参照してください。

(2)　源泉所得税の還付

破産者個人が給与所得者であったような場合で，毎月の給与から控除されている源泉所得税がある場合には，所得税の確定申告を行うことにより，納め過ぎていた所得税が還付されることがあります。

(3)　予定納税額の還付

破産者個人が事業を営んでいた場合に，前年の所得税額が一定以上であることにより，当年において予定納税を行っていることがあります。この予定納税により既に納めている税額が，算出された年税額より多い場合には，所得税の確定申告を行うことにより差額が還付されます。

(4)　損失の繰戻しによる還付

　① 　規定内容

破産者個人が継続して青色申告を行っていることが条件なのですが，

・ある年の所得計算をしたときに損失が生じている場合で，
・その年の前年の確定申告では所得が生じて所得税を納めているとき，
・その年の損失の額を，前年の所得金額から控除して前年の税額を計算し直して，結果としての税額の差額を計算し，
・その差額の税額を還付請求することができる。

という制度があります。これを損失の繰戻しといいます。

第3章　破産管財の税務にまつわるQ&A

（所得税法140条：純損失の繰戻しによる還付の請求）

　青色申告書を提出する居住者は，その年において生じた純損失の金額が
ある場合には，当該申告書の提出と同時に，納税地の所轄税務署長に対し，
第1号に掲げる金額から第2号に掲げる金額を控除した金額に相当する所
得税の還付を請求することができる。

　一　その年の前年分の課税総所得金額，課税退職所得金額及び課税山林
　　　所得金額につき第3章第1節（税率）の規定を適用して計算した所得
　　　税の額

　二　その年の前年分の課税総所得金額，課税退職所得金額及び課税山林
　　　所得金額から当該純損失の金額の全部又は一部を控除した金額につき
　　　第3章第1節の規定に準じて計算した所得税の額

（中略）

5　居住者につき事業の全部の譲渡又は廃止その他これらに準ずる事実で
　政令で定めるものが生じた場合において，当該事実が生じた日の属する
　年の前年において生じた純損失の金額があるときは，その者は，同日の
　属する年の前年分及び前前年分の所得税につき青色申告書を提出してい
　る場合に限り，同日の属する年分の所得税に係る確定申告期限までに，
　納税地の所轄税務署長に対し，当該純損失の金額につき第1項から第3
　項までの規定に準じて政令で定めるところにより計算した金額に相当す
　る所得税の還付を請求することができる。

　　イメージとしては法人税における欠損金の繰戻還付（Q10）と同じ
です。

・破産者が事業を営み，連続して青色申告書を提出しており，

・近々の申告済年においては所得税額を納めていて，

・破産前後で，事業としては大赤字になりそうだ。

という事情であれば，還付の可能性が高いといえます。

　　所得税法140条1項においては「純損失の金額がある申告書の提出
と同時に，還付請求する」とあるのですが，同条5項においては「事
業の全部の譲渡又は廃止その他これらに準ずる事実で政令で定めるも
のが生じた場合」には適用範囲が少し広がり，

> その事実の前年に損失が発生していれば
> → 前々年の所得から控除して同様に計算することができる

とあります。

　したがって，「破産により事業を廃止した場合」には，適用年度が広がることになりますのでその点も注意してください。

② 事業の廃止は必須

> （所得税法施行令272条：事業の廃止等に準ずる事実等）要旨
> 　法140条第5項（事業の全部譲渡等の場合の純損失の繰戻しによる還付の請求）に規定する政令で定める事実は，事業の全部の相当期間の休止又は重要部分の譲渡で，これらの事実が生じたことにより同項に規定する純損失の金額につき法第70条第1項（純損失の繰越控除）の規定の適用を受けることが困難となると認められるもの，とする。

　この規定のためには，実質的に事業を廃止したことが必要になります。ですから個人事業を廃止し，税務署に「個人事業の廃業届」を提出し，その後は給与所得や年金所得のみで生活を行うときに適用があると考えてください。

　その意味では，破産手続そのものだけで，この所得税法140条5項の適用にはならないと考えるのが無難です。

　破産手続はしたものの，個人事業そのものは継続しているというケースも稀に存在します。そのようなケースでは，この規定の適用は困難であるということは念のためご理解ください。

第3章　破産管財の税務にまつわるQ&A

Q35　固定資産税（償却資産税）の減免

　過年度の税務申告書に添付されている固定資産台帳を見ますと，そこに記載されている固定資産の内容と，現在実際に存在する資産の状況とが，異なるように見受けられます。この際に何か注意することはありますか？

Answer

1　固定資産台帳の記載内容の検証

　破産法人の（税務申告書に添付しているような）固定資産台帳を眺めていますと，記載内容が実際と違う状態である，ということはよくあります。台帳に載っているこの資産は，実際のところは既に存在していませんよというケースです。

　存在していない資産に対しては固定資産税がかかることはありませんので，もしこのような資産に対しても固定資産税が課税されているのであれば，「課税対象から外してもらおう」というのがここでの内容です。

　特に，固定資産税の交付要求が届いている場合には，この点の処理が正しく行われているかをチェックする必要があります。

2　固定資産税と償却資産税

(1)　内　容

　固定資産税（償却資産税）とは，それなりの価値がある資産を持っていることに対して課される税金とお考えください。具体的には，土地・家屋・償却資産が対象になります。償却資産とは更に具体的にいいますと，構築物・機械装置・船舶・航空機・車両及び運搬具・工具器具備品と定められています。

（対象外のもの）
　上記種類の資産でも，例外があり，下記のようなものは申告の対象とは

302

なりません。

- ・使用可能期間が１年未満または少額（単価10万円未満）のもの
- ・棚卸資産
- ・ソフトウェア等の無形固定資産
- ・自動車税または軽自動車税の対象となる自動車
- ・書画や骨董

(2) どのように課税されるか

　ある資産に対し固定資産税が課税されているか，課される場合にはどういう流れで課税されるか，ということを理解しておく必要があります。

　これについてはまず，「当該資産が登記の対象になっているかどうか」という点で違いがあることにご注意ください。

① 登記の対象となる資産

　これは土地や建物などが該当しますが，これらについては，登記が動けばそれに伴って法務局から市区町村にデータが流れ，その結果（半自動的に）課税される，というイメージになりますので，それほど課税の過不足が問題になることはありません。

② 登記の対象とならない資産

　これに対し（ここからがポイントなのですが），登記の対象とならない資産については，納税者以外の第三者が自動的に，課税する側に連絡をすることはありません。このような資産は，下記(3)のような納税者側の手続を経て課税当局に情報が送られ，それから課税されることになります。

　具体的な資産としては，機械装置や器具備品，あと，賃借建物内に自社が施した附属設備などが該当します。

(3) 償却資産の申告

① 申告方法

　前述(2)②のような資産は，取得したらその旨を，売却・除却したらその旨を，納税者自らが所定の期間内に自主的に通知することになっています。これを償却資産の申告と呼んでいます。

　償却資産の申告は，年に１回行います。その年の１月１日現在の対

303

象資産（償却資産）の所有状況を，同年1月31日までに申告します。提出先は市区町村の担当部署です。

　具体的には，毎年12月くらいに「償却資産の申告について」という旨の申告書用紙が届きます。そこには，それまでに償却資産として申告している（＝課税当局側で認識されている）資産の一覧が記されています。

　ここに記載されている資産の一覧が，前回（＝1年前の時点）に申告されている資産を表しています。したがって，そこから1年間の間に購入や売却・除却等で増減した資産があれば，その旨を報告（申告）することになります。これが償却資産の申告です。

　申告は同封されている所定の様式を使用して行います。作業は明細書を記載することで行い，取得や売却・除却の裏付け資料の添付までは求められていません。

② 減少資産の申告漏れによる過大賦課

　売却・除却などにより手元には存在しなくなった資産を「減少資産」と呼びますが，この減少資産の申告漏れが生じていると次のような事態になります。すなわち，

課税部署に登録されている資産データが

→事実と比較して多いままになっている

→その結果償却資産税の賦課額が過大となっている

ということになるわけです。

　破産法人の場合は，破産前に所有資産の大幅な整理（売却・廃棄等）を行っているケースが多く，本来なら適正に減少処理を行う必要があるのですが，申立前後のバタバタで，事務手続が漏れていることが多々あります。

3　申告が行われていないこともある

償却資産の申告をする必要がある者は，その年の1月1日現在で，「事

業の用に供することができる償却資産を所有している者」です。つまり個人事業者や法人が対象になります。

また，資産をひとつでも申告したら直ちに固定資産税が課せられるかというとそうでもなく，同一市区町村内で150万円という免税点があります。この150万円は「取得価額」ではなく「課税標準額（一定の償却を行ったあとの評価額）」で判定します。

免税点未満であればその個人事業者や法人には，償却資産についての固定資産税は課税されません。その場合には納税通知書が送られません。

ということで，償却資産の申告は本来，納税者側が毎年行わなければならないものなのですが，「あまり大した資産は持っていないから」というような理由で，法人の設立以来申告をしたことがない，というケースも散見されます。法人税や消費税の申告とは切り離された作業であることも，その原因のひとつでしょう。

したがって「機械や器具備品があるけれど，償却資産の申告書が存在せず，固定資産税（償却資産）通知書がない」ということがあり得ますので，その点はご注意ください。

4　除却が行われていない際の手続

⑴　確認方法

さて，過大な固定資産税が課せられていないかの確認方法です。ここでは，固定資産税の課税通知書（または交付要求）が届いている，という前提での話になります。

①　まずは，破産法人の引継書類の中に，その年の1月に申告した「償却資産の申告書」「登録資産の一覧明細（種類別明細）」の控えがあるかどうかを確認します。法人税申告書には綴られていないことが多いので，そのときには念のため，経理書類や税金関係の書類全般からも探してみてください。

②　①で見つからない場合には，固定資産税の課税部署（市区町村の課税担当）に連絡をし，破産法人名義の「固定資産税の種類別明細書」を出してくれとお願いします。

第3章　破産管財の税務にまつわるQ&A

　　自治体により対応の差はありますが，破産者自身宛にであれば，当
　該明細書はすぐ作成してくれますので，破産管財人としてはそれほど
　手間がかからずに手配できるでしょう。

③　種類別明細書が手配できましたら，そこに記載されている資産一覧
　と，現実の資産状況とを比較します。

　　ここで「1月1日現在では実際には既に存在していないものの，種
　類別明細書には記載されたままになっている」という資産の有無を
　チェックします。実際の資産状況と課税当局での資産把握状況にズレ
　がないかを確認するわけです。

　　ここでズレがなければ，課税は適正に行われているので特に問題は
　ありません。

(2)　**誤りがある場合**

①　**実情を反映した申告を行う**

　　(1)の作業を行った結果，「現実には存在しないが，種類別明細書に
　記載されている」ような資産がある場合には，正しい内容の申告書を
　提出します。

　　このとき，その年分の申告書をまだ提出していなければ，期限後の
　申告として提出することになりますし，すでに提出済であれば，修正
　の申告を行うということになります。

　　その結果，市区町村から賦課される固定資産税（償却資産税）の額
　が，実情を正しく反映することとなります。誤った賦課額の交付要求
　が届いていた場合には，正しい額での訂正が行われることになります。

　　これらの申告書を提出する際は，自治体の課税部署に確認しながら
　進めるほうがいいでしょう。所定の様式に書いてくれと言われること
　もあれば，既に提出済の申告書をコピーして赤字で訂正箇所を上書き
　して提出してくれと言われることもありますので，ケースバイケース
　で対応してください。

②　**裏付け書類の用意**

　　課税の賦課の減免を求める場合には，その根拠を示す書類の添付が
　求められます。必要に応じ，以下のような書類の写しを添付するなど

306

して交渉することになります。

・当該資産売却時の売買契約書

・除却処分時のマニフェスト

・破産申立書における，当該資産の譲渡に関する記述部分

・当該資産を売却・除却した際の会計処理が分かるもの（振替伝票や仕訳帳など）

5　過年度分のチェック

これまでに述べてきたような訂正を，すでに納付済の年分に対して行うこともあります。

種類別明細書を手配してみたら，すでに除却済であった資産がまだ計上されており，その段階で過去分を訂正したところ，それが認められたというようなケースです。過年度の賦課の減免が認められれば，滞納公租公課が減額になったり，場合によっては税額の還付が生ずることもあります。

破産管財人としては，就任直後に，なにはともあれ償却資産の登録内容を確認してみるという作業を行ってみるのもよいかもしれません。

固定資産台帳に記載されている資産の帳簿価額が大きい場合は，過大賦課の訂正が認められればインパクトも大きくなることがあります。ぜひチェックしてみてください。

【コラム】有姿除却による償却資産の申告

償却資産の課税については，事業の用に供している・供することができる資産であることが条件になっています。その意味では，未稼働の遊休資産についても（いつでも事業の用に供することができるのであれば）固定資産税が課せられることになります。

ここで，破産法人については，すでに事業を営んでおらず，また，事業を営む予定もないという趣旨で，破産法人が有する償却資産は，事業の用に供しない，換価または廃棄目的の動産にすぎないという見解があります。この見解をもとに，資産はまだ換価前で現実に存在はしているものの，事業の用には供していないという，いわゆる有姿除却処理を行うことにより，課税価格を0として申告を行うわけです（大阪弁護士会・友新会編

第３章　破産管財の税務にまつわる Q&A

『三訂版　弁護士業務にまつわる税法の落とし穴』201頁「永島正春弁護士の見解」（清文社，2015））。

　私も同趣旨で申告を行い，課税当局と若干の交渉を行って，当該処理が認められたことがあります。この考え方も必要に応じて検討してみるとよいでしょう。

Q36 交付要求の手配

税務当局に交付要求を求めてもうまく意図が伝わらず，なかなか揃わないことがあります。管財業務のスケジュールもありますので，交付要求を手早く整えたいのですが，何かいい方法はありませんか？

Answer ··

1　交付要求が揃うまで

交付要求というのは，滞納した税金の交付を要求する書類のことですが，当然ながらその前提として，滞納状態であることが確定すること，さらにその前提として，税額が確定しておくことが必要です。

一般的な流れとして，交付要求が揃うまでには，

税務申告等で税額が確定する
　→納期限が到来するも未納付のまま
　→滞納状態となる
　→課税当局から督促される（対応期限が設定される）
　→未納付のまま督促における期限が到来する
　→交付要求が作成・送付される

となっており，通常の作業サイクルに任せますと，税申告から交付要求まで，数か月かかることもあります。したがって管財業務上，それでは遅いとなることが多々あります。

租税債権の確定のため，交付要求はできるだけ速やかに揃えたい，という場面があるかと思いますが，税務当局側としては（特に何も依頼や指摘等がなければ）通常のサイクルで事務処理を回しているだけなので，管財人との感覚のズレが生ずることが起こりうるわけです。

破産法人に関することだから優先して処理をしているかと言われると，

第3章　破産管財の税務にまつわる Q&A

そうではないよねというのが私の経験則です。

2　イレギュラーなタイミングだが発行を依頼する

　交付要求を速やかに作成してもらうためには，まずは税務申告をする際にその旨を伝えることが必要になるでしょう。

　私の場合は税務申告書に，以下のような破産管財人名の添え状を同封することにより対応しています。

●●税務署長（●●県税事務所長，●●市長）殿

　今回の申告に伴う納付税額につきましては，現在，納税者が破産手続中でありますが故，破産法上に定められた租税債権として適宜取扱いたします。

　従いまして，当職宛交付要求を行っていただきますよう，御連絡申し上げます。

　なお，管財業務遂行の関係上，速やかにご手配いただければ幸甚です。

破産者　株式会社　▲▲▲

破産管財人　弁護士　甲山乙男

　この内容の添え状を出しておきますと，交付要求は（何もしないよりは）早めに揃います。また，申告後しばらくして管財人側から税務当局に照会の電話をするときも「申告の際に文書を添えていたんですが」という話ができますので，事務処理がスムーズに進むことが期待できます。

3　連絡先は，法人部門ではなく徴収部門

　「交付要求を早く出してほしいんですが」という電話をするときに，課税当局のどの部署に照会の連絡を入れるか，という点でも若干のコツがあります。

　申告書を提出した際に，その申告書の内容を精査する部署としては，税務署の場合は「法人部門」，都府県民税事務所や市区町村の場合は「課税部」などが該当します。

310

しかし，交付要求を発行するのは，通常は別の部署です。税務署の場合には「徴収部門」，都府県民税事務所や市区町村の場合には「管理部」「納税部」などが該当します。

したがって連絡の入れかたとしては，例えば税務署に連絡する場合には，法人部門にではなく，徴収部門に連絡するのがよいでしょう。代表電話に連絡した際，具体的に部門を指定して取り次いでもらうか，交付要求の作成についてお願いしたいという旨で該当部署に取り次いでもらいます。

取り次いでもらった後は「既に申告した株式会社▲▲▲の件ですが，破産管財の業務遂行上必要になるので，お手数ですが早めに確認していただき，速やかに交付要求を出してほしい」と依頼をするわけです。

ここで（税務署へ連絡する場合）このような連絡を法人部門に入れても，そこは「申告内容の精査」に留まりますので，「ああそうですか，では確認しておきますね」と，ある意味他人事のように扱われることがあります。したがってこのときは徴収部門に働きかけるほうが早い，というのが私の経験則です。

【コラム】
所定の申告書等の提出が遅れそうなときの他の手段

　交付要求が揃うためには，所定の税務申告が行われることが原則なのですが，どうしても日数が足りないときには，別の方法で税務署から書面を出してもらったことがあります。

　具体的には，破産法人が支払った給与や報酬に対しての源泉所得税に対してのものです。この源泉所得税の納付期限は，給与や報酬を支払った日の属する月の翌月10日（原則），または半年1回納付なら7月と1月（特例）になるわけですが，これは自動的に税務署から納付書が届くわけではありません。支払った側が数値を報告して，同時に納付書をもって納めることになります。その際の様式として源泉所得税の納付書があるわけです。

　つまり，そもそもの給与や報酬に対しての報告がないと，税務署としてはデータが揃いません。その場合は，交付要求を出したくても出せない，ということになるわけです。

　このようなケースの場合，正式な手続としては所定の書類（源泉の納付

第3章　破産管財の税務にまつわるQ&A

書や，年に一度の法定調書など）の提出が必要になるのですが，そこまでの
手配が困難な場合に，

　→給与や報酬の支払事実が分かる資料の写しを用意する

　→税務署に提出し，事情を説明する

　→税務署から「税務署独自調査に基づく説明文書としての指示書」を作
　　成してもらう

という流れで処理したこともありました。

場合によってはこのような対応を求めてもいいでしょう。

第 **4** 章

社会保険関係について
社労士に聞いてみよう

第4章　社会保険関係について社労士に聞いてみよう

　破産管財人（特に事務方）にとって，破産法人の労働関係・社会保険手続にどう対応するかという点も悩ましいところです。税理士としては職制上，そのような業務に直接の代理人として関わることはありませんが，実際の業務において質問を受けることも多いところです。

　そのような質問事項について，社会保険労務士に聞いてみることにしました。基本的な事項から，会社が潰れた場合の作業のキモみたいなものをリサーチできればなと思います。

倒産した会社の手続（全般）

Y税理士　まず基本的な話ですけど，倒産した会社の労働保険や社会保険関係の手続って，どういうものがあるんでしょうか？

S社労士　いちばん大きいのは「従業員に関する手続」でしょうね。最終的に全員解雇という形になりますので，無用の混乱を避けるために注意が必要かと思います。

Y税理士　なるほど。解雇される側とのやりとりには気を使わないといけませんね。

S社労士　解雇された従業員が，いわゆる失業手当を受給したり，次の職場で働くようになったりするわけです。そのときにスムーズに事が運ぶよう，元雇用主としてやっておく作業です。

Y税理士　離職票の発行とか，源泉徴収票の発行とかになりますね。あとは未払賃金の立替払事業も大切ですね。

S社労士　そうですね。あとで詳しく記すことにしましょう。

　　　　　　次に破産法人，すなわち「事業所側に関する手続」ですね。労働保険や社会保険の保険料関係は，手続は事業主側が行うことが多いですから，適切に処理しないと，破産法人にとって余計な手間や負担が生じたりすることもあり得ます。

Y税理士　たしかにそうですね。破産の場合，管財人ではなく，破産申立代理人のほうがキチンとやっておいてくれと思うことも多いのですが，いざ破産手続が開始してしまうと，そうも言えませんから

314

従業員に関する手続

ね。

S社労士 破産管財人が事後的に対応せざるを得ないケースもありますし，これはなかなか難しい問題です。

従業員に関する手続

Y税理士 ではまず従業員に関する手続ですけど，まず，失業手当の受給から教えてください。従業員が解雇されて，失業手当を受給する。そのようなときの流れです。

S社労士 破産法人をA社，元従業員をBとしましょうか。順番としては⑴A社がBに離職票を渡しますから，⑵Bはその離職票を持って，ハローワークに失業手当の受給に行くわけです。

Y税理士 A社が代理で失業手当を申請するとか，そういう必要はないわけですね。

S社労士 そうです。失業手当の申請においては，ハローワークに行くのはBです。A社は，その際に必要となる書類を用意する，という作業になります。

Y税理士 離職票ってどんな様式なんですか。もう少し詳しく教えてください。

S社労士 離職票にはその１とその２があります。

内容としては，退職した人（今回の例ではB）の氏名や生年月日，離職前の事業所名（今回の例ではA社）が記されるところまでは共通なのですが，次のような違いがあります。

その１は，Bの資格取得年月日（＝雇用保険に加入した日）や離職年月日，簡単な離職理由，そんなものが記されます。退職したことの証明というイメージです。

その２は，離職前にA社がBに支払った賃金の状況と，Bの離職理由の詳細が記されます。ここの記載が，失業手当の受給内容に影響してきますので，Bにとっては大切な項目になりますね。

その１その２いずれもハローワークのウェブサイト（www.

315

第4章　社会保険関係について社労士に聞いてみよう

hellowork.go.jp）に記入例が記されているので，参考にしてみる
とよいでしょう（トップ＞雇用保険関係（雇用保険手続きのご案内）
＞手続きの概要）。

Y税理士　なるほど。ではその離職票を用意するにはどうすればいいので
しょう？

S社労士　A社が，下記の必要書類を持ってハローワークに行きます。そ
うすれば先方で作業の上，でき上がった離職票を窓口で交付して
くれます。

（必要書類）
- 雇用保険 被保険者資格喪失届
- 雇用保険 被保険者離職証明書
- 賃金台帳（対象者の過去6か月～1年分）
- 労働者名簿
- 出勤簿やタイムカード

破産の場合には，後述の「破産法人（事業主）に関する手続」
における提出書類と一緒に提出することになります。その一覧表
にも記していますので併せてご確認ください。

Y税理士　その後A社は，その完成された離職票をBに渡すわけですね。
了解しました。

S社労士　ここではやはり，賃金の額の集計というのがなかなか難しいこ
とありますね。賃金台帳をきちんと引き継げていればいいんです
けど，そうでないときも多いです。

Y税理士　従業員の賃金データの捕捉は大切です。差引支給額だけではな
く，支給の内訳をできるだけ詳しく拾う必要がありますよね。

＊

S社労士　続いては「給与所得の源泉徴収票」の発行ですよね。これにつ
いてはY先生のほうでもよくやりますよね。

Y税理士　ええ。退職があった場合にはその退職の日から1か月以内に交

316

付しなければいけないというルールですので，速やかに作成交付しなければなりません。

S社労士　上記の例でいうと，Bが退職したら，A社としてはとにかく源泉徴収票を作成しなければならないと。

　　　Bが失業手当を受給するかとか，別の職場に就職するかとか，そういったこととは関係ないわけですね。

Y税理士　そうです。破産法人から交付される源泉徴収票は，Bがその後において確定申告したり，新しい職場で年末調整したり，そのような場合には必要になります。したがってA社としては記載内容を間違いなく作成する必要があります（具体的な作成方法については第3章Q27を参照）。

S社労士　ところで，退職金の支給がある場合には，源泉徴収票はどうなるんでしたっけ？

Y税理士　退職金に関してはそれ用に別様式の源泉徴収票があります。「退職所得の源泉徴収票」で，こちらに必要事項を記します。

S社労士　退職金部分と給与部分とは分けて作成するわけですね（第3章Q29の4参照）。

立替払制度

Y税理士　未払賃金の立替払制度も大切ですよね。破産の場合には，この制度のことを従業員へ説明することが多いと思います。

S社労士　未払賃金の立替払制度とは，「賃金や退職金の未払があるときに，企業が倒産して賃金が支払われないまま退職した労働者に対し，その未払賃金のうち一定額を立替払する制度」です。独立行政法人である労働者健康安全機構が行っています。

Y税理士　直接，労働者健康安全機構に請求するのですか？

S社労士　破産のような法的倒産の場合は，そのとおりです（そうでない場合には，受付は労働基準監督署で行います）。

Y税理士　なるほど窓口はわかりました。それで，この請求そのものは労

317

働者が行うんでしたっけ？

S社労士 そうです。

　　労働者は，未払賃金の額等について，破産管財人等による証明を受けた上で，独立行政法人労働者健康安全機構に立替払の請求を行います。この請求には期限があり，破産手続開始の決定等がなされた日から2年以内に行う必要があります。

Y税理士 その請求を行うときに，破産管財人による証明書が必要になるわけですね。

S社労士 そうです。労働基準監督署長による確認で処理できるケースもありますが（事実上倒産の場合など），いずれにせよ破産管財人の関与は必須です。

　　したがって破産管財人としては，この証明書をスムーズに作成する必要があります。

　　またその証明書を作成した際は，その後，労働者健康安全機構にその疎明資料を提出する必要があります。

Y税理士 なるほど。元従業員との対応も絡むことになりますから，いろいろ大変そうです。

S社労士 具体的な作業内容としては，労働者健康安全機構のホームページ（トップページ＞賃金援護事業＞未払賃金の立替払事業＞破産管財人・破産申立代理人の皆様へ）を参照するとよいでしょう。一通りの注意事項が記されています。

Y税理士 未払賃金の把握などが大切というのはよくわかりましたが，未払賃金額の根拠資料の作成が難しいときもありますよね。資料散逸でどうしようもないときとか。

S社労士 無いものはしょうがないですよね。場合によっては，賃金台帳が不存在であること，存在しているけど記載内容に不備があることについて，従前の経理担当者などに協力を求め，上申書を添えるなどして，根拠資料にしてしまうということもあります。

　　もうこうなってしまうとケースバイケースなので，労働者健康安全機構と相談しながら進めていくことになります。

破産法人（事業主）に関する手続

破産法人（事業主）に関する手続

Y税理士 次は破産法人側，つまり事業主側に関する手続ですね。法人が破産した場合には，労働保険や社会保険については，どこへ，どのような書類を提出する必要があるのでしょうか？

S社労士 事業廃止のときに必要とされる書類を用意することになります。標準的なものとしては次のとおりです。

(1) 公共職業安定所（ハローワーク）へ提出するもの

	書 類	備 考
①	雇用保険 適用事業所廃止届	破産手続開始決定通知書を添付する
②	雇用保険 被保険者資格喪失届	賃金台帳・労働者名簿・出勤簿を添付
③	雇用保険 被保険者離職証明書	する

(2) 労働基準監督署へ提出するもの

	書 類	備 考
④	労働保険 確定保険料申告書	
⑤	労働保険料 還付請求書	還付保険料がある場合に必要
⑥	一括有期事業 報告書 一括有期事業 総括表	建設業の場合に必要となる

(3) 年金事務所へ提出するもの

	書 類	備 考
⑦	健康保険・厚生年金保険 適用事業所全喪届	雇用保険適用事業所廃止届の控え（①）を添付する
⑧	健康保険・厚生年金保険 被保険者資格喪失届	被保険者個人の健康保険証を回収し，添付する

Y税理士 なるほど結構ありますね。この(1)から(3)って，提出する順番はあるのでしょうか？

S社労士 あります。(1)と(2)を先に済ませ，それから(3)という順番です。

319

なぜなら(3)については添付書類として，(1)で提出した書類の控えを求められるからです。

Y税理士 わかりました。

(1)と(3)は，事業所として存在することを終えました，従業員が退職しました，というような届出ですね。(2)は労働保険の確定精算作業というところになりますね。

労働保険の確定申告

Y税理士 破産手続開始のあとに「労働保険の確定申告を行いましょう」となることが多いのですが，そもそも労働保険の確定申告とはどういうことでしょうか？ また，破産時における特徴はなにかありますか？

S社労士 労働保険の確定申告とは「事業主が納めるべき雇用保険料・労働保険料の額を，事業主が自ら計算し，申告納付する作業」のことをいいます。

ここでは，一定期間にかかった一定の人件費の額を基に，納める保険料を計算するのですが，少々独特な計算方法を取っています。

手順は以下のようになります。まずはこの期間図をイメージしてください。

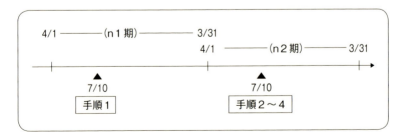

計算するときの期間は1年毎に区切られるのですが，労働保険においては，「4月〜翌年3月」を一区切りとしています。上の

労働保険の確定申告

図ではそれぞれ，n1期，n2期と仮定します。

作業の流れは以下のとおりです。

手順	内　容
1	概算保険料の計算および納付（n1期）
	n1期に支払う賃金総額を見込んでおき，あらかじめ「概算保険料」を申告納付します。「今年度に事業所全体でこれくらい賃金を払う予定だから，これだけの保険料を納めるよ」ということです。先払いであるのがポイントです。
2	確定保険料の計算（n1期）
	n1期の年間賃金支給額が確定した時点で，「確定保険料」の額を計算します。
3	保険料の精算（n1期）
	手順1と手順2で計算された「概算保険料」と「確定保険料」とは差額があることが通常なので，その差額を計算します。 　前者が多ければ差額が還付（実際は手順4の保険料に充当）され，後者が多ければ差額を追加納付することになります。
4	翌年度の概算保険料の計算（n2期）
	n2期の概算保険料を計算します。 　この場合のn2期の給与の支給予定額は，n1期の支給額と同額として計算する，というのが原則のルールです。

S社労士　この表における手順2～4を一気に行います。これが労働保険の確定申告です。確定申告を行う時期は，上図にあるように毎年7月10日を期限として行われます。

Y税理士　通常は年に1回のサイクルで行うんですよね。

S社労士　そうです。一連の作業を毎年行うことにより，通常は毎年7月に，前年度の保険料の精算額（手順3）と当年度の概算保険料（手順4）とが生ずることになります。

　　　　したがって確定申告では，その両者をあわせて考慮した額を納付することになります。

　　　　結果として，通常の営みを行っている事業所では，確定申告において，保険料を納めることになることが一般的です。手順4で，

321

第4章　社会保険関係について社労士に聞いてみよう

この先1年分の概算保険料を納めるわけですから，仮に手順3で多少の還付（充当）額が生じたとしても，よほどのことがない限り（手順4の額を含めた）トータルでは納付になります。

ここまでのイメージはなんとなくわかると思います。

Y税理士　なるほど。それで，破産法人の場合には，どうなりますか？

S社労士　まず，手順4の計算を行うことはありません。破産後は事業所が廃止となり，以後は賃金を支払うことがないからです。

また手順3において，多額の保険料が還付になる（つまり手順1の概算保険料が，手順2の確定保険料を大きく上回る）ことが多々あります。年度中に支給された給与の額が，当初の見込額を下回っていることが多いからです。

Y税理士　たしかにイレギュラーな事態ですからね。

S社労士　年度の途中で事業廃止や解雇が行われたり，賃金支給が行われなかったりすると，このような結果となるわけです。

そこで，正確な数字を把握して適正に申告を行うことにより，労働保険料の還付を求める，もしくは交付要求されている額の減額を求める，ということになるわけです。

＊

Y税理士　破産の場合，労働保険の確定申告はいつまでにしなければならないのでしょう？

S社労士　通常のサイクルですと，毎年7月10日までに行うことになりますが，法人が破産した場合には，事業所廃止のケースになり，廃止から50日以内に事業所の廃止届を提出するというのがルールです。

破産の場合には，それよりも前に従業員を全員解雇して事業所として廃止となっていることもあります。そのような場合には本来，破産前の法人が（事業所廃止の段階で）届出作業を行っている必要があるのですが，原則通りに行われていないことも多いことかと思います。

いずれにせよ，事業所が廃止になり，賃金の年間支給額が確定

した時点で，労働保険の確定申告作業を行うことになります。

Y税理士 労働保険の確定申告書には，どのような内容を記すのですか？

S社労士 該当期間における賃金総額を記載します。ここでは，個人別の支給額を記載することはありません。

　　ただ，全体の総額だけを記せばいいかというとそうでもなく，従業員の属性（雇用保険の対象になっている従業員か，そうでない従業員か，また，賃金受給している高齢者従業員か，など）ごとに区分することがあります（詳細は後述）。その点は区分および集計の際に注意が必要です。

従前の総務担当者との接点を持つことが有益

Y税理士 なかなかデータの集積が難しそうですね。従業員がどのような立場で，どのように働いていたかというのを把握しておかないと，正確な数値を集計しづらいですね。

S社労士 そうですね。その意味では，破産法人の経理や総務を担っていた人とどのように接点を確保しておくかってのが重要だと思います。

Y税理士 履行補助者として作業してもらうということですか？

S社労士 それでもいいですけど，要は，管財人として何か聞きたくなったときにすぐ質問できる関係を維持しておくということです。

Y税理士 破産財団が潤沢であれば，時給を払ってでも作業してもらったほうが，管財業務がスムーズにいくことが多そうですね。

S社労士 従前に総務や経理を担っていた人も，解雇される側という立場になりますから，気分が悪いのは間違いありません。そこを理解した上で良好な関係を保つように努めるのがよいでしょう。

Y税理士 なるほど。

S社労士 破産管財の受任時がとくに大事です。あとからコンタクトを取ろうとしてもうまくいかないことがあります。

　　趣旨を説明の上で協力を求めて，連絡先を把握しておくなど，

第4章　社会保険関係について社労士に聞いてみよう

うまく動いてもらうように働きかけることが大切ですね。

実務で悩むケースあれこれ

Y税理士　破産の際，期限までに確定申告できないときにはどうなるので しょう？　手続に猶予は貰えるものですか？

S社労士　破産したからという理由での，手続の猶予は認められていませ ん。原則通りの期限で作業をする必要があります。

　　ただし，期限を徒過したからといって全く受け付けてくれない かというと，そういうわけではありませんので，実際のところは ケースバイケースです。

　　いずれにせよ，早めに労働基準監督署に相談するのがよいで しょう。

Y税理士　窓口は労働基準監督署になるんですね。

S社労士　そうですね。ただ破産の場合で，かつ未納の保険料がある場合 には，すでに労働局の管理になっていることがあります。その際 は窓口が，労働局の徴収課になっているケースもありますね。

＊

Y税理士　確定申告をして，還付金が出るケースってのはどのような場合 ですか？

S社労士　概算保険料のほうが，確定保険料より多い場合です。その場合 に還付金が生じます。

Y税理士　その還付金はいつ頃に入金になるのでしょう？

S社労士　内容に問題のない申告書が提出されれば，概ね1～2か月で還 付金が振り込まれます。

　　なお，実際の還付金については，還付時点で未納の労働保険料 があればそれに充当されますのでご注意下さい。

＊

Y税理士　賃金台帳が見あたらない場合，どうしたらいいですか？

S社労士　これは難しいですね。支払った内容（個人別の内訳）が分かる

実務で悩むケースあれこれ

資料をなんとかして探し出すしかありません。場合によっては，従業員に対し，給与明細を保管していないかなど，協力を求めてもよいでしょう。

　従業員に給与を支払った際の預金通帳の履歴だけですと，支給額と控除額との内訳が分かりませんので，なかなか難しいのではないかと思います。

　賃金台帳原本がなくても，それに見劣りしない客観性のある資料があれば，それで対応できることもあります。合わせ技一本ではありませんが，そのような資料をできるだけ集め，破産管財人の所見を付記事項として記す。そのようなやり方になるのかなと思います。

Y税理士　数字をでっち上げられるリスクもありますから，難しいところですね。

S社労士　そうですね。いずれにせよ，労働局や労働基準監督署へ相談するほうがいいです。参考になりそうな資料を持って相談にいくと，相談には乗ってくれます。

＊

Y税理士　破産会社が建設業の会社で，一括有期事業における資料がない場合があるんですが，そんなときはどうしたらいいですか？

S社労士　工事現場がわからないというケースですね……。困りましたね。でも困りましたねで済む問題でもありませんよね。

　工事の履歴をまず追ってみてはいかがでしょうか。預金通帳の入金元に照会して請負内容を確認することから始めることになります。その後，揃うだけの資料を持って，労働局や労働基準監督署へ相談に行くほうがいいでしょう。

Y税理士　根拠資料が揃わないときってのは往々にしてあるんですけど，まずは相談に行きましょう，ということですね。

S社労士　どうしようもない場合，最後の最後では，労働局側の職権で確定されることもありますよ。やはり労働者保護という原則がありますからね。破産管財人だけではなく，従前の総務経理担当者名

325

第4章　社会保険関係について社労士に聞いてみよう

義での「上申」などがあれば，なんとかなることも結構あります。

＊

Y税理士　破産の引継書類に賃金台帳や関連資料が無いときに，概算で申告書を提出することは認められるのでしょうか？　またその後，無いと思われた書類が発掘され，確定性が高い資料が新たに出てきたときは，確定申告の訂正・やり直しということはあるのでしょうか？

S社労士　まず前半の質問ですが，これはありませんね。概算による申告は難しいところです。

　　後半の質問ですが，これはあります。むしろ訂正・やり直しをしなければならないケースです。場合によっては，労基署の調査が行われることもあります。

＊

Y税理士　解雇予告手当が未払なのですが，これは，労働保険の確定申告書を記入する際，支給額に含めるのですか？　また，離職票において記入する額においては，含めるのですか？

S社労士　いずれも含めません。これらは退職金扱いとなるからです。

Y税理士　では，賃金の未払があるのですが，これは，労働保険の確定申告書を記入する際，支給額に含めるのですか？　また，離職票において記入する額においては，含めるのですか？

S社労士　これはいずれも含めます。労働者に不利益にならないような扱いになっています。

＊

Y税理士　過去数年に渡り労働保険の申告が行われておらず，破産手続開始決定を期に，過去の分も確定申告するように労働局から言われました。

　　保険料率は年ごとに微妙に違うというイメージがあるのですが，過去の年度の保険料率を調べる方法は，どんなものがありますか？

S社労士　労働局のホームページに保険料率が載っているところはあるの

326

ですが，これも最新年度のものしか探せないことが多いですよね。なかなか分かりづらいところではあります。

　　結論としては，労働基準監督署に電話で聞くのがいいと思います。平成●●年度分の保険料率を知りたいので教えてくださいと質問すればいいでしょう。

　　なお，インターネット検索で「労働保険料率　●●年度」などと検索すれば数値が拾えることもありますので，そこをチェックした上で，確認の意味で労働基準監督署に質問電話をするのもよいと思います。

Y税理士　労働保険の未申告期間がある場合，どれくらいさかのぼっての処理が求められますか？

S社労士　時効の関係がありますので，長くて２年分というところです。

　　過去の分を申告するという段階において，すでに労働局から保険料の認定決定されていないかは，念のため確認しておいてください。

＊

Y税理士　「賃金データを集計する」というのは分かるんですが，従業員のうち誰のデータを対象にすればいいのかが分からないときがあります。

S社労士　正社員だけではなく，パートやアルバイトの方もいるようなときの話ですね。

Y税理士　そうです。どのように分けて考えればいいのでしょうか？

S社労士　これについては，労働保険の申告書を作成する際に使用する集計表（算定基礎賃金集計表）がありますので，そこに記している内容に沿って分けてみてはいかがでしょうか。名称（呼び方）およびどのような人が該当するかについて以下記します。

	名　　称	該当者	除外者
①	常用労働者	正社員，パート，アルバイトなど	・後述③の者 ・事業主の同居親族

327

第４章　社会保険関係について社労士に聞いてみよう

②	役員のうち労働者扱いの者	法人の役員であっても，雇用関係ありと判断される人	法人の役員で，法人と雇用関係がないと判断される人
③	臨時労働者	臨時雇用者で，雇用保険の対象にならない人	雇用保険の対象となる人（前述①）
④	免除対象高年齢労働者	毎年の年度開始日（４月１日）において，満64歳以上の高齢者の人	・短期雇用者 ・日雇労働者

Ｙ税理士　なるほど。ということは

　　　　　(1)　この表の①から④のどれに該当するかをまず分ける

　　　　　(2)　それぞれの区分の額を集計する

　　　　　(3)　一連の資料を持って労基署に相談に行く

　　　　　こんなイメージですか？

Ｓ社労士　まあそんな感じですね。

雇用保険の作業

Ｙ税理士　雇用保険の話なんですが，どんな人が「雇用保険の被保険者」

　　　　　になるのかいまひとつ分かりません。判断基準を教えてください。

Ｓ社労士　考え方としては以下の通りです。

　　　　　雇用形態の名称（常用・パート・アルバイト・派遣など）は問い

　　　　　ませんのでご注意ください。

対象となる人	対象とならない人
以下の①②を両方満たす者 ①一週間の所定労働時間が20時間以上 ②31日以上の雇用見込がある	■左に当てはまらない者 ■季節的に雇用される労働者で，次のいずれかに該当するもの 　・４ヶ月以内の期間を定めて雇用される 　・１週間の所定労働時間が30時間未満 ■昼間学生

Ｙ税理士　労働保険や雇用保険において，家族経営会社で，身内に給料を

　　　　　払っているときにどう判断するのかということで悩むことがあり

328

ます。

Ｓ社労士 事業主の同居親族への賃金支払のケースですね。

Ｙ税理士 そうです。このような方々の「労働者性」についてはどう判断するのですか？

Ｓ社労士 事業主の同居親族というのは，労働者性というのが存在しないというのが原則です。事業主とほぼ一緒でしょとみなされるわけですね。つまり原則として，雇用保険にも労災保険にも対象とすることはできません。

　　ただし例外があり「事業主の指揮命令下で働いており，就労の実態や賃金形態が他の労働者と同様である」のであれば，実態判断にて認められることもあります。

Ｙ税理士 なかなかフワッとした定め方ですね。

Ｓ社労士 分かりやすい基準を設けてしまうと，逆にそれを利用されてしまうこともあるからでしょう。

　　この点は，該当者および他の労働者の状況を含めて，場合によっては資料等を用意して相談に行って，労働基準監督署に判断してもらうことになるでしょうね。

Ｙ税理士 ところで，このような同居親族への賃金支払について，破産会社において過去の処理がある場合には，それにしたがって処理しておけば構わないもんなんでしょうか？

Ｓ社労士 そうですね。過去の賃金台帳や申告書の控えがあって，そこでそのような処理が確認されれば，その判断にしたがって今の処理を行っても，実務上は問題ないでしょう。

Ｙ税理士 安心しました。

Ｓ社労士 過去からの勤務形態に変更が生じていない限り，大丈夫だと思います。

破産法人の元従業員にアナウンスすべきこと

Ｙ税理士 破産法人の元従業員にアナウンスすべきことはどんなことがあ

第4章　社会保険関係について社労士に聞いてみよう

　　りますか？

S社労士　労働者不利益にならないようにすることが大切ですよね。以下
　　の点を知らせておけばいいのではないかと思います。

　　1）失業保険の受給を受けるときには，離職票や認印を持って，
　　　　自分の住んでいるところを所轄するハローワークへ行くこと。

　　2）社会保険に関しては，以下の点を伝える。

　　　　①現在の保険証は解雇日以降使用できない。速やかに破産法人
　　　　　（管財人）宛に返還すること。

　　　　②解雇日より後に保険を使用して治療等を受けた場合には，後
　　　　　日，自己負担額以外の金額を請求されることになる。

　　　　③今後は，(a)速やかに国民健康保険に切り替える，(b)新しい勤
　　　　　務先の社会保険に加入する，もしくは(c)身内の被扶養者に入
　　　　　る，(d)任意継続の手続を取る，いずれかになること。

　　3）未払賃金があるときで立替払制度を利用する場合には，その
　　　　制度と手続について案内しておくこと。

　　4）源泉徴収票の交付のことについても連絡しておきます。

　　　　再就職した場合には（年末調整で）新しい職場に提出するこ
　　　　とになりますし，そうでない場合には，自分自身で確定申告す
　　　　る際に使用することになります。各自の状況に応じ，適宜取り
　　　　扱うということです。

　　5）住民税については，特別徴収している場合，解雇後は普通徴
　　　　収になる，もしくは新しい職場での特別徴収になること。

　　6）退職所得に関しての扱いも，該当するものがある場合には言
　　　　及しておくとよいでしょう。

　　　　①破産の場合は，

　　　　　・通常の退職手当

　　　　　・解雇予告手当

　　　　　・立替払制度により弁済を受ける未払賃金

　　　　が所得税法上の退職所得に該当します。

　　　　②退職所得は，他の所得と分離して所得税額を計算します。所

定の様式（「退職所得の受給に関する申告書」といいます）を破産法人に提出することにより，従業員側での確定申告は原則として必要ありません。

その他の着眼点

Y税理士 労働保険の手引をもらいながら作業はしているのですが，どうしても分かりづらいところがあります。労働保険に明るくない事務員が残務処理を行う面があり，かつ，社労士のような専門家のアドバイスを求めることが（費用的に）難しいという状態のときに，どのように対応するのがいいですか？

S社労士 他の質問と似たような回答になりますが，資料一式を持って，労働局や労働基準監督署に相談に行くのがいいと思います。

応対者によって若干の当たり外れはありますけど，丁寧に対応してくれますよ。労働者保護のために相談に来たから相談に乗ってくれ，といえば問題ありません。

＊

Y税理士 社会保険料関係で財団増殖となったケースですが，代表者分の社会保険料の支払があったものの，実は，その基になる役員報酬の支払はなかった，というものがありました。

S社労士 へえ，珍しいですね。口座振替で社会保険料の引き落としは行われていたけど，役員報酬の支給はとっくにストップしていたというケースですか？

Y税理士 そうです。事情を説明して，役員報酬の支給がない月の分については，社会保険料相当額を還付してもらったことがあります。ちょっとレアなケースかもしません ね。

管財事件受任時に，申立代理人から引継を受ける事項

Y税理士 破産管財人にとって，受任時における労働関係がきちんと処理

第4章　社会保険関係について社労士に聞いてみよう

されているかってのは結構気になるところです。

S社労士　そうでしょうね。

Y税理士　ところが現実には，破産申立の際に中途半端な処理になっていることが多いようです。

S社労士　申立時点で，ここまでは処理したけどその先は未処理，というような感じですか。

Y税理士　そうです。申立代理人側のほうできちんと処理されていないことは結構あります。限られた時間とコストの中で申立業務を行う場合に，優先順位が後回しになることがあるといいますか，そういうことが原因なのでしょうけどね。

S社労士　なるほど。法人が倒産するようなときに社労士の関与になるのであれば，その点はきちんと処理して円滑に引き継ぐべき話なのですが，たしかに理想通りにいかないケースは多そうですね。

Y税理士　こういうときに，管財人の視点に立って，労働関係で作業がどこまで進んでいるかをチェックするようなリストっていうのはありますか？

S社労士　うーん，先にも言ったように，社労士関与になると，すべて片付けて引き渡すわけですから，引継事項そのものがないのが通常ですし。

Y税理士　では見方を変えて，倒産するときに事業主が行うべき労働関係の手続に関するチェックリストのようなものはありませんか？

S社労士　なるほど，管財人がそれを使えば，引継ぎ時において処理済か未処理かの確認ができますね。最後に記すことにしましょう。

管財事件受任時に，申立代理人から引継を受ける事項

項目Aにチェックが入るものに関しては、Bの箇所の作業が完了しているかをチェックする。

項目およびチェック			備　考	本書の参照頁
A	B	項目		
		労働関係の資料（全般）	すべての引継において確認する	－
		就業規則		－
		給与規定		－
		退職金規定		－
		賃金台帳		－
		タイムカード・出勤簿		－
		従業員名簿		－
		給与振込口座	従業員別に把握しておく	－
		解雇通知書		－
		解雇予告手当の支払		－
		解雇予告手当の計算書		－
		振込控・領収書		－
		未払賃金の有無		－
		未払賃金額の計算	計算根拠資料を確認する	269
		データ入力	立替払請求書・証明書へ入力する	318
		退職金の支払		－
		支払額（済・予定）の把握		－
		退職所得の受給に関する申告書	所要の退職所得控除を考慮するために必要 （提出がないと20.42％での源泉徴収が必要）	271
		退職所得の源泉徴収票の作成	給与所得の源泉徴収票とは異なる	272
		同：源泉徴収票の交付（受給者へ）	受給者へは全件交付する	272
		同：源泉徴収票の提出（役所へ）	受給者が役員であるものについてのみ、税務署と市区町村に提出する	272
		給与所得の源泉徴収票の手配	退職所得に関しては別様式になる	265
		1月1日から退職日（解雇日）までの賃金をもとに作成	支給賃金額を記入する（賃金額には未払賃金を含み、解雇予告手当は含まない）	265
		従業員への交付	退職日（解雇日）から1か月以内に交付する	269
		離職票の作成・提出作業		－
		内容記入作業	ハローワークへ提出できる状態のもの	315
		提出作業	ハローワークへ提出し、離職票1・2を入手する	316
		ハローワークへ届けを提出する		－
		適用事業所廃止届		⎫
		被保険者資格喪失届		⎬319
		被保険者離職証明書		⎭
		雇用保険関係で従業員へ交付する		－
		離職票1・2		316
		喪失確認書		316
		労働基準監督署へ提出する		319
		労働保険確定申告書		320
		年金事務所へ提出する		319
		適用事業所全喪届		⎫
		被保険者資格喪失届	回収した保険証を添付する	⎬319

▲社会保険・労働保険関係の引継資料（兼作業チェックリスト）

参 考 文 献

大阪弁護士会・友新会編『三訂版　弁護士業務にまつわる税法の落とし穴』（大阪弁護士協同組合発行，2015年）

東京弁護士会編著『新訂第六版　法律家のための税法［会社法編］』（第一法規，2011年）

事業再生研究機構税務問題委員会編『平成22年度税制改正対応　清算法人税申告の実務』（商事法務，2010年）

大沼長清・井上久彌・磯邊和男編『第七次改訂　会社税務マニュアルシリーズ　4　破産・再生・組織変更』（ぎょうせい，2012年）

税経通信臨時増刊『会社清算の法務＆税務』（税務経理協会，2011年）

全国倒産処理弁護士ネットワーク編『破産実務Q&A150問―全倒ネットメーリングリストの質疑から』（金融財政事情研究会，2007年）

DAN PARTNERS編著『Q&A税金還付の実務と書式』（新日本法規，2011年）

著者紹介

横 田　寛 (よこた・かん)

税理士。近畿税理士会所属。

1971年生まれ。長崎市出身。

京都大学法学部卒業後，一般事業会社・会計事務所を経て，大阪西天満にて「横田寛税理士事務所」を開業中。法律事務所を顧問先に複数かかえ，破産法人の税務申告経験を重ねている。破産管財税務のほか，法律事務所の税務会計についても興味を有する。

破産管財業務に係わる税務や弁護士・法律事務所にまつわる税務会計について解説するウェブサイト「破産管財税務Labo.（http://www.yokotax.com/）」を展開中。

協 力

小 西　勝 (こにし・まさる)

特定社会保険労務士

総合事務所ネクスト　所長

〒530-0047　大阪市北区西天満5-16-15　エフワンビル3 F

電話：06-6316-8700

石 倉　達 也 (いしくら・たつや)

特定社会保険労務士

石倉社会保険労務士事務所　所長

〒542-0081　大阪市中央区南船場1-3-14　ストークビル南船場5 F

電話：06-4964-1670

新版　弁護士・事務職員のための
破産管財の税務と手続

2013年4月26日　初版発行	
2017年9月27日　新版発行	
2022年4月26日　新版第2刷発行	

著　者　横　田　　　寛

発行者　和　田　　　裕

発行所　日本加除出版株式会社

本　　社　郵便番号 171-8516
　　　　　東京都豊島区南長崎3丁目16番6号
　　　　　ＴＥＬ　（03）3953 - 5757（代表）
　　　　　　　　　（03）3952 - 5759（編集）
　　　　　ＦＡＸ　（03）3953 - 5772
　　　　　ＵＲＬ　www.kajo.co.jp

営 業 部　郵便番号 171-8516
　　　　　東京都豊島区南長崎3丁目16番6号
　　　　　ＴＥＬ　（03）3953 - 5642
　　　　　ＦＡＸ　（03）3953 - 2061

組版　㈱郁文 ／ 印刷・製本（POD）京葉流通倉庫㈱

落丁本・乱丁本は本社でお取替えいたします。
★定価はカバー等に表示してあります。
Ⓒ Kan Yokota 2017
Printed in Japan
ISBN978-4-8178-4429-3

JCOPY 〈出版者著作権管理機構　委託出版物〉
本書を無断で複写複製（電子化を含む）することは，著作権法上の例外を除き，禁じられています。複写される場合は，そのつど事前に出版者著作権管理機構（JCOPY）の許諾を得てください。
また本書を代行業者等の第三者に依頼してスキャンやデジタル化することは，たとえ個人や家庭内での利用であっても一切認められておりません。

〈JCOPY〉　ＨＰ：https://www.jcopy.or.jp，e-mail：info@jcopy.or.jp
電話：03-5244-5088，FAX：03-5244-5089

スキルアップ法律事務 裁判所提出書類の作り方・集め方
民事訴訟／保全／執行

商品番号：40528
略　　号：法裁

矢野公一 著
2013年9月刊 A5判 368頁 定価3,080円(本体2,800円)
978-4-8178-4114-8

- 現場をよく知り、研修会講師として活躍中のベテラン事務職員が、「正しく、素早い」申立ての準備の仕方を解説。
- 事務の流れに沿って、事務手続き上の疑問点や問題点を細かく、深く解説。
- 理解を助ける80パターン以上の書式、図解、イラスト、コラムを収録。

スキルアップ法律事務テキスト
民事訴訟・執行・保全の入門から実務まで

商品番号：40390
略　　号：法テ

矢野公一 著
2010年2月刊 A5判 324頁 定価2,970円(本体2,700円)
978-4-8178-3856-8

- 法律事務所の職員や初任の弁護士が法律事務の基本をを身に付けるためのテキスト。
- 新しい問題や疑問に直面しても解決できる能力を身に付けることを重視。
- 基本から実践すべき実務のポイントまでを、事務職員の会話や事例を挙げながら解説。

日本加除出版

〒171-8516　東京都豊島区南長崎３丁目16番６号
TEL (03)3953-5642　FAX (03)3953-2061（営業部）
www.kajo.co.jp